10年後に
食える仕事
食えない仕事

渡邉正裕

東洋経済新報社

この本の〈読み方〉

各世代、すべての働き手が対応を迫られている

「100年後、人類は歴史上はじめて、余暇をどう楽しむかを悩むようになる」[注]――。

英国の経済学者ケインズは、1930年に、そう書いている。技術の進歩で、ごく短時間だけ人間が働けば事足りるようになり、人間は労働から解放されていくから、というのがその根拠だ。

そして実際に100年後となる2030年が、おおよそ見える段階まで時は流れた。現実世界は、ケインズもビックリな状況になることが、ほぼ確定している。

人類の一員である2030年の日本人は、なんと、仕事から解放されて余暇を楽しむどころか、「働き手不足」のために、60代以上の高齢者までが労働市場に駆り出されてせっせと働き、外国からの労働者にも働いてもらって、なんとか社会を維持できている、という状況になりそうなのだ。

注：「孫の世代の経済的可能性」（原題 "Economic Possibilities for our Grandchildren"）という小論文。

超・少子高齢化と、経済のグローバル化、求人側と求職側とのスキルの需給ギャップなど、原因は様々あると考えられるが、本書はそんな10年後の日本を見据え、その最大の解決策と目される「デジタルＡＩ（人工知能）経済の進展」によって、日本人の仕事がどう変わるのか、その全体像をわかりやすく描き、個々人が「人間ならではの強み」をどう生かしていけばよりよい職業人生を送れるのかを示す〝航路図〟となるものを目指した。

人口減で仕事の自動化は否応なく進み、人間に残る仕事は「ＡＩを駆使する仕事」と「手先を駆使する仕事」の二極化が進む一方で、人間の強みが生きる逃げ場（職人プレミアム）も残されている。もちろん、若者が「消える仕事」領域へ進むのは得策ではない。対応するための最善策は、大学・専門学校選びの段階にまでさかのぼるため、高校3年生が読んでもわかりやすい内容とした。もちろん、学生の子供を持つ親世代、まだやり直しが利く30代以下の若手、キャリアシフトや逃げ切り策に迫られている40代～50代と、各世代の全労働者６０００万人にとって有用なものとした。

構成としては、どの章から読んでもだいたい理解はできるよう心掛けたが、普段からニュースをよく読んで概要を理解しているかたは、序章を飛ばしてもらっても構わない。前段は飛ばして具体的な内容を知りたいかたは、第三章から読んでほしい。

何が原因で労働生産性が上がらず、仕事量が減らないのか、その変化のスピードや構造的な背景については第四章に記した。未来の話や自分がどうすべきかの結論的なものを知りたいかたは、第五章（消える仕事、生まれる仕事）と、第六章（仕事をどう選び、シフトするべきか）が役立つだろう。

終章は、日本人全体の幸福のために国の雇用・労働分野の政策をどう運営すべきか、というマクロ経済の話だ。政策決定に関わるかたがたに読んでいただきたい。

２０２０年代は、日本の歴史上で初めて労働力人口※が減少に転じることが確実視されている。いわば〝日本経済の戦力〟が「量」の点から下落トレンドに変わる大転換期を迎える。一方、介護や医療などで人手がかかる高齢者数は２０４２年まで増え続ける見通しなので、「質」の点から戦力を大幅に引き上げない限り、経済が回らなくなる。

低賃金の外国人労働者をどんどん〝輸入〟してしまえば、日本人の賃金も上がらない。過去20年で日本人の1時間あたり賃金は７・０％減少し、民間給与も５・２％下がった。これまでの延長では日本人は貧しくなる一方なのに、その〝輸入〟は拡大している。

ひとりひとりの仕事の成果と賃金を増やすには、まず自動化できることは一つ残らず全て自動化し、機械と人間がそれぞれの強みを活かす形で役割分担を徹底する必要がある。それでも足りない分だけを外国人に頼るべきだが、順序が逆※なのだ。

働き手の頭数が減ることで、ＡＩをはじめとするテクノロジーを活用した仕事の自動化は否応なく進み、これまでの延長線ではない雇用・労働環境に変わっていく。各世代の、すべての働き手が、それぞれの状況に合った対応を迫られているのである。

労働力人口

15歳以上の人口のうち、「就業者」と「完全失業者」（働く意志はあるが仕事が見つからない人）を合わせた人数を指し、学生・主婦・主夫・働く意志のない年金生活者らは含まない。日本の総人口は既に2008年をピークに減少に転じているが、女性の社会進出等によって労働力人口は2018年に過去最高を更新。生産年齢人口（15〜64歳）の減少スピードが急速であるため、2020年代のうちに労働力人口も減少に転じる見通し。

順序が逆

日本は時間あたりの労働生産性がG7最下位に沈んでおり、いわば“働き手としてのコスパ”が悪い。安易に外国人労働者に頼る前に、まず日本人自身が国内でやるべきことがたくさんある。

この本の〈目的〉

2020年以降の職業、仕事選びに

ITを中心とするテクノロジー進化で、日本人の仕事はどう変わろうとしているのか。その立体的な視座——どの職業が、仕事量・賃金水準・雇用について、時間軸でどう変化していくのか、どこに落とし穴、そしてチャンスがあるのか——を提供し、未来を見据えたキャリア設計に寄与するのが、本書の目的である。

研究者や経営者によるAIを扱った本は多いが、本書では現場取材に基づく具体例・具体的職業を挙げ、一方で全体像も把握しつつ、ミクロ・マクロ双方の視点から、一貫して「働く側」の立場として知るべき内容にフォーカスした。これから職選びをする学生およびその親や指導者にとって有益な教材とすることを意識している。

私はゴリゴリの日本企業サラリーマンも、100%外資勤務も、独立起業も自身で経験し、さらにあらゆる職種の現場社員を15年間、取材し続けてきた。仕事のあり方に変革をもたらす主要な要因は、「グローバル化（外国人との競争）」と「テクノロジー進化（ＩＴ、ＡＩ等）」の２つであり、この両者が「人口動態の変化（長寿化、少子高齢化、日本人減少）」というベースの上で、政府による政策の影響を受けスピードを増減させつつ、職業の形を変えていく。大枠では、そういうイメージを持っていただきたい。

グローバル化の影響については、前著『10年後に食える仕事　食えない仕事』で詳しく述べた。本書はテクノロジー進化について論じる。なぜこの２つなのかを数的に証明するのは難しいが、私が記者・コンサルタント・ジャーナリストとして20年余りにわたり現場を取材してきた結論である。

ある人は、地球環境問題の深刻化や食料・エネルギー問題を挙げるかもしれないし、ある人は〝文明の衝突〟（テロや核戦争）を挙げるかもしれない。いずれも仕事のあり方を大きく変えるだろうが、１００年単位で進む緩やかなテーマ、または予測不可能すぎる事件や事故の類である。本書では、２０２０年からの10～30年という、今を生きる人にとって人生にインパクトが大きい、リアルな近未来にフォーカスする。

本書では、テクノロジー進化による職業の未来を、５つのカテゴリに分類し、どのような未来になりそうか、どのようにキャリアをシフトしていくべきかを説明する。５つに分類したのは、それぞれで影響の受け方が異なるからだ。概要と代表的な職業を巻頭にまとめたので、まずは全体像をつかんでいただきたい。

〈目次〉

1　「ロボティクス失業」エリアの職業群　94

2　「手先ジョブ」エリアの職業群　147

3　「職人プレミアム」エリアの職業群　155

2 生まれる仕事、増える仕事 258

第六章 仕事をどう選び、シフトするべきか ―― 279

序章

テクノロジー進化と労働市場変化

この章では、直近で仕事のあり方にインパクトを与えうるテクノロジーがどう進化しつつあり、それが「日本の」労働市場※が抱える各種課題（少子高齢化、低い労働生産性、安い賃金、増える非正規雇用……）とどう関係しているのか、というマクロの話を述べる。基本的な事実なので、内容をイメージできる人は、まるごと読み飛ばして構わない。

I　仕事を変える新技術のブレークスルー

AIが人間を超える領域が拡大

長年、研究されてきたAI（人工知能）がこの5年ほどで1つのブレークスルー※を遂げ、「ディープラーニング※」（深層学習）によって、より複雑な計算ができるようになった。そ

「日本の」労働市場
移民を中心に人口が増え続ける見通しの米英豪などと、2060年ごろまで高齢化率が世界一の座であり続ける「超少子高齢化」の日本では、労働市場が全く異なる。

ブレークスルー
行き詰まりの状態を打開し、科学技術などが飛躍的に進歩すること。

ディープラーニング
機械学習（人間が特徴量を設定）から一歩進んで、大量のデジタルデータをもとに、人間が無意識的に判断しているデータの「特徴量」をコンピュータが自ら見出し、学んでいく技術。

の成果が、２０１６年の囲碁における「AlphaGo※」の人間王者に対する勝利であり、将棋でも「Ｐｏｎａｎｚａ※」が人間の王者（山崎隆之・八段、佐藤天彦・名人）に連勝し、既に勝負がついている。

「ルールと変数（変動要素）が限定された枠の中で、最強の答えを見つける」という作業は、ＡＩが人間を超えた。実際には「確率」と「統計」（高校で習う数学）を複雑化したものに過ぎないが、その解析プロセスはしばしば〝黒魔術〟と呼ばれ、なぜその答えが正しいのか、というロジックが人間の理解力を超えてブラックボックス化している。そのため、あたかも知能を持っているかのように見え始めた（実際には、ただのアルゴリズム※である）。

「AlphaGo」が人間に勝った際の打ち手は、人類が長い年月をかけて蓄積してきたノウハウの「定石」とは異なるものがしばしば見られた、と話題になった。ＡＩは、人間が持つ「偏見」を排除し、最適解を導き出す。よって、「理由は人間には理解不能だが、答えは人間よりも正しいものを叩き出す」――これがＡＩの重要な特徴だ。もはや、機械と人間が競合するゲームにおいては、人間が挑んでも無駄骨となるだけとなった。

「ルールと変数が完全に限定されている枠の中」での勝負は、人間はＡＩに太刀打ちできない。たとえば「暗算」というゲームにおいて、人間が電卓と計算スピードを争っても勝てないのと同様、囲碁・将棋のような、より複雑な対戦においても、ＡＩは人間に勝つ。

AlphaGo

韓国のプロ棋士イ・セドル（李世乭）と、Google DeepMindが開発したコンピュータ囲碁プログラム。「AlphaGo」の五番勝負で、4勝1敗でコンピュータが勝利した。

Ponanza

開発者は山本一成・HEROZ株式会社リードエンジニア。

アルゴリズム

algorithm（英語）。演算手順。数学、コンピューティングなどの分野において、問題を解くための手順を定式化したもの。

たとえば胃の検診で「ＣＴやＭＲＩの画像１０００枚の中から１ミリ未満の悪性腫瘍（がん）が写っている画像を正確に抽出せよ」といったゲームは、人間よりもＡＩのほうが、正確さとスピードに勝ることがはっきりしてきた（ＡＩは電源さえあれば疲れを知らないため莫大な量もこなせる）。

これは、過去の膨大な枚数の検査画像をあらかじめ読み込むことで、ＡＩがディープラーニングによって悪性腫瘍の「特徴量」を自動で抽出し、学べるからだ。人間は１日１００枚ずつ見ても10年で36万５０００枚しか学べないが、ＡＩにその限界はなく、もっと高速でより細かい差異やレアなケースまで昼夜を問わず学習するため、人間よりも正確に診断できるようになる。

一方、株価・為替・不動産価格の動きの未来予測（投資）など、「変数が完全に限定されている」とは到底いえないゲームにおいては、ＡＩの成果は芳しくない。世界中の森羅万象が変数となって影響し、なかでもブレグジット（Brexit）※やトランプ大統領当選※のような、過去に例のない国民投票や選挙が最大の変数となりうる株式相場や為替・不動産市場は、囲碁・将棋とは比較にならない変数の組み合せで結果が決まるため、いわゆる「組み合せ爆発」（指数的爆発）を起こす。よって、証券アナリストやファンドマネージャーらがＡＩにまるごと代替されて失業するようなことはない。

この、「ＡＩがどの分野で人間を超えるのか」を理解することは、職業の未来を考える

トランプ大統領当選

2016年11月の大統領選挙で共和党候補のトランプが民主党候補のヒラリー・クリントンに勝利。得票数ではヒラリー・クリントンが上回っていたが、州ごとに勝者総取りとなる特殊な選挙人制度がトランプに有利に働いた。

ブレグジット（Brexit）

British ＋ exit の混成語。キャメロン首相のもと2016年6月、英国がＥＵ（欧州共同体）から離脱するか否かを国民投票にかけ、事前のアナリストらの予想に反し、51.9%が離脱を選択。

うえで極めて重要である。もしAIによる銘柄選定がウォーレン・バフェット※のパフォーマンスを超えたら、ファンドマネージャーという職業は完全にAIに代替され、人間の仕事ではなくなるが、それは起こらない。一方、画像診断を中核業務とする放射線科医の仕事は、その大半がAIに代替され、人間の仕事ではなくなる（一方で、そこから新しい仕事も生まれてくる。第五章参照）。

ブロックチェーン技術が変える仕事の形

AIとは別に、近年、仕事のあり方に変革をもたらす技術として台頭しているのが、2018年のビットコインブーム※で話題を集めたブロックチェーン技術※である。一言でいうと「インターネット上にある分散型の公開台帳」で、改ざんできない点、低コストである点に特徴がある。

「証明」に関わる仕事は、ブロックチェーン技術でコストを激減できるため、自動化で一気に生産性を上げることが可能となる。逆に言えば人手がかからなくなり、現在、「証明申請代行ビジネス」に就いている人の多くは、従来型の職を失う可能性が高い。たとえば、司法書士や行政書士といった有資格者たちが大きな影響を受ける（第三章4参照）。

ブロックチェーンは、中央の管理者なしに低コストで権利の証明を行えるため、これま

ウォーレン・バフェット
「投資の神様」「オマハの賢人」と呼ばれる。世界最大の投資持株会社バークシャー・ハサウェイの筆頭株主で会長。

ビットコインブーム
各種の仮想通貨への投資が世界的なブームとなり、2017年12月に1ビットコインが200万円を突破したが年明けから暴落し、1年後には5分の1以下に。

ブロックチェーン技術
ハッシュ関数を用いたPoW（Proof of Work）という仕組みによって、改ざんできない履歴記録が、P2Pネットワーク（ピア・トゥ・ピア）のどのコンピュータにも存在することで、中央の管理者が不要のまま、低コストで運用可能となった。

で国や自治体の職員が担当していた「権威ある組織がアップデート管理（変更申請を受けて確認）し、紙の証明書を発行することでその真正性を証明する」業務が、存在価値を失う。たとえば不動産登記や法人登記を扱う法務省、特許を管理する特許庁、そして検察官や裁判官の天下り先となっている公証役場の業務だ。

同様に、大学が卒業証明書を発行する業務、企業や病院が職歴・病歴の証明書を発行する業務なども、絶滅する。これらは、そもそも社会に何らの付加価値も生んでいない必要悪のような業務（皆が嘘をつかなければ存在する必要がない単純定型作業）なので、テクノロジーで自動化し、消滅できるのは望ましいことだ。

人間は必ずミスをするし、偏見や悪意による偽造も起こる。たとえば２０１２年に起きた逗子ストーカー殺人事件では、ストーカーに雇われた探偵が、被害者の夫を装って住所を逗子市役所から聞き出し、その結果、被害者が刺殺されてしまった。閲覧制限がかかっていたが、市役所職員の人為的ミスが原因だった。

一方、機械はミスをせず正確に自動的に業務処理する。末端で行われる公務員の仕事は定型的なので、人間の優位性はなく、必然的に機械化が進行中だ。たとえば住民票や戸籍謄本の写しは、ここ数年で、マイナンバーカードがあれば全国どこでも、コンビニのマルチ端末からセルフで発行できるようになったため、公務員は不要となった。ブロックチェーン技術が利用されれば、この流れはさらに加速する。

金融業では、ビットコイン取引所のように、新たな職が生まれる一方で、これまで多数の仲介機関を介することによって高コストで時間もかかっていた国際送金業務などは、高速で低コストなブロックチェーン技術に代替され、国際部門のスタッフが職を失う可能性が高まっている。

「RPA」等々による継続的なIT化

バックオフィスに大量の事務作業を抱えるメガバンクが、人員削減の手段として、こぞって導入しつつあるのが、「RPA」(ロボティック・プロセス・オートメーション=ロボットによる業務プロセス自動化)である。AIやブロックチェーンに比べると技術的なブレークスルーはなく、インパクトは弱いが、地味に事務作業をIT化することで、人間にとって退屈な「単純定型繰り返し作業」を自動化できる。工場の生産現場における「カイゼン」の、事務作業版ツールの1つ、と考えればよい。

IBMでコンサルティングをやっていた私の経験上、既に20年前には、同種の目的による、作り込み型のSI(システム・インテグレーション)※は導入されていた。つまり、個別企業の業務プロセスを最適化するために、情報システムを詳細にカスタマイズし最適化するのだ。

SI(システム・インテグレーション)
コンピュータやソフトウェア、ネットワークなどを組み合わせて、利便性の高い情報システムを作ること。

だが当時はクラウド※がなく、個別企業単位でサーバーを立てる必要があり、時間もカネもかかりすぎた。それが昨今、世界規模でのクラウドの普及（低コスト&安定稼働）と、ＳａａＳ（Software as a Service）※形態の普及によって、手軽に必要機能だけをカフェテリア的にチョイスして低価格で利用できるようになり、それを米国ＩＴ業界が「ＲＰＡ」と半ば無理やり命名して新技術として売り込み、ビジネス化したのである。

つまり、「ソフトウェア業界の営業努力」と言ったほうが正確だ。日本では２０１６年7月に「一般社団法人日本ＲＰＡ協会」が発足しているが、それ以前の『日本経済新聞』にＲＰＡの文字は全く出てこない。実態はソフトウェアであって、いわゆるロボット（物理的なアームなどのメカトロニクス）は全く介在しないため、名称の〝無理やり感〟は否めない。

ＲＰＡでは、複数のソフトにまたがった一連の定型作業（たとえばエクセルの特定の列の文字をワード文書に延々と人間が転記していく等）を、あたかも人間がやるかのように、ソフトウェアが自動で作業してくれる。どんなに大量な業務でも、ソフトウェアなので、電源さえ入っていれば24時間、眠らず、ＰＣ上で、淡々とさばいてくれる。その姿が客観的に見るとロボット的なのだ——と言うことはできる。

いずれにせよ、ＥＲＰ（Enterprise Resources Planning＝基幹系情報システム）だろうが、ＳＦＡ（Sales Force Automation＝営業自動支援ソフト）だろうが、個別の会計ソフ

SaaS（Software as a Service）

ソフトウェアを利用者（クライアント）側に導入するのではなく、提供者（サーバー）側で稼働しているソフトウェアを、インターネット等のネットワーク経由で、利用者がサービスとして必要なときに必要なだけ利用する状況。

クラウド

空の上のcloud（雲）のように、インターネットを通じて、サーバーの所在地が意識されることなく利用されるサービス。

トだろうが、RPAだろうが、様々な名称を使って、手を替え品を替え、SIサービスは今後もIT事業者によって企業に入り込み、導入しない民間企業は生産性の相対的な低下によって市場から淘汰される。デジタル化・IT化による業務と人員の削減は、進みこそすれ、過去に戻ることはない不可逆的な変化が続く——ということだ。

2　日本の労働市場と自動化

これら、AI・ブロックチェーン・RPA等に対する企業のデジタル投資は、伝統的な階層社会※（経営側と労働側が完全に分離し、相互移動が少ない）が維持され失業率が高めな欧州諸国や、移民に職を奪われることが懸念されている米国では、人間の雇用を奪う「脅威」として、優先度の高い政治課題となる宿命を背負っている。だが、既に完全雇用でこれから労働力不足が加速する我が国で、その議論は全く不要であり、「脅威論」のハードルは低い。よって、自動化で生産性を向上させうるチャンスは、海外よりも多い。

伝統的な階層社会

日本に比べ、欧州は経営側と労働側の分離がはっきりしており、相互の移動が少ない。

労働適性人口が減少、高齢化率は40年後まで世界一

日本の総人口は2008年の1億2808万人をピークに減少に転じ、少なくとも、人口が多い「団塊ジュニア」世代※が全員死亡する50年後くらいまでは、確実に減り続ける。団塊ジュニア世代は頭数が多いが、子供を作らない世代でもあった。政策的に若い世代から非正規雇用を増やして賃金と雇用安定性が劣化したうえに、政府支出のほうは激増する高齢者のための社会保障費増に充てられ、所帯を持って子を育てる余裕がなくなった――というのが背景だ。

少子高齢化によって、働き手の中心年代となる「生産年齢人口」（15～64歳＝労働適性人口）の減り方がさらに急ピッチで進む。国立社会保障・人

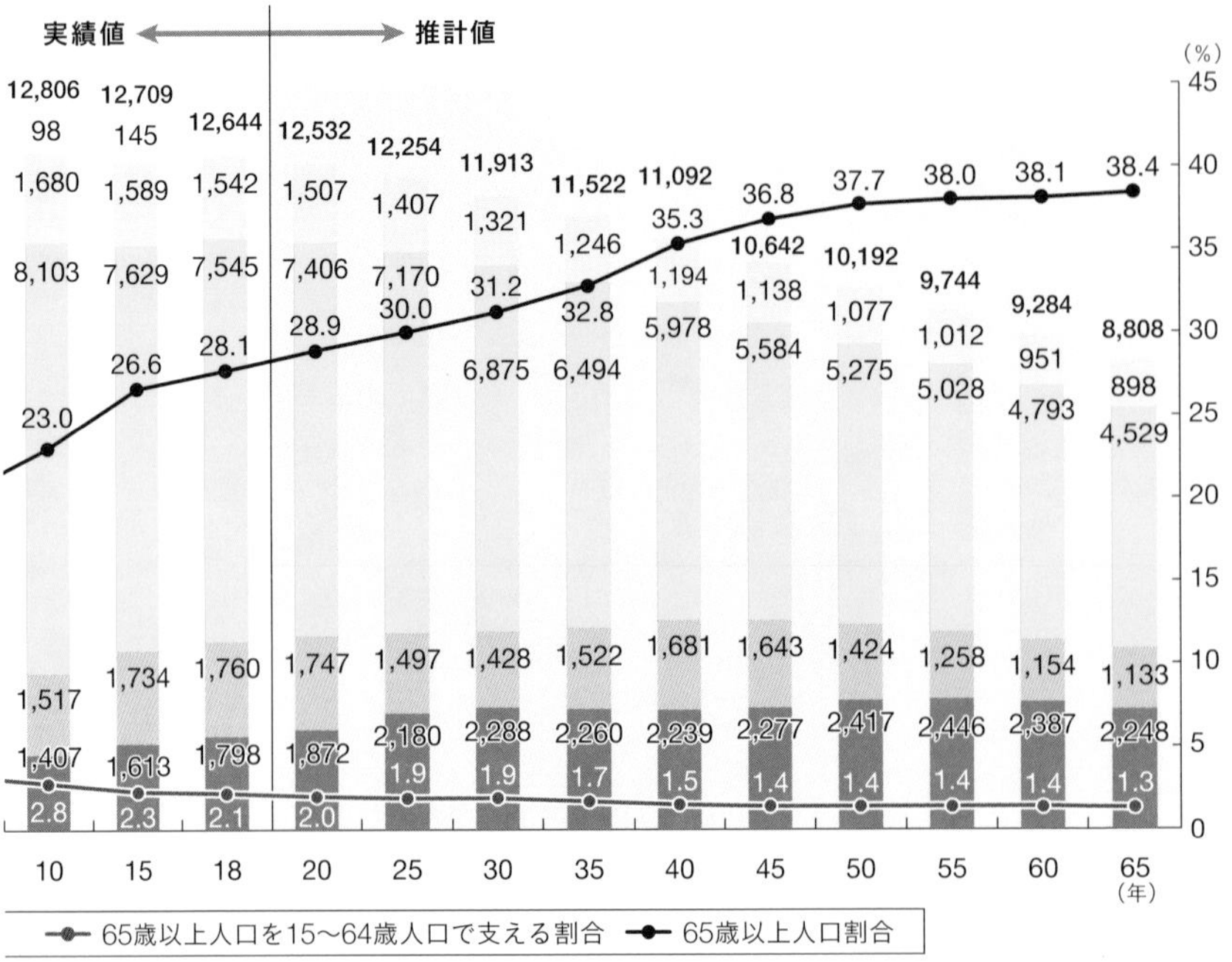

口問題研究所の見通しでは、総人口は２０１５年実績からの30年間で16％減るだけだが、高齢化が進み、労働に適した生産年齢人口は27％も減る。直近では、２０１５年の７６２９万人（実績）→20年後の２０３５年は６４９４万人へと、実に１１３５万人（年57万人ずつ）も減少する見通しだ。そこからさらに加速度が増し、30年後の２０４５年は５５８４万人と推計されている。30年で割ると年68万人ペースだ。

この57万人というのは鳥取県の人口（55万５０００人＝２０１９年11月現在）とほぼ同じ。68万人というのは東京都江戸川区の人口（70万人＝２０１９年12月現在）に匹敵する。65歳未満がどんどん減ることで、高齢化率（65歳以上が全体に占める比率）は上昇を続け、２０６０年（38％）まで世界一を維持する見通しだ。

実際の15歳は働かないし、65歳以上でも老体に

日本の人口推移実績と2020年以降の見通し

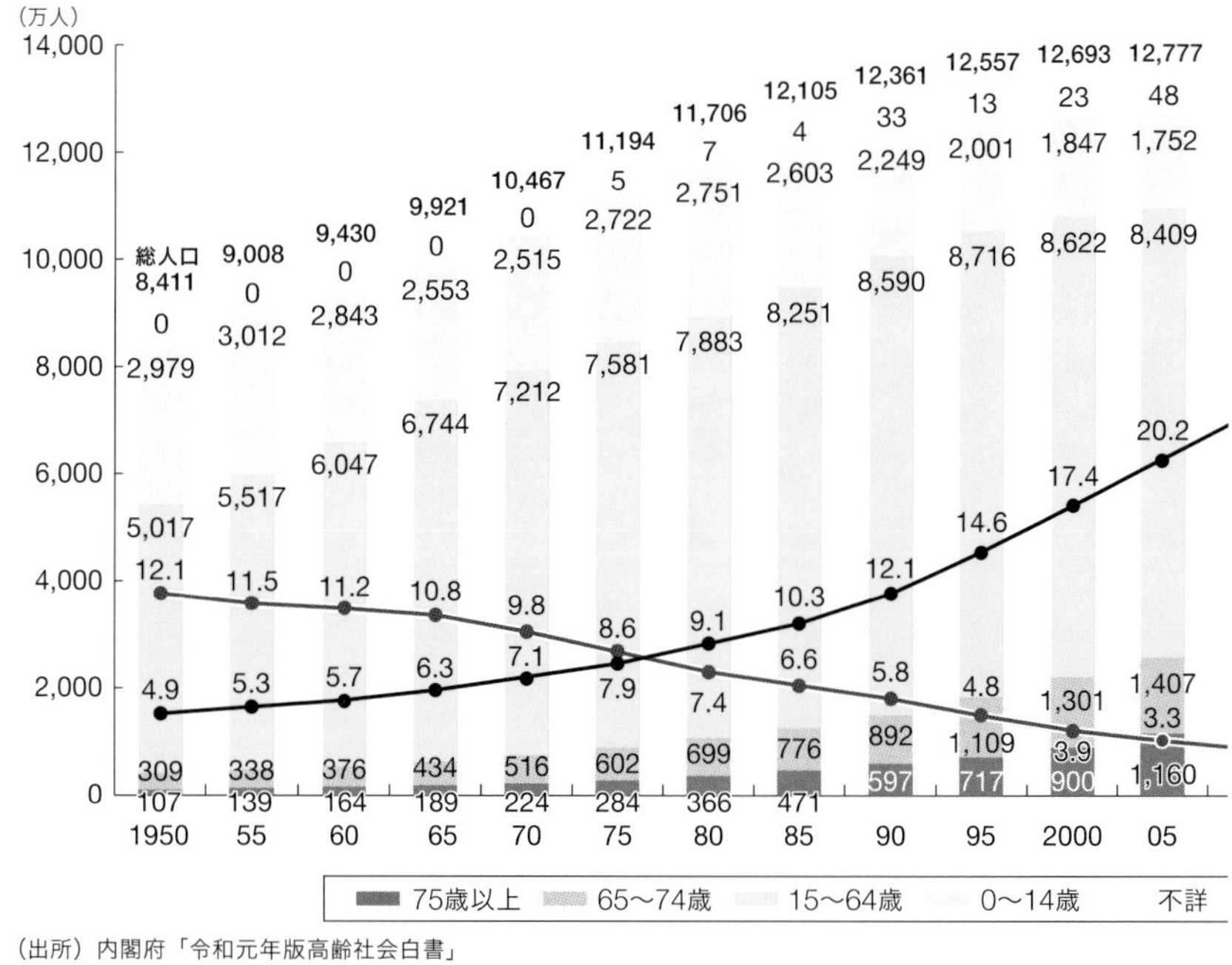

（出所）内閣府「令和元年版高齢社会白書」

ムチ打ってフルタイム勤務する人は大勢いる。よって、この生産年齢人口とは別の「労働力人口」が、より実態を表すわけだが、こちらは流動的で予測は難しい。

総務省「労働力調査」によると、労働力人口＝「満15歳以上で労働する意思と能力を持った人の数」で、ようは「実際に就業している者＋就業する意思がある失業者」の人数だ。男性は人口減に比例して減っているが、女性はこれまで働いていなかった女性が働くようになるため増え、引退年齢を遅らせた高齢者層も増えつつあるため、直近5年ほどは増加傾向にあり、２０１８年は６８３０万人と、統計上は、過去最高水準をキープした。

だが、この増加傾向が早晩、打ち止めとなることは、生産年齢人口が年60万人ペースで確実に減少していくスピードを考えると明らかで、労働力人口もここ数年でピークを打ち、２０２０年代のうちに減少に転じるのは間違いない。

女性が働き始めたことで共働き家庭が急に増え、保育園に入園できない「待機児童」が社会問題化しているのは報

労働力状態別人口および割合

年	15歳以上人口（万人）					割合（%）			
	総数	労働力			非労働力	労働力			非労働力
		総数	就業者	完全失業者		総数	就業者	完全失業者	
1960	6,520	4,511	4,436	75	1,998	69.2	68.0	1.7	30.6
70	7,885	5,153	5,094	59	2,723	65.4	64.6	1.1	34.5
75	8,443	5,323	5,223	100	3,095	63.0	61.9	1.9	36.7
80	8,932	5,650	5,536	114	3,249	63.3	62.0	2.0	36.4
85	9,465	5,963	5,807	156	3,450	63.0	61.4	2.6	36.5
90	10,089	6,384	6,249	134	3,657	63.3	61.9	2.1	36.2
95	10,510	6,666	6,457	210	3,836	63.4	61.4	3.2	36.5
2000	10,836	6,766	6,446	320	4,057	62.4	59.5	4.7	37.4
05	11,008	6,651	6,356	294	4,346	60.4	57.7	4.4	39.5
10	11,111	6,632	6,298	334	4,473	59.6	56.6	5.1	40.3
15	11,110	6,625	6,401	222	4,479	59.6	57.6	3.4	40.3
16	11,111	6,673	6,465	208	4,432	60.0	58.1	3.1	39.9
17	11,108	6,720	6,530	190	4,382	60.5	58.8	2.8	39.4
18	11,101	6,830	6,664	166	4,263	61.5	60.0	2.4	38.4

（出所）総務省統計局　労働力調査結果

道の通りで、育児インフラが整えば、もう少々、働く女性は増えそうだ。また、働く高齢者も、漸増は予想される。だが、それ以上に、生産年齢人口全体の母数の減少が速すぎるため、女性と高齢者で補える減り幅ではない。

「日本人労働者は、約７０００万人をピークに２０２０年代半ばに減少に転じ、二度と戻ることはありませんでした」――と、後世の日本史教科書には記述されるはずだ。これは日本国の歴史上、はじめての事態であり、我々は歴史的な転換点に生きている。この点は、確実にやってくる近未来として押さえておきたい。

〝失われた20年〟、日本は主要先進国で断トツの賃金停滞

ＯＥＣＤ※のデータによると、世界の主要国のなかで、民間部門の時間あたり名目賃金（実際の金額であり、物価の変動で調整しない）が、過去20年間で下がったのは日本（マイナス７％）だけだった――。この、働き手にとっての〝失われた20年〟問題は、『赤旗』『日経新聞』『東京新聞』が報じ、民放やＮＨＫ『クローズアップ現代』も放送して話題となった。２０１８年までの20年間で、英国は83％、米国は75％、フランスは66％、ドイツは56％も増え、ＩＴ化を急速に進めた韓国※に至っては２・７倍にもなった。日本はこの20年間で、相対的に貧しい国に落ちぶれていった。

OECD
Organisation for Economic Co-operation and Development＝経済協力開発機構。35か国で構成。「先進国クラブ」とも呼ばれ、途上国の経済的支援を目的の1つに掲げる。

「団塊ジュニア」世代
年間の出生数が200万人を超えた第2次ベビーブームの1971〜74年生まれを指す。2019年の出生数は半分未満の90万人割れとなり、ついに統計開始以来の過去最少に落ち込んだが、政府に危機意識はみられない。

ＯＥＣＤの各国データをどこまで信じるかは別としても、少なくとも日本についていえば、実際に国税庁「民間給与実態統計調査結果」データでも、平均年収が１９９８年の４６５万円（前年の４６７万円が日本史上のピーク）から減少傾向をたどり、２０１８年は４４１万円（５・２％減）。この期間は私が社会人になって働き手を取材し続けてきた時期にも重なるため「5～7％貧しくなった」は実感通りだ。現実には、社会保障負担や消費税が上がって可処分所得が減少した結果、勤労世代の手取りはさらに減り、貧しくなっている。

ＵＳドルベースで比較した年間平均賃金（ＯＥＣＤデータ）――つまり時給ではなく年収の総額――で見ても、１９９８年は主要16か国で7位と〝先進国クラブ〟と呼ばれるＯＥＣＤの平均値よりも上位にいた日本が、20年たってみると、下から4番目の13位まで下がってしまった。日本だけが4万ドル前後で20年間も全く増えない間に（増加率１％）、他の主要国は軒並み右肩上がりで賃金を上げていった結果、英国・フランス・カナダ等に追い抜かれ、もはや日本は、韓国にも追い抜かれそう

時間あたり賃金の増減率　――1998～2018年、名目賃金

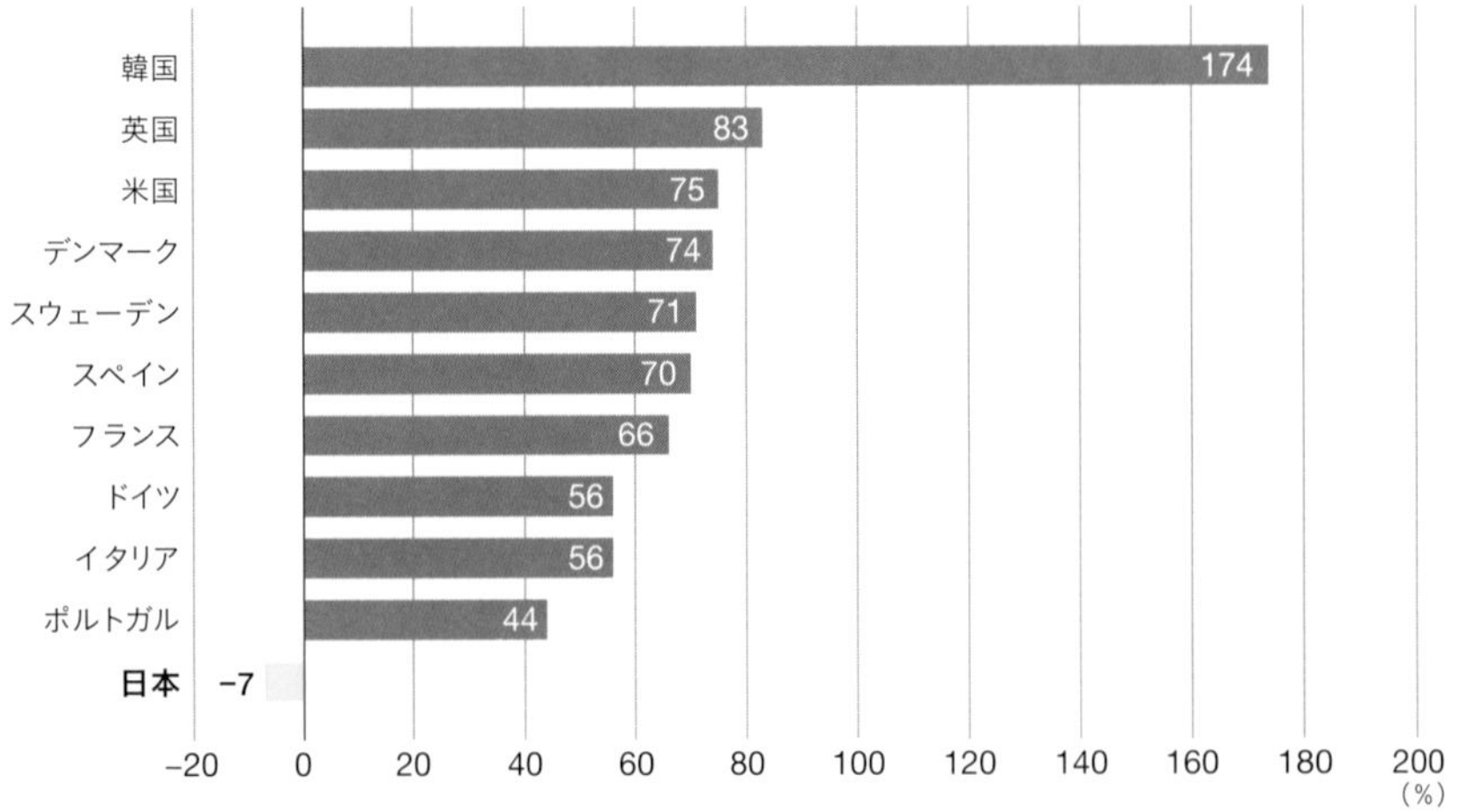

（出所）OECD

● 主要国の年間平均賃金推移

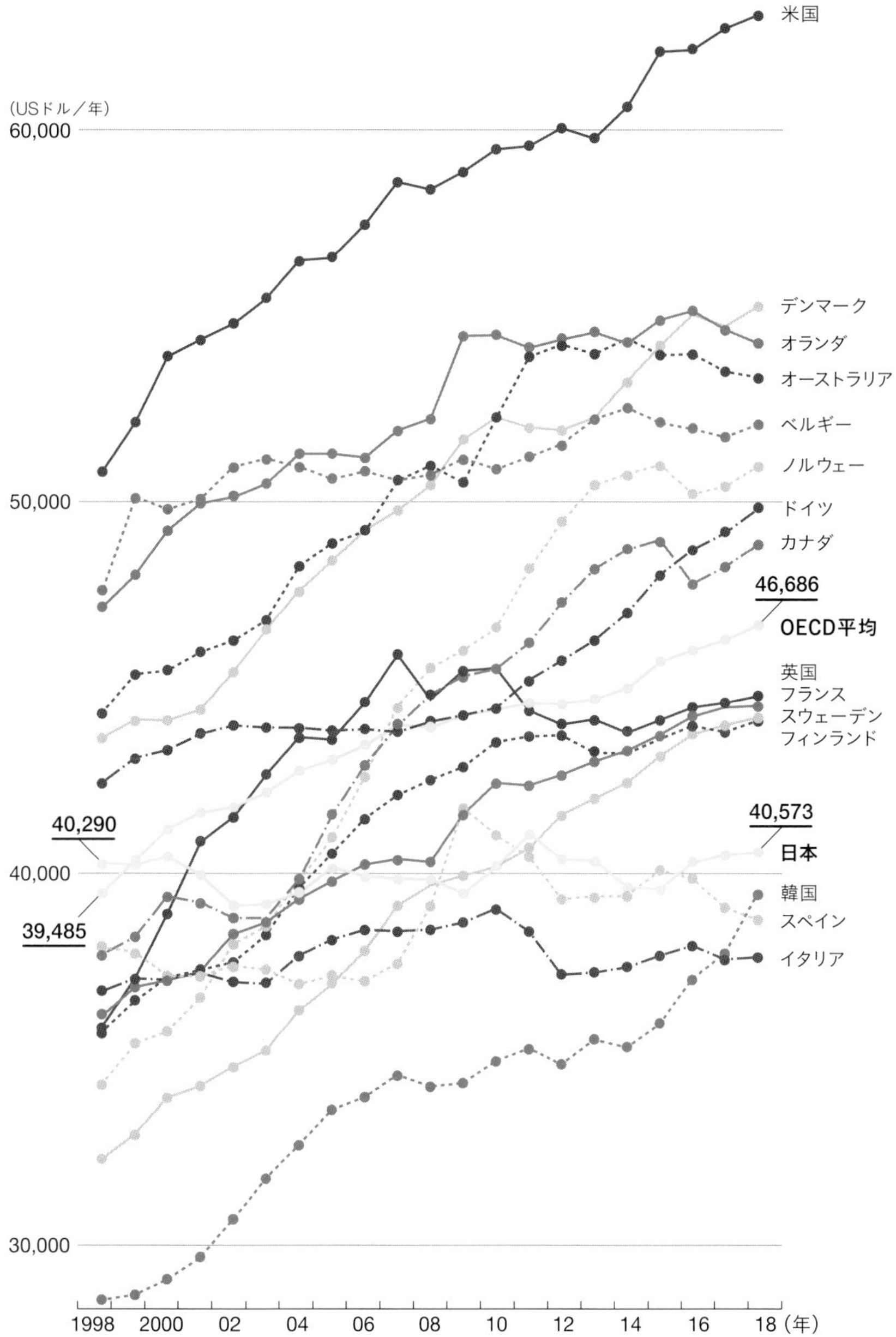

(出所) OECD、購買力平価で算出

な下位グループに落ち、OECD平均値（4万6686ドル）より13％も賃金が安い国に成り下がった。

過去20年の年収増加率トップ3は①ノルウェー（49％増）②韓国（38％増）③スウェーデン（37％増）。いずれもキャッシュレス化が急速に進んだ国で、たとえばスウェーデンでは国内銀行支店の過半数で窓口の現金取り扱いを終了したという。逆に下位3か国（日本、スペイン、イタリア）は現金比率が高く、キャッシュレス比率と賃金は綺麗に正比例する。現金（キャッシュ）を減らすほど、現金（給料）が生み出される——というのは一見、皮肉にも見えるが、キャッシュレス化→労働生産性向上→賃金アップは、当然の理屈だ。現金が経済活動に役立つのは唯一、電気が止まった災害時のみであり、それ以外は裏社会のマネーロンダリング※や脱税といった犯罪者のツールとしてしか有用ではない。

先進各国は労働時間短縮しながら給料アップ

先進各国は、この時給アップと賃金総額アップを、総労働時間の減少と並行して実行してきた（「G7※各国の年間労働時間推移」参照）。短時間労働で、高収入。最も理想的な社会の進歩である。日本は依然、労働時間が多いグループに属する。減少傾向ではあるが、これは労働時間が短い非正規雇用者が増えたために全体平均が減っただけで、格差が拡大

IT化を急速に進めた韓国

年商240万円以上の店舗にクレジットカードによる支払い受付を義務化、クレジットカード利用額の20％を所得控除（上限30万円）するなど、1997年のアジア通貨危機以降、国策でキャッシュレスを推進した。

マネーロンダリング

資金洗浄。麻薬取引などの犯罪で取得した不正な資金を、架空口座や他人名義口座などを利用して転々と移転することで出所を分からなくすること。

G7

Group of Seven ＝先進7か国首脳会議。

信用乗車方式

乗客が乗車券を自己管理することで、駅員や乗務員による運賃の収受や乗車券の改札作業を省略する方式。抜き打ち検査で無賃乗車に高額の罰金を科す（ドイツは60ユーロ）。

して社会が不安定になっただけだ。

最も労働時間が短いドイツは、過去20年で１４９４時間→１３６３時間に短縮。１６８０時間の日本より19％少ない労働時間で、４万９８１３ドルと、日本より23％多い年収を得ている（２０１８年）。経済規模も日本がＧＤＰ世界３位、ドイツ４位と、近い。にわかには信じがたいので、２０１９年夏にドイツに３週間ほど滞在して、現地に住む日本人・ドイツ人に話を聞いたのであるが、事実だった。

まず、「閉店法」がしっかり運用され、日曜は完全に定休日。日本のイオンやららぽーとにあたるショッピングモールが毎週日曜は閉店。旅行者には不便なことに、スーパーも同様に一斉休業で、深夜営業のコンビニも存在しない。絶対的な労働時間が、明らかに短いのだ。

鉄道駅は信用乗車方式※で、そもそも改札口が存在せず、職員も見当たらない。その代わり、ボタン１つで質問できる機械が、駅構内や電車内に設置されていた（写真参照）。最少の人数でいかに業務を回すか、が考え抜かれているのだった。

「連邦休暇法」によって、企業経営者は社員に毎年最低24日間の有給休暇を与えなくてはならず、実際の運用上では、ドイツの大半の企業が

G7各国の年間労働時間推移

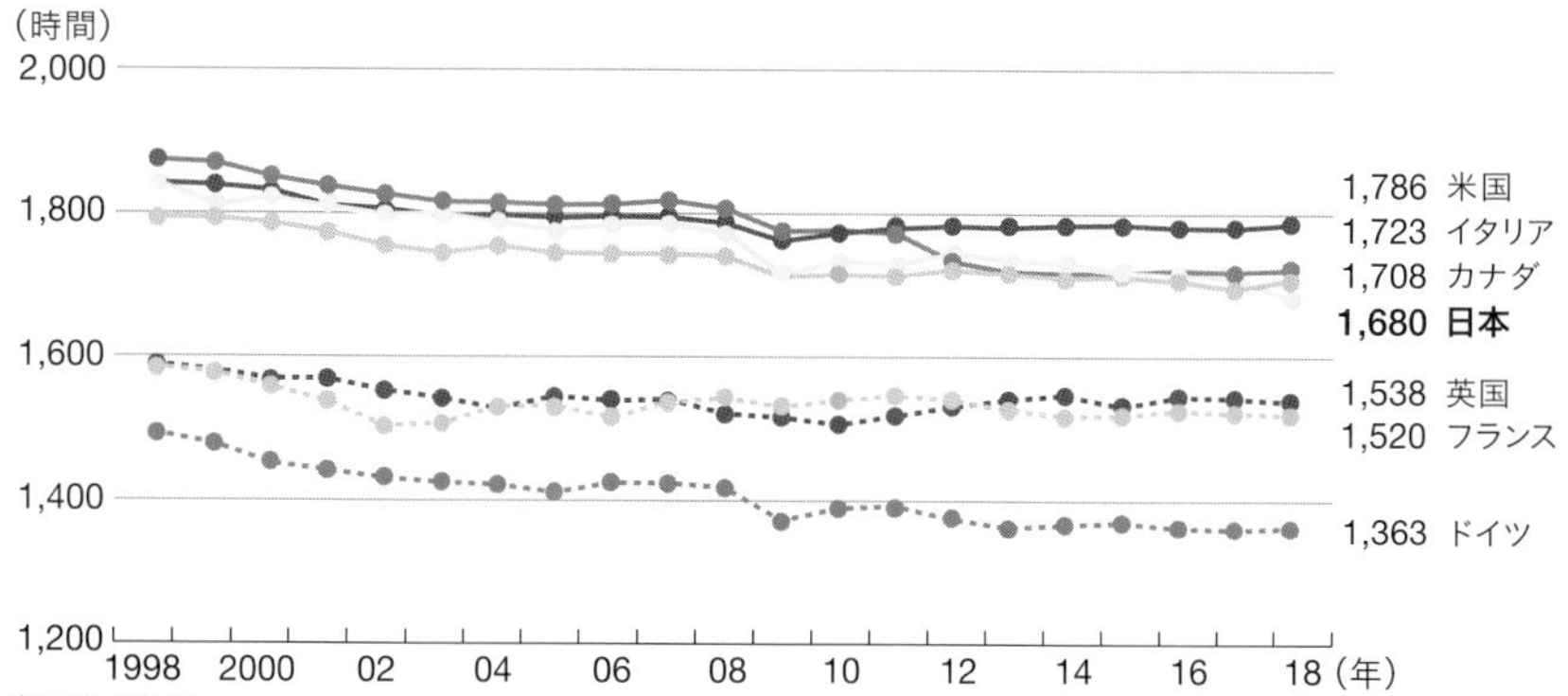

(出所) OECD

社員に毎年30日間の有給休暇を認めており、祝日（12日）を足すと、土日以外に、年間42日間も休めるという。

「自分は、祝日以外に年31日の有給休暇をすべて消化しています。残業すると、超過労働時間を貯めて代休として消化できる労働時間口座（Arbeitszeitkonto）という制度を多くのドイツ企業が導入していて、自分も使っています。連続休暇は夏2週間＋冬2週間、または1か月まるまる取得も可能で、今年は北欧やアジアを旅行しました」（30代ドイツ人）。これだけ労働時間が短いのに、30代前半のメーカー社員や公務員で年収は約8万ユーロ（1000万円弱）だというから、日本よりはるかに労働環境がよい。長時間労働とパワハラで過労死が後を絶たない日本は、経済規模は同じくらいでも、労働環境でボロ負けしている。

テクノロジー活用＝労働生産性向上≒賃金アップ

ではどうすれば、1人あたりの「総賃金」、そして働き手個人の「時給」は、上がるのか。方法は3つしかない。

第一に、企業の粗利にあたる付加価値の絶対額を増やし、パイそのものを大きくする。そのために、売上を増やすか、原価を削減する。そのうえで、増えた分が経営側や資本家

電車内（左）とホーム上（右）に設置された、職員と連絡をとるための通信機器（ドイツ・ミュンヘン、著者撮影）

側に独占されることなく、しっかり働き手に配分される仕組みを国が整備する（最低賃金の引き上げ、雇用保障や賃金に関する正規非正規均等待遇、外国人単純労働者の輸入制限など）。

第二に、付加価値（粗利）の配分を変える。粗利額は一定のままでも、働き手の取り分である「人件費」（②）を増やし、経営者の取り分である「役員報酬」（①）や株主の取り分である「配当」（④）を減らす、または企業の貯金にあたる「内部留保」（④）に回す額を減らす。一言でいえば、労働者にもっと配分せよというもので、これは共産党の一貫した主張である。この付加価値のなかの人件費比率を「労働分配率」と呼ぶが、その低下傾向が政治問題ともなっている。

第三に、粗利の多寡にかかわらず、テクノロジー（IT、AI、ロボティクス）への積極投資によって、少人数でも（短時間労働でも）同じ業務が回るようにし、食い扶持を減らす。総人件費を減らしつつ、働き手1人あたりの取り分（給料、または時給）は増やすことが可能となり、誰も損を

● ステークホルダーそれぞれの取り分（幅はイメージ）

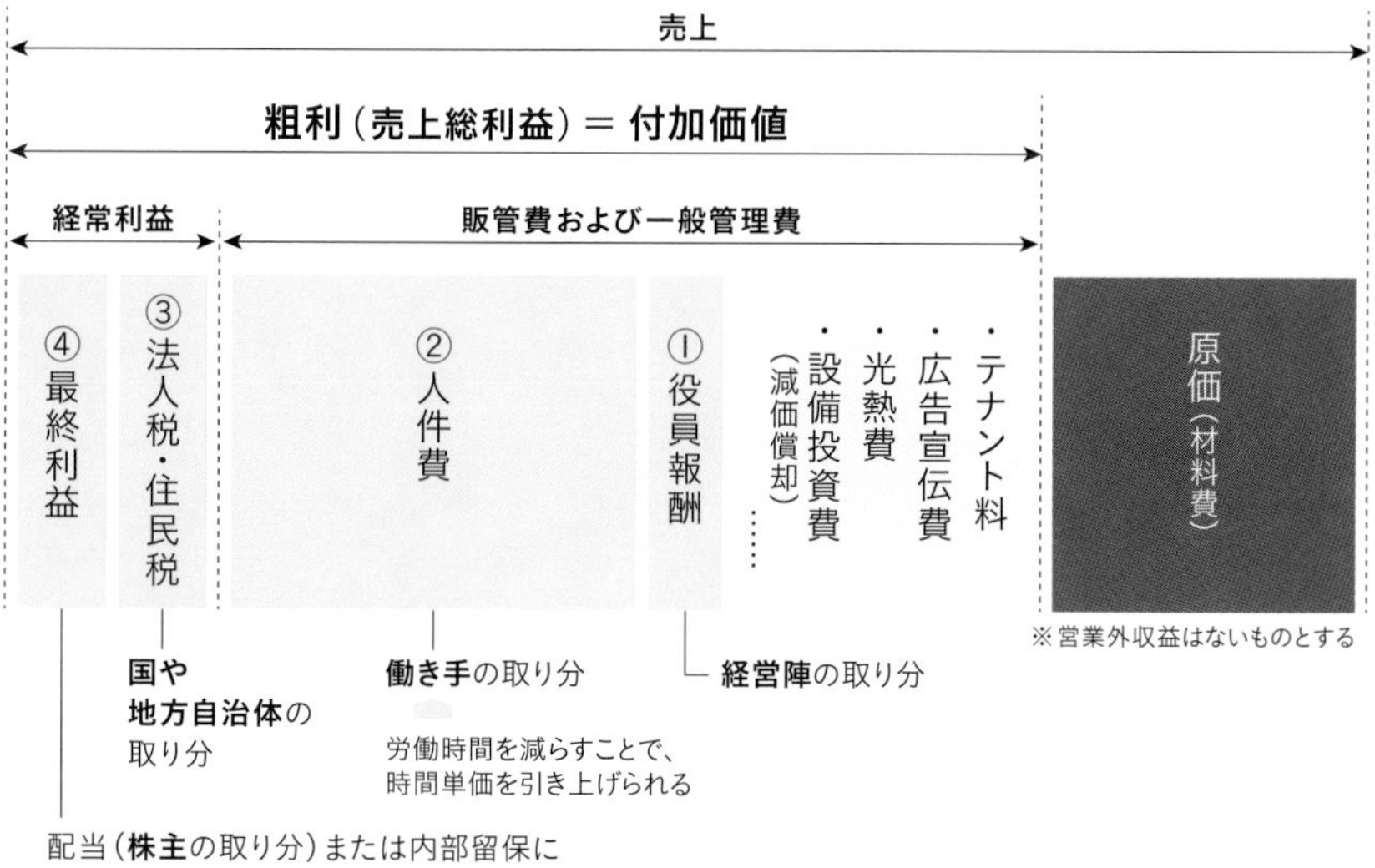

しない（ただし、ここでも「取り分の分配問題」は発生する）。減らされた（リストラされた）働き手は、人手不足のなか給料相場が上がり、社内の他業務や、他社に吸収され、社会全体で高賃金化が進む。

以上３つのうち、第一の方法（粗利を拡大）は難易度が高い。そう簡単に売上を増やせたり、原価低減ができるなら、苦労はない。全体でみたら、ＧＡＦＡ※はじめＩＴ企業は粗利率が高く、サービス業は低い。そして、大企業は粗利率が高く、中小企業は低い。中長期的には、こうした産業構造の変革によって日本経済トータルでの粗利を拡大させるべきだが、個々の企業にできることは少ない。

第二の方法（配分の変更）は、さらに難易度が高い。パイの取り合い、いわばゼロサムゲーム※なので、利害対立が発生し、実行が難しい。内部留保（株主の取り分の１つ）が過去最大に膨れ上がっており、働き手の交渉力を強める法改正が必要で、現在の政治状況では難航が予想される（終章参照）。

そこで最も実現可能性が高いのが、第三の方法（テクノロジーの活用）だ。人間がやっている業務を機械やＩＴに代替させることで、着実に人間の労働時間を計画的に削減できる。たとえば、これまで８時間×３人で担当していた仕事が、自動化によって８時間×２人でできるようになれば、人件費は３分の２に削減される。これは、１人あたりの「労働生産性」が１・５倍になったことを意味する。同じ販管費内の、機械の設備投資や維持管

GAFA

GAFA＝Google, Amazon, Facebook, Apple

ゼロサムゲーム

得点と失点の総和（＝サム）が常にゼロとなるゲームで、片方の利益が必ず片方の損失となる。↔プラスサム、ウィンウィン。

理コストを無視して考えると、給料を1・5倍にする原資が生まれたことになる。

この、テクノロジーで生み出された原資（当初人件費×3分の1）が、役員報酬・配当・内部留保にすべて回るのではなく、適切に働き手の給料に回る仕組みがあれば、給料アップが実現する。労働生産性アップと給料アップの間にワンステップあることは超重要事項なので、覚えておいていただきたい。幸いなことに、日本は働き手不足がずっと続くため、適切に働き手にパイが還元されやすい労働市場環境が続く。

たとえば、ある人気の定食屋「中戸屋」で、ホールに常時3人のスタッフが1日8時間ずつ働いていたとする。タブレットまたはスマホアプリからの自動注文&QRコード（またはクレジットカード）自動決済を導入することで、注文取りとレジの業務を自動化し、人間の労働は「配膳と片づけ」だけに減らすことで、常時2人で回せるようにオペレーションを変えた。時給1000円×8時間＝8000円／日が、生み出された原資である。

単純計算で、これをスタッフにまるまる還元すれば、時給1500円にしても同じ経常利益を維持できる。中戸屋はバイトテロ問題や働き手不足の問題から、良質な労働力確保と離職率を抑えることを目的に、原資の半分を給料に回す決断をした。これで時給は1250円だ。残りはタブレット等の維持管理コストや経営側の賃金アップに回る。お客さんもレジに並ぶ必要がなくなり、全員ハッピーだ。このように、テクノロジーの積極活用によって、皆の給料が増えていく。

労働生産性G7最下位

付加価値（粗利）を生み出すために、（機械ではなく）どれだけの「人間」が働いたか――を表す指標が、労働生産性だ。OECDデータに基づいて日本生産性本部が算出した日本の時間あたり労働生産性は46・8ドル（4744円／購買力平価換算、2018年）で、米国（74・7ドル／7572円）の63％にとどまっている。

1人が1時間働いても4744円の粗利しか生み出せておらず、米国より2828円も少ない、ということだ。これに年間労働時間である1680時間をかけると797万円になるわけだが、そこから経営者の取り分、国や地方の取り分、株主の取り分が引かれ、労働者には半分余りだけが支払われる。ざっくり言えば、これが国税庁データの441万円だ。5割強にとどまる労働分配率の低さもさることながら、労働生産性を上げ、時間あたり粗利の絶対額を増やすべきであることは明らかだ。

日本の労働生産性は「G7最下位」を定位置としており、OECD36カ国のなかでも18位と平均以下。まだまだ、いくらでも引き上げる余地が残されている。仕事の自動化によって、確実に引き上げることが可能である。

以上、日本は世界一の少子高齢化が今後40年超にわたって続き、働き手不足が深刻化す

OECD加盟諸国の時間あたり労働生産性　―― 2018年／36カ国比較

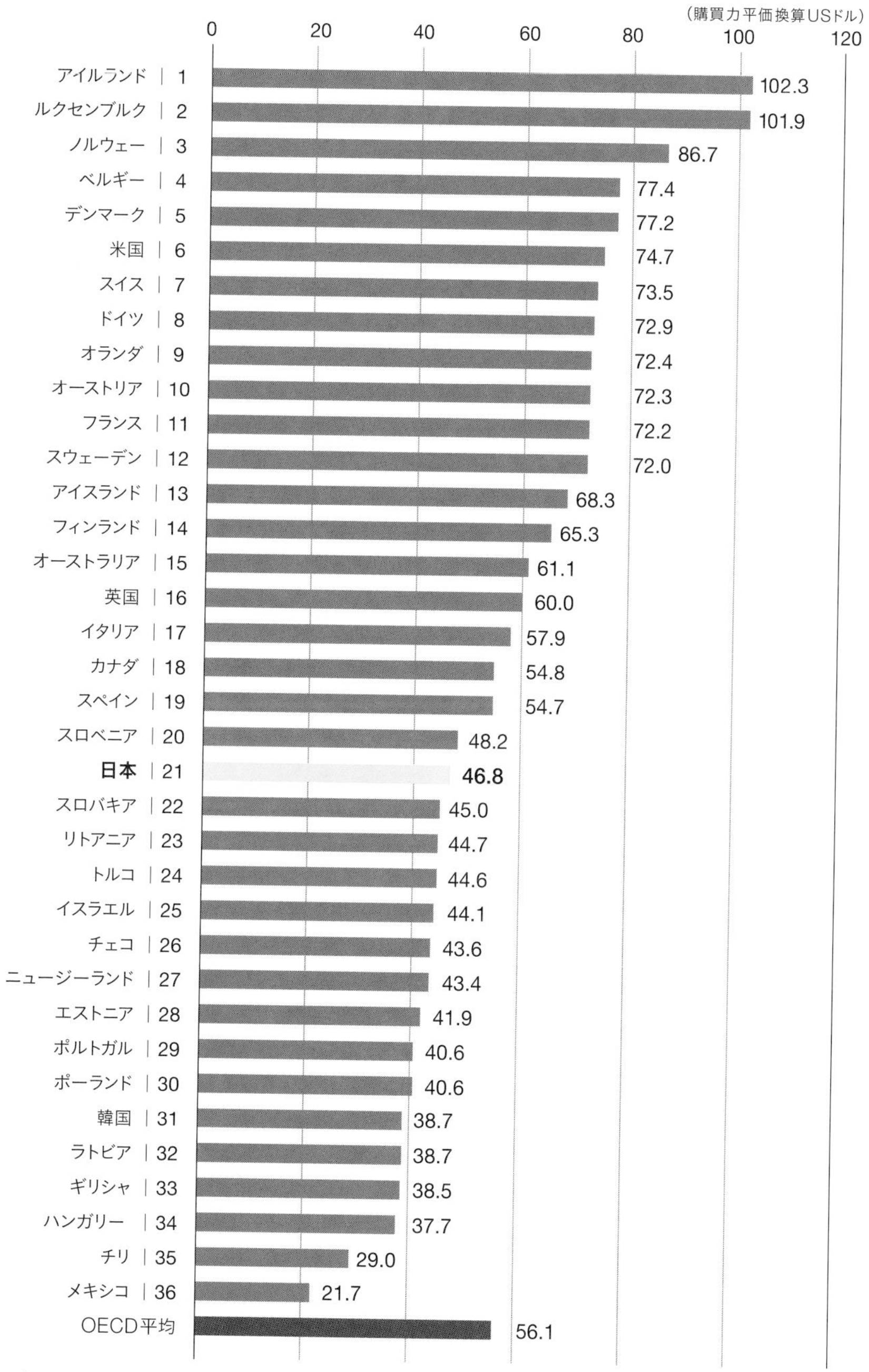
(購買力平価換算USドル)
0
20
40
60
80
100
120
アイルランド｜1 102.3
ルクセンブルク｜2 101.9
ノルウェー｜3 86.7
ベルギー｜4 77.4
デンマーク｜5 77.2
米国｜6 74.7
スイス｜7 73.5
ドイツ｜8 72.9
オランダ｜9 72.4
オーストリア｜10 72.3
フランス｜11 72.2
スウェーデン｜12 72.0
アイスランド｜13 68.3
フィンランド｜14 65.3
オーストラリア｜15 61.1
英国｜16 60.0
イタリア｜17 57.9
カナダ｜18 54.8
スペイン｜19 54.7
スロベニア｜20 48.2
日本｜21 46.8
スロバキア｜22 45.0
リトアニア｜23 44.7
トルコ｜24 44.6
イスラエル｜25 44.1
チェコ｜26 43.6
ニュージーランド｜27 43.4
エストニア｜28 41.9
ポルトガル｜29 40.6
ポーランド｜30 40.6
韓国｜31 38.7
ラトビア｜32 38.7
ギリシャ｜33 38.5
ハンガリー｜34 37.7
チリ｜35 29.0
メキシコ｜36 21.7
OECD平均 56.1

（出所）日本生産性本部

ること。過去20年にわたって日本だけが賃金が上がらず、時給ベースではむしろ下がっていること。ＩＴ、ＡＩ、ロボティクスといったテクノロジーの活用によって労働生産性は確実に上げることができ、賃金を引き上げる原資を生み出せること。労働生産性はＧ７最下位で、引き上げる余地がおおいにあること――について説明した。

これでも、テクノロジーの活用を進めない理由が、あるだろうか。２０２０年代、日本に選択肢はなく、確実に、働く現場のデジタル化は進行していく。これが中途半端に終わるとどうなるかというと、１人あたりの業務量が重くなって長時間ブラック労働が進み、かつ、最低賃金で働く外国人労働者を１００万人規模で大量に受け入れざるをえなくなり、それらに引っ張られる形で日本人の賃金も下方に引っ張られ、〝失われた20年〟が30年、40年と延び、スペイン・イタリア、そして猛追する韓国にも追い抜かれる。大陸から大量にやってくる旅行者（中国・台湾・韓国）からは、「モノもヒトも安くて途上国みたいだ」と見下される国に、転落していく。

このまま日本だけが世界から取り残され、低賃金・貧困化が進んでもよいと思っている人はいないはず――と思いたいが、２０１９年4月から始まった外国人労働者受け入れ拡大※の、拙速な泥縄式政策決定プロセスを見ると、個人にとってはどちらに転んでも、つまりデジタル化のスピードが速くても遅れても、とにかく「食える」ための仕事選びが、ますます重要になっていると言える。

外国人労働者受け入れ拡大

入管法を改正して「特定技能」という在留資格を新設し、実習生ではなく労働者として外国人を受け入れる。14業種について、2019年からの５年間で最大34万5,000人とする計画で、多い順に介護（６万人）、外食（５万3,000人）、建設（４万人）。「日本人の賃金をどれだけ抑え込む効果があるのか」「母国送金による富の流出はどのくらいか」といった経済学的な議論や理論に基づく根拠は全く存在せず、単なる各業界経営サイドからの「低賃金で働く人手がほしい」という要望に応えた政治判断といえる。

序章のまとめ

○AI（人工知能）、ブロックチェーン、RPAといったITのブレークスルーや進歩によって、現在G7最下位に沈んでいる日本の労働生産性を、飛躍的に引き上げるポテンシャルが生まれている。

○日本は、世界一の少子高齢化が今後40年超にわたって続き、生産年齢人口（15～64歳）が年60万人ずつ減って「働き手不足」が深刻化するに従い、仕事を機械化・自動化するテクノロジー導入を進めざるをえない。

○世界経済が成長するなか、日本人の賃金だけは20年間にわたって上がっておらず、時給ベースではむしろ下がり、社会保障負担や消費税負担が重くなった結果、「失われた20年」の間に、日本の労働者は確実に貧しくなってしまった。

○外国人単純労働者の輸入に頼ることなく、IT・AI・ロボティクスといったテクノロジーの導入で労働生産性を引き上げれば、日本人労働者の賃金を引き上げる原資が生まれるものの、実際に働き手に配分される機能は弱い。

○ 現実には、テクノロジー導入の恩恵が働き手に還元されないことで、大多数の労働者にとっては「失われた20年」が30年、40年と延びる可能性が高く、個人として「10年後に食える」ための万全の対策が必須の状況である。

Key Question

「労働生産性が低い、高い」とは、たとえばどういうことでしょうか？
身近な仕事を例に考えてみましょう。

第一章

「人間の強み」が不可欠な仕事の条件

労働力人口の減少と介護などに人手を必要とする高齢者の増加が同時進行するため、テクノロジー（ＩＴ、ＡＩ、ロボティクス……）を活用した自動化を急速に進めなければ社会が回らなくなるのが、２０２０年以降の日本だ。機械と競合する分野の仕事は、急速に人間から機械に代替され、人間は別の業務や別の職種に吸収されていく。

たとえば「検針員」という仕事は、東京電力が２０２０年までに全戸にスマートメーターを設置することで、人間の手から離れ、通信で自動的にデータを取得する方式に移行。明治時代から１５０年近く続いた電気の「検針員」という職業が、まるごと消滅に向かう。ガスや水道の検針も同じ道を歩むことになる。では、人間にしかできない仕事とは何か。

３つのタスク、９つの能力

この分野で最も有名なオズボーン論文「雇用の未来※」では、以下３つのタスクを仮説として提示し、これをもとに分析を進めている。

雇用の未来

オックスフォード大学のマイケル・A・オズボーン准教授が、カール・ベネディクト・フレイ博士との共著で2013年秋に発表した論文“The Future of Employment”。米国では702の職業のうち47%が、10〜20年後には機械にとって代わられるとして話題を呼んだ。

① **Perception and manipulation tasks**（認識と手動操作が必要なタスク）

非構造化作業環境に関連するタスクで、家事労働の大半がこれに該当する。「1日に何千回も繰り返される、1つのタスクに関する無数の小さなバリエーションに対して、ロボットの仕事は信頼できない」。

② **Creative Intelligence tasks**（創造的知性が必要なタスク）

コンセプト、詩、作曲、科学理論、調理レシピ、ジョークなどを創り出す作業。「コンピュータに絶妙な冗談を言わせるためには、人間に匹敵する豊富な知識を持つデータベースとベンチマーク手法が必要」。「人間の創造性の根底にある心理的プロセスを特定するのは困難」としている。

③ **Social Intelligence tasks**（社会的知性が必要なタスク）

交渉、説得、介護など、幅広い業務において重要となるのが、人間の社会的知性である。「人間の自然な感情のリアルタイム認識は依然として困難な問題であり、そのような入力に知的に反応する能力は、さらに困難である」。なぜなら、「人間が持っている常識の情報が多く、それを明確にするのが困難」だからだとしている。

そのうえで、この3つは、「O*NET」※（米国の職業データベース）上に記された能力変

O*NET

O*NET とは、日本に類似の仕組みがないためイメージしにくいが、職業を分類したうえで各職業に必要な能力を定義したものである。

数でいうと、どれに該当するのかを定義した。それぞれ以下の通りで、能力変数は計9つである。

①認識と手動操作が必要なタスク

=「Finger Dexterity（指の器用さ）」「Manual Dexterity（手先の器用さ）」「Cramped Work Space, Awkward Positions（窮屈な作業スペース、厄介な位置）」

②創造的知性が必要なタスク

=「Originality（独創性）」「Fine Arts（すばらしい芸術）」

③社会的知性が必要なタスク

=「Social Perceptiveness（社会的知覚）」「Negotiation（交渉）」「Persuasion（説得）」「Assisting and Caring for Others（他者を助け気づかう）」

この9つの変数が、自動化におけるボトルネック※であると定義し、あとは機械学習の研究者たちがワークショップを開き、主要な70職種について自動化可能か否かを印象論で決め、ボトルネック要素の含有度合いをパラメーターとして、900以上の職種全体に拡大推計したものが、オズボーン論文だ。

驚いたのは、なんと現場の働き手と全く接触することなく、その職種に対する研究者の

ボトルネック

英語の「瓶の首」の意で、制約を指す。物事の進行の妨げとなる要因や、仕事がうまく進まない原因箇所のこと。

頭の中のイメージだけで決めつけ、それを官製データベースと突き合わせて、机上でひたすら計算を重ねていることだ。頭でっかちな学者らしい手法である。現場取材に基づくボトムアップを徹底した私の手法とは正反対だ。

私のアプローチは、現場労働者の話を聞き、「あなたのその業務は機械（IT、AI、ロボット）に代替できるか？」と、インタビュイーに質問し、根拠を問うて議論し、「これは絶対に人間にしかできないな」と思った業務遂行能力の共通点をまとめ、仮説と検証を取材のなかで繰り返していく、というものだ。したがって、「社会的知性」といった、誰も実態をイメージできないような曖昧な概念（ごまかし）は出てこない。

私の結論としては、以下5つが、人間の強みを活かせる業務であり、すなわち自動化のボトルネックとなるタスク要素となる。これらの要素が業務の中核スキルとして必要な職種は、永遠に自動化しない。

1．創造ワーク
2．感情ワーク
3．信用ワーク
4．手先ワーク

これら「人間の強み」は、結果的に、オズボーンの3つのタスク・9つの要素と、ほとんど似通ったものとなった。それぞれ対比して説明しよう。

Ⅰ．創造ワーク

これは、オズボーンの言う②Creative Intelligence tasks（創造的知性が必要なタスク）で、異論はないだろう。ゼロから1を生み出す発想力・構想力であり、人間の脳の中でどのようなプロセスから生み出されているのかも、全く解明されていない。ブラックボックスだからこそ、機械には再現できない。過去のデータをいくら分析して組み合せてみたところで、全く新しいモノは生み出されない。

創造（Create）には、想像（Imagine）を伴う。ああでもない、こうでもない、こうかもしれない……とイマジネーションを膨らませるなかで、ある時点でつながってひらめき（脳内でシナプス結合が起こり）、新しいものがクリエイトされる。想像は創造のプロセスだ。よって本書で述べる「創造」は「想像」を含み、区別しない。

小説家、漫画家、作曲家、お笑い芸人、画家、建築家、デザイナー、プロデューサー、基礎研究者、大学教授、政治家……といえば簡単にイメージできるだろう。

とはいえ、創造をメインとする職種は、そもそも就業人数が少ない。また、人間なら誰しもが日常的に発揮できる能力というよりは、「生来の才能」がモノを言う世界で、皆がなりたくてもなれない。

創造力だけで成立する職業は少なく、多くの欠かせない能力のうちの1つであることも多い。起業家をはじめ経営者にとっても必要不可欠な能力であるが、思いつくだけで起業家は務まらない。気合と根性でとにかく実行しないことには、何も進まないからだ。創造力が単独で職種として成立するのは、画家や彫刻家など芸術分野くらいである。

2. 感情ワーク

いわゆる「感情労働」のことで、主に③Social Intelligence tasks（社会的知性が必要なタスク）の変数の1つである「Assisting and Caring for Others（他者を助け気づかう）」に該当する。介護福祉士、看護師、保育士、学校教師といった対人の専門職だけでなく、高級レストランのウェイター、ホテルスタッフ、鉄道の車掌や駅員、飛行機の接客職全般、小売店販売員など、ほとんどのサービス業で、その強弱はあれ必須となる能力だ。ＡＩには人間の感情を読み取る能力はなく、将来できるようになる道筋も全く見えていない。

ほとんどのサービス業は、場の空気を読み、適切に対応することが求められる。その空気を読む際に利用される判断基準が、オズボーンに言わせれば「社会的知性」（ほぼ「常識」という意味で使っている）ということだろう。

HISが運営する「変なホテル」客室内に置かれたロボット「ちゅーりー」は、2015年の開業から4年の間にすべてリストラされ撤去された。口コミサイトには以下のコメントがある。「会話に割って入り、必要なときは助けにならず、イライラさせる」注。AIがいかにコミュニケーションに向かないか、がよくわかる。

AIが人間並みの常識を身につけ、相手の感情と場の空気を読んで「今は会話に入ってはいけない」などと人間並みの判断をし始める時代は、少なくとも21世紀のうちは来ないだろう。センサーで同じ情報を取得できたとしても、その先の、空気を読むための判断基準は国によっても異なり、仕事として成立する水準は、人間にとってすら難易度が高い。

中国人と一緒に働いたことがある介護福祉士を取材していて、こんな話を聞いた。「利用者が転んだら、日本人だと『ああ大変！』という反応が普通ですが、中国人だと『あー、転んでる～』っていう感じの他人事で、大変とは思わなかったりするんです。文化の違いだと思います」。「お客様は神様」などと言われるのは世界中で日本だけだ。

鉄道会社の駅員や航空会社のCAを取材すると「感情労働」というキーワードが出てくる。JR東日本では社内教育でも使われている言葉だ。世界一密度の高い日本の乗客輸送

注：原文「The robot in our room is irritating. It speaks when we are in a conversation, but it could not help us when when we needed it.」

においては、老若男女あらゆる顧客を相手に、運航の遅延や乗り継ぎ、酔客対応といった対人サービスをトラブルなく収めていくために、乗客の話を聞き、相手の感情を読み、臨機応変な状況判断が必要となる。それが時には利用客を感動させ、顧客満足につながる。

日本語でいうと、「察する」「気づかう」「慮る」となり、一言でいうと「おもてなし」スキルである。ANAの元CAは、デキるCAが行う状況判断の例として、こう言っていた。「客の心の中に溜まっていることを、なんとなく知ることができる。たとえば、後ろの席に赤ちゃんが座っていて時々泣いているのを見て、『よかったら使ってください』と耳栓を持っていく」。マニュアルがあるわけではなく、その場に応じた状況判断が求められるという。

「サービス砂漠」で有名なドイツでさえ、同じだ。今夏、現地取材でお世話になった夫婦への御礼で、レストラン（情報がないのでミシュランで選んだ）に行ったのだが、欧州で有名だというオーナーシェフが各テーブルを挨拶して回っていた。客は、料理人とセットでレストランを評価するものだ。予約がとれない店は、人間のほうにも付加価値があり、決して機械には代替されない。

「感情」や「感動」は人間にしかないもので、対峙する顧客によっても、場の空気によっても、答えが変わる。論理的な正しさは求められない。よって機械やコンピュータには不可能である。

3．信用ワーク

こちらも、オズボーンの難解な言葉でいえば「社会的知性」の一種で、その変数として挙げられているNegotiation（交渉）やPersuasion（説得）に該当するだろう。交渉や説得のベースにあるものは信用だ。だから外交交渉でも、信頼関係を築くために、首脳どうしが会食し、ゴルフをする。

営業系の社員を取材していると、「いかに顧客の懐に入り込めるかが勝負」という話に落ち着くことが多い。銀行員なら、相手の資産状況や家族構成を聞き出し、その客が事業主ならば、将来的な子息への相続対策や、不動産活用の提案に持ち込む。つまり、カネや家族といったプライバシーをいかにすべて聞き出せるか、だ。

信用のない人間には、重要なことは話せない。身内や、国家にも隠しているタンス預金や、グレーゾーンの裏ガネの運用が課題だったりもする。そのため営業担当者は、頻繁に会って信頼関係を築き、時にはゴルフや釣りといった趣味にもつきあう。キーワードは「信用」である。

ＰＣで情報入力したら、どこに漏えいされるかわからない。それでは、ブロックチェーン技術の確立で絶対に漏えいはない——となったらどうかというと、たとえば「パナマ文書」で明らかになったような、タックスヘイブン（租税回避地）の相談を機械にできるか考えてみればよい。実はおとり捜査で、逮捕されるかもしれない。しかし、こうした合法か非合法か曖昧で、バレたら批判を受けるようなグレーゾーンが、銀行からみれば一番儲かる重要顧客だったりするのだ。

漏えいリスクが高い内容ほど、信用ある人間にしか言えない。「信用」は人間の強みである。この「信用の壁」を突破したあとの顧客への提案段階では、論理的に正しい答えが問われるため、ＡＩを用いたツール類に置き換わる可能性は高い。だが、信用がなければそもそも始まらない。

信用第一の職業は、記者、編集者、人事部員、コンサルタント、弁護士、臨床医師全般……と多岐にわたる。いずれも、基本的にプライバシーに入り込み、センシティブな情報を扱うため、明示的であれ暗黙であれ、守秘義務契約が結ばれている。

まだどこにも出ていないニュースを取材先から話してもらわなければならない記者は、信用が必要だ。医師が扱う病状の情報はプライバシーの最たるものだし、弁護士が扱う離婚や相続も同様。人事部員は社員の家族構成や給与、介護や子育て状況も知りうる立場にあり、そうした情報をもとに異動や赴任を決める。これら信用稼業が、機械に置き換わることはない。

単価が高い取引は、カウンターパートとして人間が必要不可欠となる。機械に任せるにはリスクが高すぎるからだ。単価の高い取引とは、金融・不動産を商品として扱う業種で、具体的には、証券営業、住宅営業、土地活用営業、生保営業……といった金融・不動産の営業職である。

旅行営業の場合、法人向けと個人の富裕層向けは単価が高いため人間の信用が必要となり、個人向けはネットで自動化がさらに進む。株や外貨取引も、個人向けは同様に自動化するが、富裕層向けの野村證券の営業職が消滅することはない。

4. 手先ワーク

これは、人間の手足が行ってきた作業のうち、機械化が最後までできない、指を駆使した手先の作業を指す。オズボーン論文でいう①Perception and manipulation tasks（認識と手動操作が必要なタスク）とイコールだ。視覚による認識→指先の触覚に基づく微細な作業、という高速の連動である。

普段は当たり前すぎて意識することがないが、実は人間の指は、とんでもなく高性能だ。そこに着目したのがスティーブ・ジョブズで、2007年1月9日の基調講演で後に世界を変えることになる「iPhone」を初公開した際、人間の指を入力デバイスとして利用すると発表し、こう話した。

「皆が生まれながらに持つ世界最高のデバイス、指だ。新技術を開発しました。名はマルチタッチ。魔法のように機能する」

今では画面（タッチパネル）に指で直接触れてスマホやタブレット端末を操作するのは当たり前になったが、ジョブズ以前にそれは存在せず、当時は「魔法」だった。ジョブズは、人間の強みをよく理解していた。指は、まさに「世界最高のデバイス」であるがゆえに、ロボットには永遠にマネができない。

新幹線でも航空機でもよいが、その車内・機内の清掃シーンをTVなどで見た人も多いだろう。限られた時間のなかで全工程を行う神業のような業務が、すべてを物語っている。

JALの機内清掃では、1席あたり10秒。ポケットのゴミをとり、6種のパンフと雑誌を手の触覚で厚さを感じて足りないものを認識、イヤホンの有無を認識、シートベルトをまっすぐ直す。これを「ボーイング767」普通席では、5人チームで10分以内に終え、最後に足りないものをまとめて補充。熟練の技である。

上記の様子は、たまたまテレビ番組※で見かけた機内清掃の内容であるが、『新幹線 お掃除の天使たち――「世界一の現場力」はどう生まれたか？』（遠藤功著、あさ出版）等でも解説されている通り、鉄道の車内清掃も同様だ。つまり、ごく限られた時間内に、狭いスペースで、手先を使ったきめ細かい作業が迅速に求められ、これは「ルンバ」がいくら進化しようが、機械には代替されない。

テレビ番組

テレビ朝日『世界が驚いたニッポン！スゴ～イデスネ!!視察団』（2016年9月17日放送）。

アマゾンの倉庫でも、買収したKiva Systems（現アマゾンロボティクス）のロボット技術で、国内ではまだ川崎ＦＣ（フルフィルメントセンター）と大阪の茨木ＦＣの２か所だけだが、可動式の黄色い商品棚が自走している風景を報道で見かけた人も多いだろう。顧客が注文した商品が入っている棚が、人間（作業員）のところまでやってきてくれるので、人間が足を使って動き回らなくてよい。

『アマゾンの倉庫で絶望し、ウーバーの車で発狂した――潜入・最低賃金労働の現場』（光文社）によれば、英国のアマゾン倉庫で働く人は、１日20キロも動き回ってヘトヘトになるというが、この最新のロボティクスが導入されると、倉庫内の棚を走り回る作業から解放される。

ただし、棚が眼の前まで自動でやってきてくれても、棚から商品をピッキングするのは人間の手先だ。これを機械化したいアマゾンは、『アマゾン・ピッキング・チャレンジ』（２０１７年から『アマゾン・ロボティクス・チャレンジ』に名称変更）を開催し、世界中から参加を募って最新技術を競わせているが、人間の手に匹敵するものは出てきていない。

アマゾン倉庫の潜入ルポを書いたジャーナリストの横田増生氏は、自身のアマゾンでの労働体験から、こう述べている。「本はハードカバーやソフトカバー、新書に文庫と一冊一冊仕様が違います。人の手を使わないとなかなか引っぱり出せないんですよ[注]」

自走するオレンジ色のロボット「ドライブ」が、黄色い商品棚を持ち上げ、作業員の前まで運び、自動で戻っていく（アマゾンプレスリリースより）

アマゾンの強みは「ロングテール」で、多種多様で形の異なる何十万点にものぼる商品が1か所で揃う点にある。その、複数種にわたる、あらゆる形状のものを、迅速に棚から取り出し、箱に詰めていく同時並行的な作業は、未来永劫、人間の専売特許と言ってよい。

職種でいうと、コンビニの店員は、まさにこの作業を行っている。単なるレジ打ちではなく、おでんや「ファミチキ」のようなホットスナックを手に取り、宅配の荷物を受け付け、タバコを棚からとり……と、その業務内容は多岐にわたって同時並行で進む。

また、寿司職人の仕込みから握りに至る手作業のような、料理人の包丁さばき全般もこの「手先ワーク」の代表である。

農業の大半の作業も、この手先ワークだ。たとえば、イチゴを1つずつ綺麗に12個、2層に並べて、パックに詰めていく作業など、アマゾンのピッキングよりも難しい。機械化したら、潰れてしまうだろう。

5．ボディワーク

4．の「手先ワーク」と対になる形で、フィジカルな理由から、最後まで人間に残る仕事が、手先だけでは済まない、「ボディ」が実際に動いてこそ成立する、という肉体派の仕事だ。人間が現場に行くことではじめてミッションを達成できる業務。こうしたフィジ

注：「注目の人　直撃インタビュー　ユニクロ潜入が話題　横田増生氏が明かす日本企業の光と影」（『日刊ゲンダイ』2017年1月30日付）

カルパワーが求められる業務を「ボディワーク」と名付ける。

具体的な職種で説明すると、警察・消防・救命医・自衛隊・警備員、そして台風や地震後のインフラ復旧にあたる電気・ガス・水道工事の決死隊（現場技師）などで、社会や国家を成り立たせるうえで、こうした緊急出動業務は、全国津々浦々に必要となり、かなりのボリュームになる。事故、事件、災害は、不定期に発生し、それぞれが非定型で、臨機応変の個別判断が必要となる業務なので、機械に代替されることは考えられない。

たとえばアマゾン倉庫内のような、あらかじめ作業内容が決まっている定型的な業務なら、ロボットが人間の足の代わりに重い棚を持ち上げ、所定の場所に持ってきてくれる。だが自然災害は突発的に発生し、火事や急病人も日々、様々な形で発生する。それらに対応するには、臨機応変にイレギュラー対応ができる、物理的な肉体あってこそだ。容疑者を内偵捜査のうえ取り押さえたり、おぼれる人間を救助したりといった業務は、手先だけでは成立しない。

セコムやALSOKは、高度なセンサーを使って不審者を察知することができるようになったし、緊急時に、コールセンターから現場の不審者にスピーカーから話しかけることもできる。だが、それですべて解決するわけではない。いざ窃盗犯が侵入して室内を物色しているとなったら、やはり現場に急行して取り押さえられるのは人間だけで、物理的なボディがモノを言う。実力行使がない限り、治安は守れない。

同様に、尖閣諸島に中国船が近づいてきたら、物理的に海上保安庁なり海上自衛隊の訓練された人間が、アラートを発しに行くしかないのである。

社会の高齢化で、病人に救急対応する業務も、しばらく増え続ける。２０４２年までは65歳以上の人口が増え続ける見通し※だからだ。１１９番や１１０番の緊急コールに対しては、人間が消防車や救急車、パトカーに乗って、そこに行くしかない。

台風や地震で電柱が倒れて停電したり、鉄道の電気回路が壊れれば、即日、復旧させなければならない。そういう緊急対応にあたるインフラ企業の社員たちも、減らすことはできない。非定型の柔軟な判断が求められる仕事の典型だからだ。

これらは、非定型業務で、不定期に発生する、高度な専門性を有した肉体労働だ。オズボーン論文では、これら人間ならではのボディワーク業務の視点が、完全に欠落している。

人間が物理的に動くことに付加価値が生まれ、仕事になる、という点では、スポーツ選手も、この「ボディワーク」である。とはいえ、プロスポーツで食える人はごく少数で、才能の世界だ。

両者は、強靭な肉体と技を鍛えるという点で共通するため、たとえば警視庁所属の柔道選手がオリンピックで金メダル注をとったりしている。

2042年までは65歳以上の人口が増え続ける見通し

国立社会保障・人口問題研究所・平成29年推計では、65歳以上人口のピークは2042年の3,935万人。

注：阿武教子選手は警視庁の現職警察官として、2004年アテネオリンピック柔道女子78キロ級金メダリストになった。

人間の強み＝ＡＩの弱み

これら5つは、逆に言えば、当然ながら、「ＡＩやロボットの弱点」である。すなわち、ＡＩは創造力がなく、感情がなく、信用がなく、手先作業に特に弱く、総体としてのボディ（身体性）がない。

この5つは、社会のＡＩ化が進んだ際に、新しい人間の仕事が生まれるキーワードでもある。特定の条件が揃った分野では、ＡＩが圧倒的な強さを見せるため、人間の仕事とＡＩの仕事の「棲み分け」が必要となっていく。次章で、ＡＩの強みが活きる仕事とは何かを詳述する。

第一章のまとめ

○ 機械学習の研究者たちがワークショップを開き、現場の働き手とは一切接触せずに机上で結論を出したものが有名なオズボーン論文で、日本の実際の労働現場における業務プロセスと見比べると、結果の信憑性は低い。

○ 自動化におけるボトルネック分析など、その仮説については、難解な表現ながら概ね理解できる妥当なもので、私の取材結果とも共通していた。

○ 日本語で表現すると、人間の強みが不可欠となる仕事タイプは5つ、すなわち、1.創造ワーク、2.感情ワーク、3.信用ワーク、4.手先ワーク、5.ボディワークに要素分解することができる。

Key Question

ほかにも、「こういう能力が必要な仕事は、機械じゃなくて、絶対に人間にしかできないはず」――というものがあるかもしれません。具体的に身近なところから考えてみましょう。

第二章

「AI・ロボットの強み」が活かせる仕事

近年、単純定型繰り返し業務だけにとどまらず、囲碁・将棋の打ち手に代表される、より複雑な業務でも人間を超えたＡＩ（人工知能）。では、どのような条件を満たす仕事なら、ＡＩ＆ロボットのほうが人間よりも得意なのか。

ＡＩが得意なのは3つの要件を満たす業務だけ

これはかなり明確だ。以下３つの要件を満たす業務だけ、である。

①業務に必要十分な情報を「デジタル形式」で取得できる
②ＡＩが分析できる範囲内である（指数的爆発を起こさない）
③物理的に執行環境が整備されている

ＡＩが業務に用いられる際は、情報取得→分析→執行、というプロセスを必ずたどる。
まず①の情報取得であるが、これは高精細カメラ・センサー・半導体・ＧＰＳ・通信技

IoT
Internet of Things。様々な「モノ（物）」がインターネットに接続され情報交換し相互に制御する仕組み。

術の進化により、低消費電力で大量の情報（テキスト、画像、音声、映像……）をリアルタイムにデジタル形式で取得できるようになった。ＩｏＴ※（モノのインターネット）と呼ばれるように、家電や自動車、工業機器など、あらゆるモノにセンサー類がつき、デジタル情報を発信・受信する。

人間は五官（眼＝視覚、耳＝聴覚、鼻＝嗅覚、口＝味覚、指＝触覚）で情報を取得するが、機械はいずれも、個別でみれば、人間よりも正確に情報を取得し、デジタル化できる。※特に視覚情報は、圧倒的な精度で人間をはるかに超えた。

②の分析プロセスは、いわゆるムーアの法則※で情報処理能力が進化し続け、ディープラーニング（深層学習）による多変量解析で特徴量を自動抽出できるといったブレークスルーがあり、劇的に賢くなった。「組み合せ爆発」を起こすような指数関数的な天文学的データの処理でなければ、人間を超える確率で、目的に沿った正しい答えを叩き出す。ただしＡＩは魔法ではないので、目的と無関係な大量のデータをぶち込めば何か答えが出るという幻想は捨てたほうがよい。また、前後の文脈や「人間界の常識」をもとに「理解する」能力については、実現できる見通しは立っていない。

最後が、③の執行。知能面の進化で人間を上回る答えが出たところで、あ

AIが活かせる3つの条件

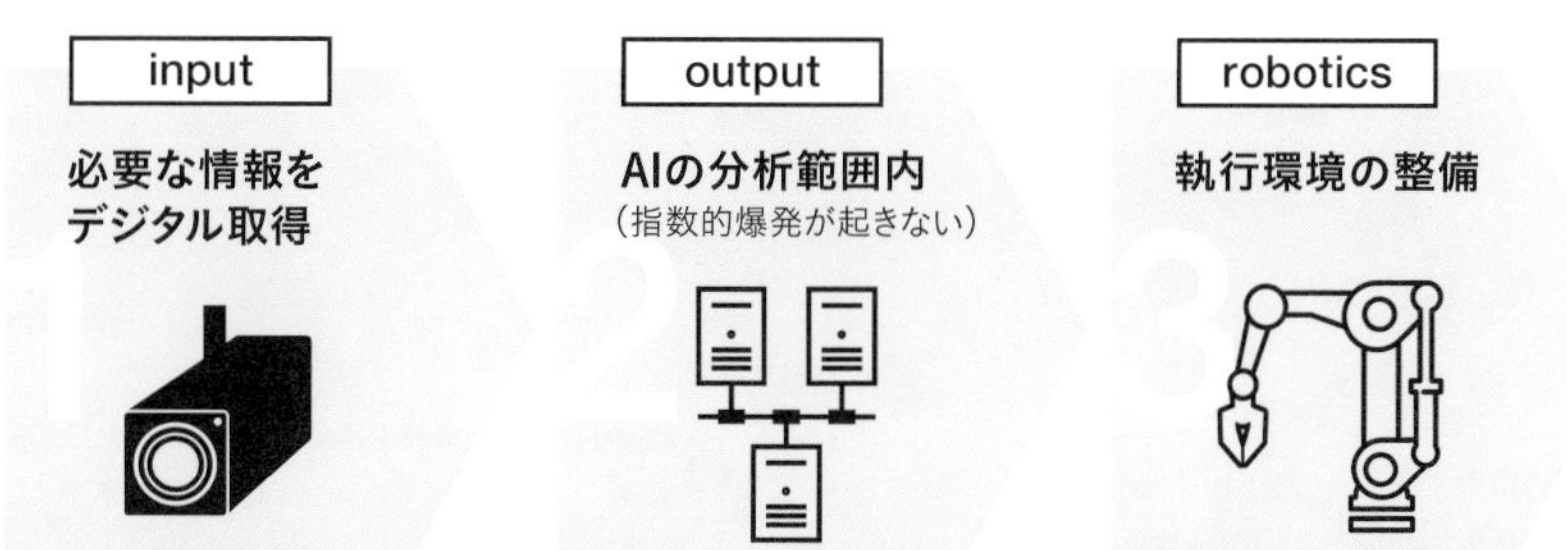

各種センサー、
カメラ等の進化

ディープラーニング等、
急速に進化

必要な手足の進化、
または人間がセルフで執行

る業務を遂行するには、物理的な身体性が必要である。これは、無人レジのように、セルフサービスで顧客側が店員の代わりに自ら実行できたり、ネット広告配信のように自動でプログラムが配信作業を行う場合は条件をクリアし、問題とならない。

ところが、たとえば群衆のなかにテロ容疑者がいることをＡＩが画像処理技術で特定できたとして、取り押さえて身柄を確保する業務は結局、人間にしかできない。『ロボコップ』は映画の世界だけ。警察業務においては、知能よりも、むしろボディワークのほうが、代替が難しい。ところがＡＩ研究者らは、ロボティクスのほうの専門家ではないため、この執行能力のほうを無視して「ＡＩに支配される未来」を憂えてみせる。論理の飛躍が甚だしすぎて、全く科学的ではない。

執行環境がないＡＩは仕事ができない

①〜③を理解するうえで、コールセンターが事例としてわかりやすいだろう。業界で国内最大規模のコールセンター人員を抱える損害保険ジャパン日本興亜では、ＮＴＴコミュニケーションズと共同でＡＩの導入実験を進めている。全国５０００人規模のスタッフが電話応対にあたっているが、本格導入すると人員を半減できるという。

まず受付段階で、リアルタイム音声認識&テキストマイニングによって、過去のデータ

人間よりも正確に情報を取得し、デジタル化できる
触覚は、「温度」や「振動」をセンサーで人間よりも正確に取得できるが、だからといって指の代わりにはならない。たとえば書籍や雑誌の厚みを感じ取るには、複雑な関節の動き（③執行環境の整備）を再現する必要がある。

ムーアの法則
集積回路上のトランジスタ数が「18か月（=1.5年）ごとに倍になる」とする、経験則による将来予測で、米インテル創業者のひとりであるゴードン・ムーアが1965年に論文内で示したもの。

ベースから答えとなる候補がＡＩによって表示されるため、応対速度や正確さが向上する。ただ、この時間は重要な顧客接点なので、減らすよりも品質向上に充てて顧客満足度を上げたい。実は、それ以上に時間をとられているのが「アフターコールワーク」と呼ばれる記録のほうだ。

業務プロセスは、受付↓応対↓記録。「ざっくり言うと1件30分かけていて、うち10分がお客さんと話している時間。残り20分がアフターコールワークで、応対履歴を記入したり、契約の確認をする。この20分を、自動記録によって5分に短縮できれば、1件あたり処理時間を全体で15分へと、半減できる。応対履歴を入れるシステムは、ＡＩのテキストマイニングで9割くらいは正確に変換できて、今のところ日本語に関してはＩＢＭのワトソンよりＮＴＴのほうに優位性があります」（損保ジャパン30代社員）

この記録された内容が、感情分析され、応対品質の評価や研修に活かせるという。社内向けの記録は、綺麗で正確な文章に整っている必要もないため、ＡＩで十分だ。一方、損保のコールセンタースタッフは、生身の人間だからこそ、事故や災害時に顧客に安心感を与えるのであり、人間にしかできない典型的な感情ワークといえる。事故の際の対応は、交差点の形状や、車がどう入ってきて……と、状況が千差万別なので、人間界の常識を持たないＡＩには、全く対応できない。

電話口なので、親身に対応しているという演技力がモノを言う世界だ。事故対応は24時間で深夜も担当者が必要である。「時給2000円ほどで、実は学生が多いのですが、深夜、踏ん反り返って、Tシャツ短パン姿で、寝そべって漫画を読んでいます。電話が鳴ると、待ってましたとばかりに『いかがいたしましたか?』と応対。契約や事故対応のスーパーバイザーも学生が任され、優秀な学生は、そのままリクルートされて『SOMPOコミュニケーションズ』という子会社に社員として就職します。社員は難易度の高い、いわゆる『ハードクレーム』にのみ対応します」(同)

なかなか良好な労働環境だ。情報を取得(①)し、AIが分析(②)して答えを表示したり、記録する。その結果を利用して対人業務を執行する(③)のは人間。すなわち、感情ワークで会話したり、ボディワークで事故現場に急行するのは、人間。人間業務とのミックスで、この3つが揃ったときにAIは機能し、業務プロセスが最適化される。

人間なしで、AIがコールセンター機能を代替してしゃべり始めるかのような報道もあるが、まずありえない。レストランの予約を受け付けるロボットなど、ごく定型的なものは可能性があるが、むしろネットから予約したほうが速いので、普及するわけがない。

執行(③)は人間でもお客さん側のセルフサービスでもよいのだが、この執行が不可能なAIは、仕事として単独では成立しない——そういうことである。

「シンギュラリティー」という研究者バイアス

こうしたＡＩの強みや、ＡＩの定義について、学者（研究者）が書いたものは多い。だが、彼らは機械学習の専門家であって、現実のビジネスシーンを知らない。また、不可欠となる執行環境（③）のロボット技術については、完全に専門外だ。よって職業との関係について理解するうえで、それらの書物は全く参考にならない。

これは幾多のＡＩ関連本を読んで思ったことだが、たいていの学者が語る数十年後の未来は、「ＡＩが人間を超えるシンギュラリティー※が起きる」とされ、誇大妄想的だ。これは、そう言わないと巨額の研究費を集められない事情からきている、というのが私の結論である。

研究者らの置かれた立場や背景を調べると、「ＡＩはインターネットと同じくらい革命的な変化だ、だから今、この波に乗り遅れないよう、巨額の研究投資をしなければいけない（＝おれを高い給料で雇って自由に莫大な研究費を使わせろ）」と、国や企業経営者らを脅して金をふんだくるほうが利益になる人が多い。そういうインセンティブが働く構造となっているので、現実の未来とは乖離する。

実際、これら専門家の警鐘に危機感を持たされた日本のメーカーやＩＴ企業は、軒並み

シンギュラリティー

レイ・カーツワイル博士が2005年に著書 *The Singularity Is Near: When Humans Transcend Biology* で、2045年にシンギュラリティーが訪れるという説を提唱。

「ＡＩ研究所」なるものを立ち上げたが、既に「ドワンゴ　人工知能研究所」のように組織を閉鎖した会社も出始めている。

「シンギュラリティー」などという、定義すら曖昧な言葉を持ち出し、イメージだけで未来を語っている、およそ科学的とは言えない学者や研究者が多すぎる。シンギュラリティーとは何か？　人間の脳すら全く解明されていないというのに、なぜそれを機械が超えられるかどうかを検討できるのか？　明らかに論理的に間違っており、「希望」や「妄想」の類をビジネス利用していることは明らかだ。

そういう構造にあるので、研究者が、どこまで本心で言っているのかも、極めて疑わしい。こうした、狭い専門分野に入り込んだオタク的な研究者や学者が、自分が扱う分野の「バラ色の未来」や、逆に「暗黒世界」を語り、妄想しがちである現象を、「研究者バイアス」と呼ぶ。我々は、その背景とインセンティブ構造を知り、リテラシーを高める必要がある。

ビジネス現場は「ＡＩ＝推論」

一方、研究者バイアスがない、真剣勝負の人たちもおり、こちらのほうがまだ信用できる。失敗したらクビになる経営者たちだ。その筆頭が、投資先をＡＩ企業に特化した「ソフトバンク・ビジョン・ファンド」で高い実績※をあげた孫正義氏である。それぞれの業界でナンバーワンのＡＩ企業に投資し、それらが高い時価総額を形成しつつ相乗効果で成長を加速する「ＡＩ群戦略」を公表しているだけに、孫正義社長の考察はビジネスの現場に即したものと言える。

孫正義氏は２０１９年5月の決算説明会で、「ＡＩ＝推論」(predection) だ、と説明した。「ライドシェアの分野でいうと、ヒートマップを作ります。15分後に、雨の日のニューヨーク五番街と41ストリートのコーナーに何人、お客さんが手を挙げるかを予測します。だいたい15分後の予測が一番役に立つ。なぜＵｂｅｒが3分で来るのか。呼ぶ前に配置しているからです。これができるのは、ＡＩで推論しているから。人間技では無理なんです。さらには、ダイナミック・プライシング※で、刻々と料金を最適化できます」

ＡＩが需要（どの場所でどれだけの数のお客さんが手を挙げるか）を正確に予測できれば、それに合わせて供給（待機している車とドライバーの数）も最適化できる。あまりに需要が多ければ、料金を引き上げても、お客さんは喜んで利用する。こうして売上・利益は最大化できる。

このＵｂｅｒ事業で言えば、

・情報取得＝過去のＧＰＳデータに基づく、呼び出し地点、乗車地点、人数、料金、

「ソフトバンク・ビジョン・ファンド」で高い実績
2019年度決算において、ソフトバンク・ビジョン・ファンド（SVF）事業で1兆2,566億円という莫大な営業利益を稼ぎ出し、同規模のSVF2 設立も発表。その後、AIと何ら関係のないシェアオフィス事業のウィワークが低迷したことで成長は踊り場に。

ダイナミック・プライシング
同一の商品やサービスの料金を、需要と供給に応じて即時変動させていくことで利益の最大化を図る価格戦略。

季節、天候、気温、イベント発生……など。

・分析＝莫大なデータをクラウドのデータセンターで分析。

・執行環境＝Ｕｂｅｒに登録した自家用車を持つ運転手が自分のスマホに専用アプリを入れ、ＡＩの指示で配車され、ＡＩの指示通りの経路を運行。

どれだけ正確に顧客の発生を「推論」できるか、が勝負となるわけだが、Uber Technologiesという社名の通り、Ｕｂｅｒはテクノロジー会社だ。既存のイエローキャブは、単純な過去の実績や、マネージャーの勘で需要を予測し、どこで待機するかも各運転手の「勘」任せだから、まるで勝負にならない。

逆に言えば、ＡＩができることは、この「推論」だけ、ともいえる。

画像認識なら、過去の膨大なＣＴやＭＲＩ画像を読み込み、ＡＩによる分析で、人間には見分けがつかない初期の癌を正確に見つけ出す。だが、執行という点では「この箇所がステージ１の○○癌である確率は99・7％です」といったアウトプット表示（＝推論）までで、その後の最終確定（生体検査等）や治療方針の決定、手術の執行は、人間の医師が引き継ぐことになる。

言語認識なら、テキストや音声をもとに、過去の膨大なデータベース分析によって翻訳し、最も確率の高い翻訳結果を「推論」して、表示する。

「AI＝推論」と言い切る孫正義社長（撮影：今井康一）

コールセンターなら、顧客の音声をリアルタイム分析し、「推論」によって、該当する確率が高い順に「答え」をオペレーターの画面に表示していく。それをみて実際に顧客と会話して執行するのは、やはり人間である。電話によるコミュニケーション業務における「執行」は、顧客の質問を理解しなければならず、「理解」のメカニズムは解明されていないため、ごく定型的な質問以外は、ＡＩに返答の執行は不可能である。

「ＡＩと人間が競合する業務」はあるのか

ＡＩの強みを正確に理解するうえで、第一章で述べた人間の強みとの対比で、考えてみよう。図で示すと、人間は「Ｂ」のエリア（人間の強みがあって、ＡＩの強みがない）に特化した仕事を選べば、食え続けることになる。逆に、「Ｄ」（ＡＩの強みがあり、人間の強みがない）の仕事は、ＡＩに置き換わる。

では、残りのＡやＣのエリアの仕事は存在しないのだろうか。仕事というのは、ある経済的な目的があって行われる経済活動であり、必ず対価として賃金の支払いが発生するから、より生産性の高い方法で行われる。ボランティア活動や慈善活動は、崇高な活動ではあるが、いわゆる仕事ではない。

たとえば「計算する」という業務は、駄菓子屋でもスーパーでも、モノを売る際に、必然的に発生する。消費者としても計算できないと支払いやお釣りの受け取りで支障がある。「計算する」という目的を達成するニーズは社会全体にとって不変だ。誰しもがスキルとして身につけなければいけない。

30〜40年前の時代までは「そろばん教室」が町中に当たり前のようにあって、「読み書きそろばん」と呼ばれるほど基本的な習い事の1つだった。私が幼い頃、家業で経理を担当していた親父の事務所を訪れると、そろばんを器用にはじいて帳面をつけていたものだった。経理の事務員にとって、そろばんは必須スキルだった。そろばんを駆使して正確・迅速に計算できる人間に高い価値があった。

そろばんは、指の動きがモノを言う「手先ワーク」の一種だ。電卓がない時代、この頭の回転と指先の動きを連動させた業務は、人間の強みが活

09 人間が強い業務、AIが強い業務

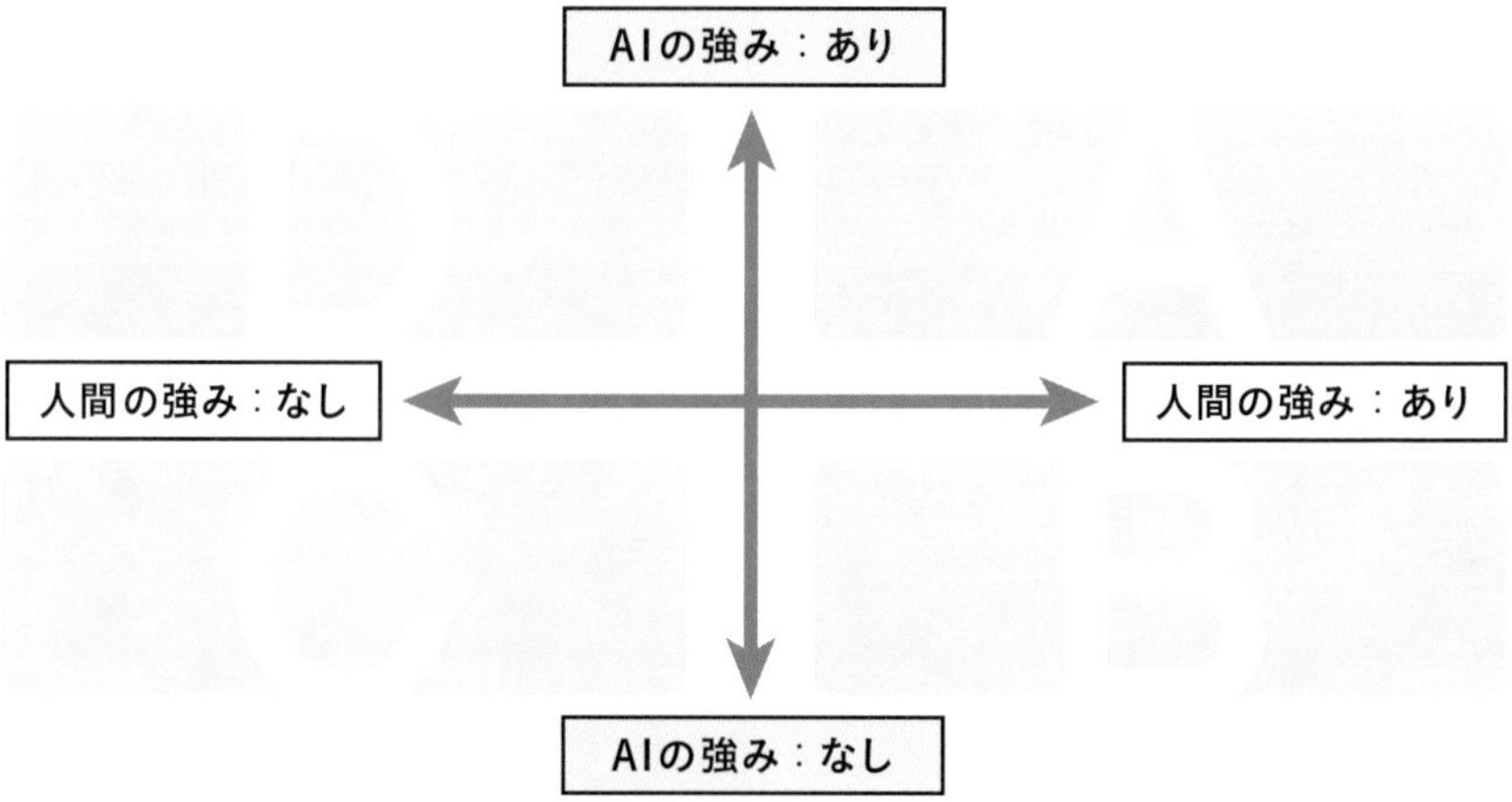

AIが強い業務
（以下3つの条件を満たす業務）

1. 必要な情報をデジタル取得できる
2. 指数的爆発が起きない範囲である
3. 執行可能な環境と身体性がある

人間が強い業務
（以下のうち1つ以上に当てはまる業務）

1. 創造ワーク
2. 感情ワーク
3. 信用ワーク
4. 手先ワーク
5. ボディワーク

きる業務だった。それを教えられる先生も、職業として価値があった。

それが、ＩＴの進化で電卓やパソコン（ＰＣ）の小型化・低価格化が進んでからは人気がなくなり、そろばん専業メーカーも廃業し、そろばん教室の先生は失業していった。代わりにパソコン教室が現れ、「エクセル」等の使い方を教える新しい仕事が生まれた。計算業務は、ＡＩ（この例では単なるＩＴ）の強みが最も生きる業務だった。

エリアＡが存在するのかという問題は、そろばんと電卓が共存するのか？　というテーマと同義である。答えは歴史が証明した通りで、そろばんは実質的に消滅した。前述のとおり、仕事は経済活動なので、「計算する」という目的を達するうえで、生産性が低いツールは淘汰される。電卓は、もちろんエリアＤである。

それでは逆に、エリアＢにあたる業務は何なの

「計算する」という業務

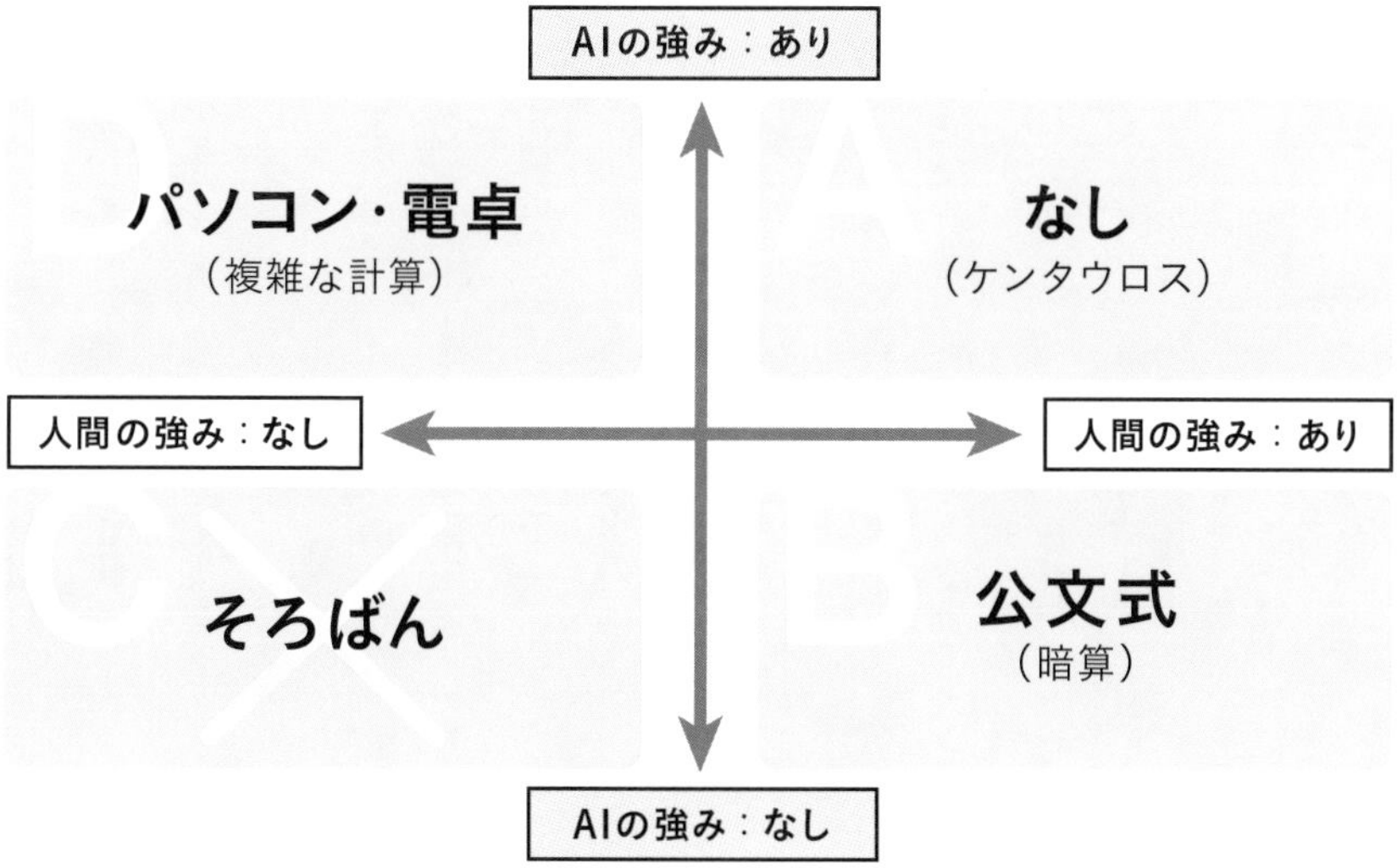

か。私は小学生の頃に公文式に通っていた。今でも公文式は潰れるどころか、「ＫＵＭＯＮ」と名を変え世界中に拡大している。教室に通い、紙に繰り返し鉛筆で書くという超アナログ手法で、九九をはじめとする基礎的な算数、漢字、英語などを覚えるツールとして優れているからだ。

５ケタ６ケタ以上の複雑な計算や、数式を用いる数学的処理は電卓やＰＣが強いが、日常的な買い物などで瞬間的に誰しもが必要とする算数では、いちいち電卓を打つのは生産性が低く、ＩＴに強みはない。暗算力を鍛えることは、脳の基礎的な発達にも役立ち、「脳トレ」ブームにもつながっている。公文式は、エリアＢ（人間の強みあり、ＡＩの強みなし）業務を鍛えるものとして付加価値を発揮し続けている。これもかつて、そろばんが果たしていた業務だ。

結果、そろばんは居場所がなくなってエリアＣ（人間の強みもＡＩの強みもない）の領域へと沈み、実質的に消滅した。計算するという目的は、日常的な基礎的暗算力である公文式による思考（エリアＢ）と、高度で複雑な計算を行うパソコン電卓作業（エリアＤ）に分割され、とって代わられた。すなわち、エリアＡとエリアＣは、現存する仕事としては、原理的に存在しにくい、ということになる。

〝デジタル・ケンタウロス〟という職業

それでも、エリアAは存在するのではないか――という疑問がある。単純な計算という「業務」ではなく、プラスα、つまりチェスや囲碁といったゲームだったり、計算しながら臨む商談といった、現実世界の「仕事」になると、事情は変わってくる。ほとんどの仕事は、業務と業務の組合せで行われるからだ。多くのＡＩ関連本が指摘する「ケンタウロス※」方式の優位性である。

ケンタウロスとは、ＡＩのサポートを受けながら人間がチェスを指す協働チームのチーム名で、ＩＢＭのＡＩ「ディープ・ブルー」に負けたチェスの世界王者が、「もし自分がディープ・ブルーと同じように、過去の膨大な試合を記憶した巨大なデータベースをその場で使えていたら、もっと有利に戦えていただろう」と考え、生まれた。

現在では、「ＡＩ持ち込み可」のフリースタイルチェスにおいては、「ＡＩのみ」よりも、ケンタウロス形式のチームのほうが、勝ち越すようになったという。人間の直観や戦略＋ＡＩの計算力が、「ＡＩのみ」に勝つというのだ。

「２０１４年に行なわれたフリースタイルバトル選手権では、どんな方式のプレーヤーも参加でき、完全にＡＩだけのエンジンが42勝したが、ケンタウロスは53勝した。現存す

ケンタウロス
もともとギリシア神話に登場する半人半獣種族の名前で、馬の首から上が人間の上半身に置き換わったような姿をしている。ここで言う馬はAIやデータベースを指すため、下半身は生身の馬ではなくＡＩ武装したロボットが、イメージとして適切である。

る最も強いチェスプレーヤーはケンタウロスだ。それはインタグランド［Intagrand］という、数名の人間といくつかのチェス・プログラムが組んだチームだ」（ケヴィン・ケリー著『〈インターネット〉の次に来るもの』NHK出版、2016）

ルールが単純で変動要素が限られているチェスの世界でもそうならば、なおさら人間にしかできない業務も複雑に絡んでくる現実の仕事内容においては、「AI＋人間」の〝デジタル・ケンタウロス〟が最強であることは、容易に想像できる。既に、パソコンというデジタル機器を駆使するホワイトカラー業務の大半は、このデジタル・ケンタウロス化が進んでいる、と言える。

たとえば20世紀の新聞記者は、あるテーマの取材を行う際に、「過去の新聞記事スクラップ集」（自分で作ったり、アルバイトに作らせる）を見て、関連する事件や過去の経緯を確認していた。これは今では新聞記事データベースに置き換わった。私が新聞記者をやっていた20世紀末はその移行期で、編集部の棚にはスクラップブックが大量に並んでいた。人の手でノートブックに記事を貼って分類していたら時間効率が悪すぎるし、見逃しも増える。アマゾンやYouTubeのサジェスト機能のように、AIが自動的に関連記事を分類し、関連度合いが高い順に並べ替えてくれたほうが、取材・執筆の生産性はぐんと上がる。生身の頭と紙のスクラップブックだけを頼りに仕事をするアナログ記者と、デジタル・ケンタウロス記者とで、どちらの労働生産性が高いかは、言うまでもない。

同様に、判例データベースを使うことなく、紙の六法全書や『判例時報』と生身の記憶力だけを頼りに訴状や準備書面を作成する昭和時代の弁護士が、そのままの仕事の仕方で、よい仕事、勝てる仕事を、できるわけがない。金融の世界にしても、ITと無縁では、もはや仕事が成立しない。ファンドマネージャーは、膨大な数の上場企業から投資先をスクリーニングする際にITやAIの力を借りる。同様に受験の世界でも、紙の参考書とノートだけで勉強する生徒が、AIを活用した勉強システムを使いこなす〝デジタル・ケンタウロス受験生〟に負ける時代が来ることは容易に想像できる。

結論として、エリアAは業務としては存在しないが、仕事（職業）としては普通にあり、むしろ最強、ということだ。

職業＝仕事＝「業務の束」

ここで明らかとなったのは、「仕事（職業）」と「業務（タスク）」の違いを明確に整理し、理解しておくことの重要性である。業務＝職業という例も、たとえば電気の「検針員」という職業がそうであるが（純粋に検針に特化し、集金もしないのが一般的）、稀な例であって、ほとんどすべての仕事や職業は複数の「業務の束」「業務のチェーン」によって成り立つため、複数の業務に分解できる。業務の束＝仕事＝職業、である。

業務レベルでみたら、ある業務はエリアBだし、ある業務はエリアDだ。チェスのプロ棋士という職業で言えば、過去の棋譜などデータベース分析を行う業務（ＡＩ）はエリアDだし、直観をもとに戦略を決める業務（人間）はエリアBとなる。

業務レベルでみれば、必ずBかDのいずれかに位置付けられ、Aはない。エリアAに見えるものは、それら業務の束としての「職業」名である。税理士でいえば、記帳代行というルーティン業務はD、相談・提案業務はB。結果、税務コンサルタントとなった職業としての「デジタル・ケンタウロス税理士」が、Aである。

一方で、そろばんをはじいて紙の帳面に毎月の記帳代行をすることが中核業務（エリアC）となっている〝昭和な税理士〟は、そろばんと同じように、消えていく運命にある。

人間もＡＩも不得意なエリアC業務の本質

それでも、人間は不完全な生き物だ。不得手なことはたくさんある。人間が得意ではない、人間の強みがない仕事は、世の中に多数、存在するはずだ（つまり、図の左側）。そのなかで、ＡＩの強みも発揮できない仕事（図の下側）だって、たくさんあるはず。「エリアC」の業務は、本当にないのか――。ＡＩの強みを理解するうえで、もう一段、ベン図を用いて、深く考えてみよう。

「そろばんで計算するタスク」を、エリアCの例として挙げたが、そろばんというのは、コンピュータがなかった時代に、より正確に迅速に計算するための人間の知恵で、無理やり生み出されたツールだった。

ニーズはあるが、最適なソリューションがない。人間の強みもないし、機械でもうまくできないが、必要だから無理やり何かを工夫して成立させていた業務とは——。

第一に、「未来を当てる」職業は、ほとんど当てはまる。その典型が、誰も見たことのない死後の世界を、見てきたかのように教える宗教家（神主、住職、司祭……）だ。ほかに、占い師、スピリチュアルカウンセラー、催眠術師、呪術医、魔術師、シャーマン、経済アナリスト、エコノミスト、証券アナリスト、馬券予想屋……。何やら胡散臭い、怪しい職業ばかりである。人間には見えないはずの情報を提供して対価を得ているからだ。

経済アナリストたちが年初に行う年末の株価予想は、人間の強みがないことの証左として、毎年、ほとんど外れる。市場平均以上にできるなら、労せず億万長者になっている。競馬も、勝つ馬がわかれば絶対に儲かるから、ニーズはある。でも、人間にはできない。できないけど、手掛かりでもつかみたいという、藁にも

人間にもAIにも不得意な分野とは（絶対評価）

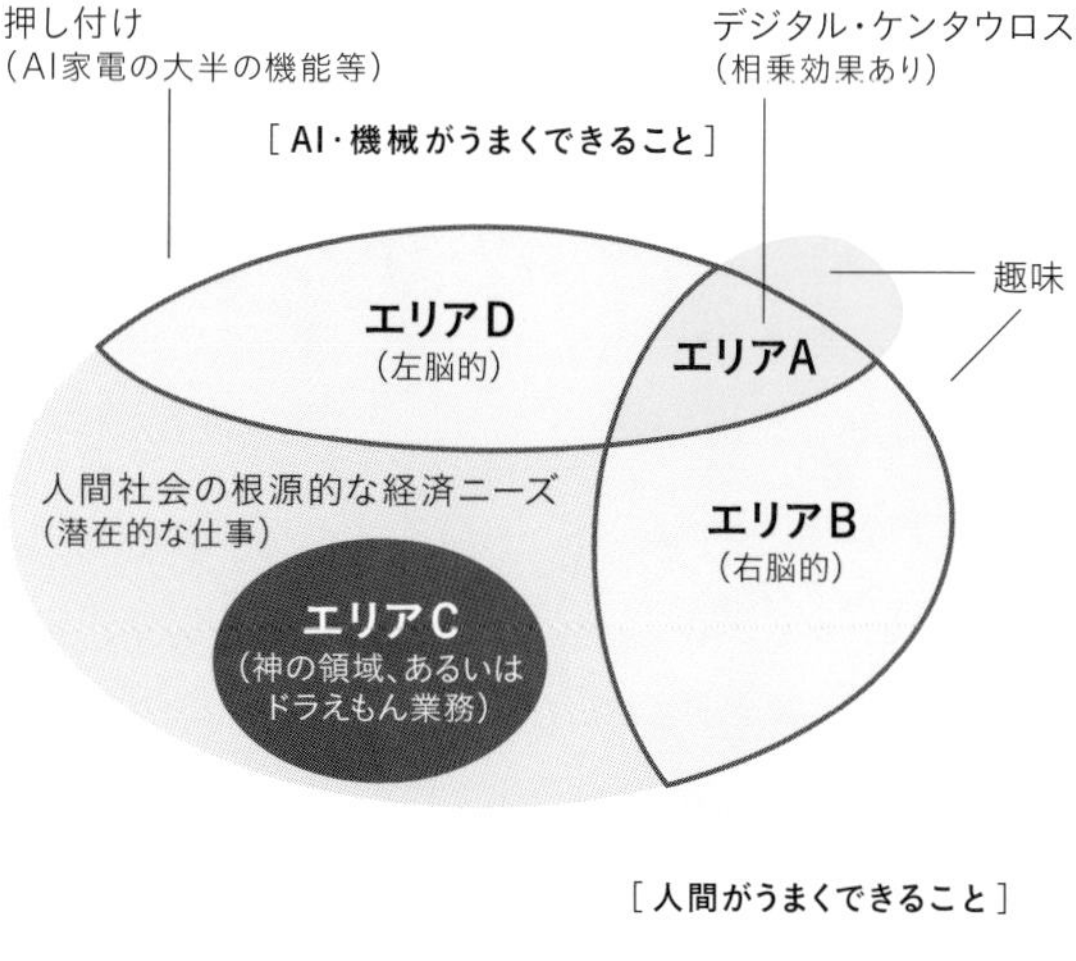

すがる心理に付け込む形で、これらの職業は無理やり存在している。これが、エリアCの特徴の1つだ。

第二に、過去に例がない事態に対処する仕事である。宇宙人が攻めてきたときに発生する仕事、核戦争後の対応にあたる業務、未曽有の自然災害に適切に対処する業務……。自衛隊・警察・消防、そして政府が、無理やり担ってはいるものの、決して得意ではない。そうかといって「過去のデータがない」ため、AIにも何もできない。

第三に、「判定」系の業務。正確な判定は、神でない人間にとって不得意だ。偏見や思想、先入観、好き嫌いの感情といったものを排除できないから、人間が担当すると、完全にフェアなものにはできない。具体的には、近年、えん罪による死刑判決が相次いで明らかになっている裁判官、警察・検察・公正取引委員会・労働基準監督署といった当局の捜査や逮捕、スポーツにおける微妙な審判業務が、該当する。情報のデジタルデータ化が難しい分野が多く、過去の情報がないとAIも役に立たない。

裁判官については、これまでは民主主義を成り立たせるため無理やり、その任に人間が就いてきたから、虚偽の証拠を見破れず、間違った判決でえん罪を生み出してきた。本来、「過去の判例に基づいて偏見なく判決を下す業務」は、機械の得意分野なので、限りなくデジタル化したうえで（現状、日本の裁判記録はすべて紙ベース保存）、原則としてAI化（エリアD業務）するのが正しい。そのうえで、判例が存在しない新しい分野、憲法判断が必要な内容、および時代の変化や立法府の法改正により新しい判断を行う必要がある裁判のみ、人間も関わって判決を決める（A＝デジタル・ケンタウロス）のが、裁判官のあるべき姿だ。

実は多い「神の領域」業務

ニーズはあるが、人間にはうまくできない――。いわば「神の領域」「ドラえもん業務」とでも呼ぶべきものが、このエリアCの特徴である。これらは潜在的に、テクノロジーの進化によって、一部（エリアB）を除き、エリアDに移行する可能性がある（例：そろばん→電卓）。確実に、ニーズそのものは存在するからだ。

スポーツでは「疑惑の判定」が多く、昨今ではサッカーもテニスも体操もラグビーも、重要な国際試合を中心にテクノロジーを活用したビデオ判定が導入されるようになった。エリアC→エリアDの移行例だ。

つまりエリアCは、エリアDの予備軍、である。実際、ごく短期の株式市場全体の動きについては、ビッグデータ分析によって、AIが人間を上回りつつある。エリアCの「未来予想系職業」が、AIの「推論力」によって侵食されつつある。

一般企業内の職種でいえば、マーケティング領域の大半はエリアCであり、実は、人間も機械も苦手な、神の領域である。群衆とは、まことに多種多様に、多彩で流動的につき、とらえどころがない。複数の要因が、相互に影響しあい、バタフライ効果※を繰り返し、複雑系※の動きをする。組合せが多すぎて、分析しようにも、指数的爆発を起こす。AI化の条件②（指数的爆発が起きない分析範囲である）を満たせない。AIにいくら計算させたところで、変数が多すぎて、予想の確度は上がらない。

半年後に何がヒットするかというヒット予測は、人間にもAIにも不可能だ。タピオカ飲料がブレイクするのか、どのような本がミリオンセラーになるのか、誰一人として正確に当てた者はいない。だから、大きな流れまでは予測できても、個別で発生する事象は、機械も人間も、予測できない。本質的に、エリアC業務だ。そこに、「占い師」「スピリチュアルカウンセラー」といった非科学的な職業が付け入る隙があり、ハマっている経営者は多い。

たとえば、「日本への中国人旅行者が激増しインバウンド（訪日客）需要が拡大する」という事象については、ほんの10年前には誰も予想していなかった。何しろ、尖閣諸島の国有化に抗議する中国の反日デモで日系百貨店やスーパーが襲撃され、対日感情が最悪だったのが2012年のことで、翌年の訪日中国人は131万人に減少した。もはや回復は望めないのでは、と思われた。それが、わずか5年後の2018年に838万人と、6倍に激増したのである（日本政府観光局の発表統計より）。

複雑系

多くの要素からなり、部分が全体に、全体が部分に影響しあって複雑に振る舞う性質。全体としての挙動が、個々の要因や部分からは明らかでないようなものを指す。

バタフライ効果

チョウがはねを動かすだけで遠くの気象が変化する気象学用語が語源。初期条件のごくわずかな差が、その結果に大きな違いを生むこと。

これを予想できた人は、神だ。２０１０年にはＪＡＬが倒産してパイロットがリストラされ、翌年には原発事故で訪日旅行者がさらに減り、その翌年は反日打ち壊しデモ。旅行代理店・航空・ホテル業界は、絶望的な状況だった。10年ひと昔とはよく言ったものだ。まさか10年後に真逆の市場環境になっているとは、誰も想像していなかった。

エリアＣとＡは紙一重

とはいえ、一時的な要因（尖閣問題、原発事故、リーマンショック……）や偏見をすべて排除し、「アジアの人たちが豊かになり、増加した富裕層が、世界中を旅行するようになる」という大きな流れは、過去のデータ分析から、十分に予見可能だった。そこまでは、ＡＩが得意とする分野である。

そのうえで、その行き先が日本なのか、それだけの魅力があるのか、ビザ緩和の見通しは……等について、富裕層たちがどう考えるかという「感情を読む力」、そして「創造力（想像力）」という、人間が得意とするスキルを働かせ、両者のシナジーで意思決定するしかない。相乗効果の有無、ＡＩと人間のコラボレーションがエリアＡの特徴で、これが半人半馬のデジタル・ケンタウロスたる所以である。

たとえば、アパホテルが実行したように、財政豊かな財閥系不動産が様子見するなか、リーマンショックで下落していた土地をホテル用地として買い込み、やがて来るであろう訪日観光客ニーズを見込んでホテルの建設ラッシュを仕掛け、圧倒的な勝利を収める。この企画力、マーケティング力を駆使した戦略策定業務こそ「デジタル・ケンタウロス」であり、エリアA業務、ということになる。

実際にアパのCEOがどういうデータ分析を行ったのか、勘や博打の類だったのか、そこは企業秘密で不明だが、CEO稼業やマーケティングという職業は、本質的にエリアA（AIの強みと人間の強みのシナジー）である。

エリアCとエリアAは、一見、真逆に見えて、実は紙一重、ということだ。一時的に結果が同じとなっても、エリアCは再現性がないので、継続的な成果を見込めない。経営者でいえば、一発屋（ライザップ等）はエリアC、10年単位で成果が出ている会社（ソフトバンク等）はエリアA、といえる。

「押し付け」と「趣味」

なお、エリアDの上のほう、すなわち「AIや機械が得意であるが、人間にとってはニーズがない」領域というのが、実はけっこうある。日本メーカーは、いわゆるプロダクトアウト志向が強く、この分野が大得意だ。家電やスマホが世界で惨敗した原因はそこにある、というのが私の理解である。

流行語大賞（1990年）もとった「ファジィ」機能つき家電から始まり、最近では3D対応テレビ（2012年）など、消費者ニーズを無視した押し付け商品は多い。テレビを見るたび専用メガネをかける人などいないことは明らかだが、顧客ニーズは無視するのが特徴だ。最近のIoT家電も、ほとんどその類である。シャープが発売した、洗濯の終了を冷蔵庫が知らせてくれることを売りにした「AIoTドラム式洗濯乾燥機」（2019年7月発売）は30万円以上するが、普通に考えて、洗濯が終わったことを冷蔵庫で知りたいだろうか？　家電がITでつながるメリットなど、消費者にはほとんど見当たらない。

他の業界でいうと、たとえば私が取材したところでは、理髪店や美容院向けの「自動洗髪機」がここである。実際に「アクアフォルテ」という最新機器で洗髪を体験してみたのだが、「魔法のように機能する」（ジョブズ）人間の指に代わるものなどあるはずもなく、水圧のみ。9分ほど、ずっと食器洗い機に頭を突っ込んでいる感じだった。むずがゆくて、気持ちのよいものではなかった。「何度かやっているうちに頭皮が慣れる」との説明だったが、最初にいいと思わせないと、2回目はない。

単純に「汚れを完璧に洗浄する」という点から見れば、この機械は優れているのだろうが、顧客ニーズがないと思うのだ。現状では、乾かす機能もない。介護現場でのニーズはあるのか、自動洗髪を体験して貰ったうえで現場に聞いてみたが、「洗髪よりも乾かすほ

うに時間がかかっているので、温風が出て乾かすところまで自動化できれば、現場の負担を減らせます」（40代介護福祉士）

人手不足という消極的な理由から、介護・医療の現場で導入が進むことはありそうだが、それ以外では、やはり、美容師や理髪師の付随的な業務（手先ワーク）として、人間が担当し続けることになりそうだ。

最後に、いちおうエリアBの右側を説明しておく。人間がうまくできるが、経済ニーズはない部分だ。これは仕事ではなく「趣味」である。たとえばプラモデル造りは人間の手先の器用さが求められ、人間ならではの作業だが、経済ニーズはない。プラモ制作代行業として生計を立てられる人など、聞いたことがない。趣味は、本書の分析の対象外である。

第二章のまとめ

○ AIが強みを発揮する3つの条件は「デジタルデータ取得可」「組み合せ爆発を起こさない」「執行環境が整備されている」である。

○ ビジネス現場でAIが強みを発揮するのは、その圧倒的に優れた「推論」力である。

○ 業務単位で見たら人間とAIは競合しないが、仕事としては両者のシナジー（相乗効果）が見込め、これを「デジタル・ケンタウロス」と呼ぶ。

○ 実は、人間がうまくできないことも、経済ニーズがあるために、「仕事」として多数存在しており、AI活用によってデジタル・ケンタウロス化の可能性がある。

Key Question

AI・機械が人間よりも得意なことは、身近なところでは、何がありますか？自らの頭の中で、親子で、教室で、議論してみましょう。

第二章

各エリアの職業とその特徴

デジタル・ケンタウロス

建築家・芸術家・デザイナー	プロデューサー・政治家・官僚	CEO・CFO・CIO
研究者・開発者	コンサルタント・カウンセラー	ファンドマネージャー・投資家
大学教授・教育者	新事業・経営企画	ソリューション営業
記者・作家・編集者	人事・労務	法人融資
システムエンジニア・データサイエンティスト	弁護士・法務	臨床医（内科・外科・歯科）

→ **人間が強い**

手先ジョブ

清掃員・ハウスキーパー
縫製スタッフ
ピッキングスタッフ
荷受・陳列スタッフ
外食店ウェイター（配膳・片づけ）
タクシー・配達員（都心部）
建設・施工・メンテナンス職

職人プレミアム

ホテルマン（高級旅館）	プログラマー
セールス（車・家・保険）	ケアマネ・介護福祉士・看護師・保育士
通訳・添乗員・CA	美容師・理容師
シェフ・パティシエ・料理人	高級靴・鞄職人
コールセンターオペレーター	パイロット・機体整備士
駅員・空港スタッフ・鉄道車掌	警察・消防・救命・自衛隊

「AI化で消える仕事、残る仕事」マップ

知識集約的

AI・ブロックチェーン失業

放射線科医（1次読影）	トレーダー（注文執行）	薬剤師（薬局・ドラッグストア）
建築士（概要設計）	証券アナリスト（短期売買）	学校教員（マス授業）
司法書士	経理・財務（主計）	広告マン（ネット媒体）
行政書士	税理士（帳簿作成）	小売店経営（実店舗）
社会保険労務士	公認会計士（1次監査）	マーケッター（市場分析）

機械が強い

ロボティクス失業

キャッシャー（レジ・接客）	物流倉庫作業員（商品搬送）	タクシー運転手（地方・郊外）
ホテルフロント（受付・決済）	品質管理・検品	宅配の配達員（地方・郊外）
外食店員（注文受け・決済）	金融業事務員	トラック運転手（高速道路）
スポーツ審判（予選・アマ大会）	行政事務員	鉄道運転士
交通量調査員	航空会社地上スタッフ	郵便配達員
検針員	入国審査官（ルーティン審査）	警備員（現金輸送）

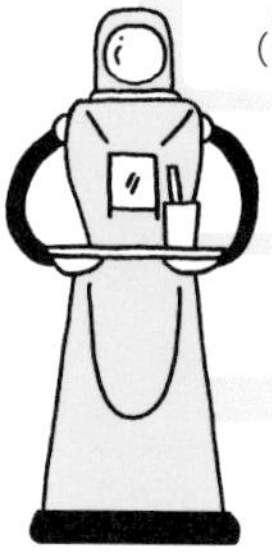

技能集約的

本章では、前章までの「人間の強み、AI（人工知能）の強み」をもとに、「10～20年後、テクノロジーの変化によって各職業がどのような影響を受けているか」をマッピングする。この段階では、政府の規制や既得権者たちによる妨害など、社会の発展を妨げる各種阻害要因はひとまず考慮せず、そちらは次章でまとめて解説する。

5つに分かれるAIの影響

第二章で用いたABCDエリアの図の上に、それぞれ該当する代表的な職業を当てはめ、エリアB（人間のみがうまくできる仕事）については各職業の「人間の強みが不可欠な5つの仕事タイプ」（第一章）を、エリアD（AIのみがうまくできる仕事）については各職業の「AIが強みを発揮できる3条件」（第二章）を当てはめていったところ、技能集約的な仕事と知識集約的な仕事に分けることで、明確にグルーピングできることがわかった。

まず、エリアA（デジタル・ケンタウロス）は知識集約的な職業群で、独立していた。

人間の強みである「手先ワーク」と「ボディワーク」は、エリアAには入らず、なかでも手先ワークは独立的な集団を形成し、いずれも技能集約的であった。つまり、人間がうまくできる仕事は、テクノロジー進化の影響の受け方によって、A（デジタル・ケンタウロス）、B－1（手先ワーク中心）、B－2（ボディワーク中心）の3つに分類できた。

同様に、AI・ロボットがうまくできることは、自動運転をはじめとするメカニカルなロボティクス技術という、AIとは別に存在する物理的な執行環境段階での障害の高さによって、D－1（執行環境のハードルが低い＝知識集約的）とD－2（執行環境のハードルが高い＝技能集約的）に分かれた。

「どちらにも強みはないけれど存在している職業」（エリアC）は、現在は人間が担当していることを考慮して、内容によってAまたはB－2に振り分けた。

新しく作った技能集約的か知識集約的かを縦軸にとり、人間の強みがあるかAIに強みがあるかを横軸にとって整理し

各エリアの仕事の要因別分析

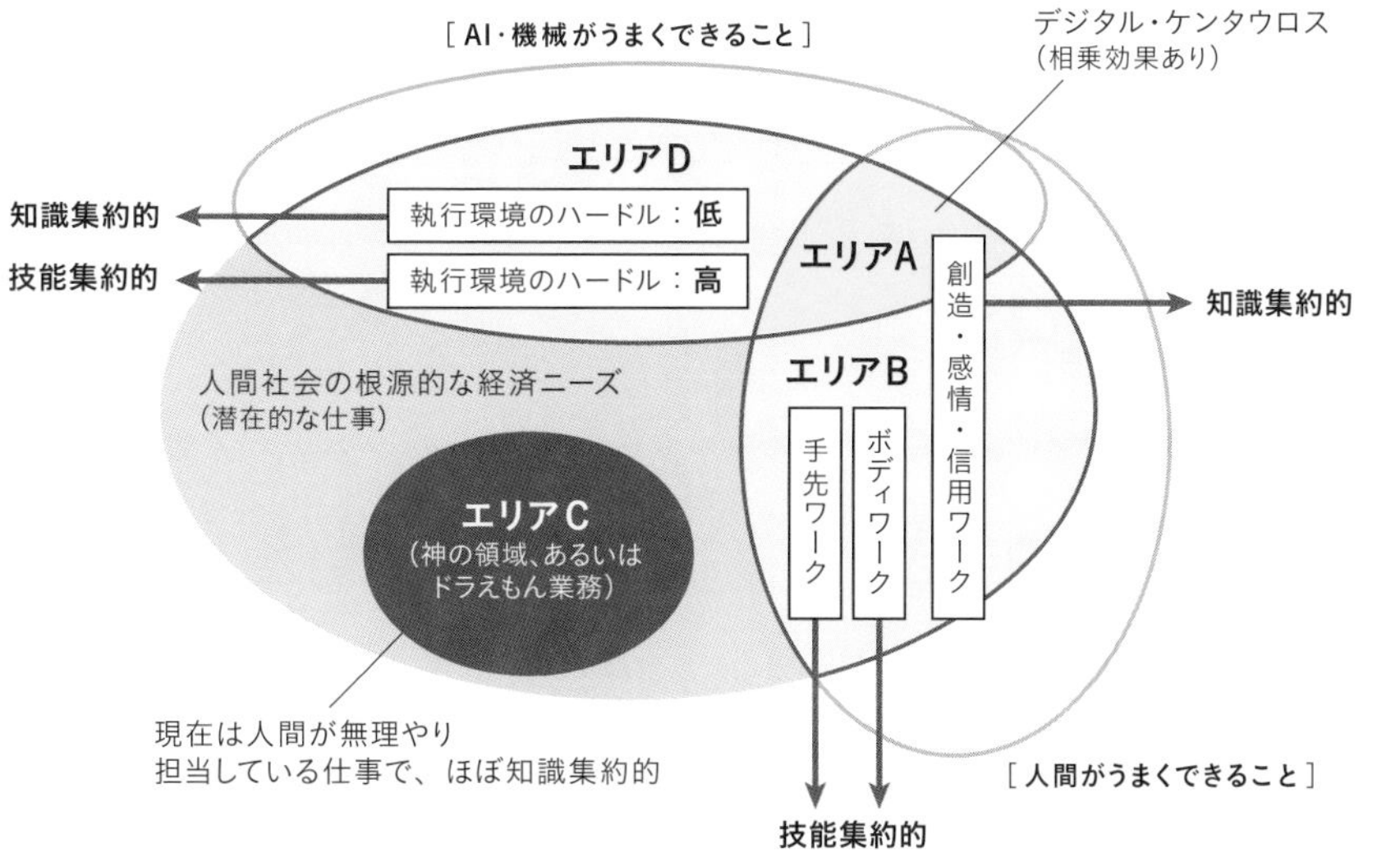

たものが、下の図である。全体像として、5つのエリアに分類できた。上半分は、知能の活用が中心となるホワイトカラー業務で、当然、「人工知能（ＡＩ）」の影響をまともに受ける。下半分の職業群は、人間の手・足・耳・口・筋肉など「身体性」も不可欠となるブルーカラー的な業務であり、物理的なロボット技術進化の影響を強く受ける。

　左半分は、ＡＩ・ロボットに強みがあるため、失業リスクが高いエリアである。早晩、現在の業務内容はテクノロジーによってほぼ消滅し、同じ仕事をしていたら失業してしまう、ということだ。左上は頭脳労働中心のホワイトカラー職種なのでロボット技術は関係しないが、ＡＩやブロックチェーン技術によって代替され、既存業務が自動化する。よって「ＡＩ・ブロックチェーン失業」エリアと名付ける。左下はＡＩに加え、物理的なロボット技術の進歩によって失業するので、「ロボティクス失業」エリアとした。

　右半分が人間に残り続ける仕事で、こちらは3つに分かれる。右上が前章のＡ、つまり相乗効果がある「デジタル・ケンタウ

AI化で分類される5つのグループ

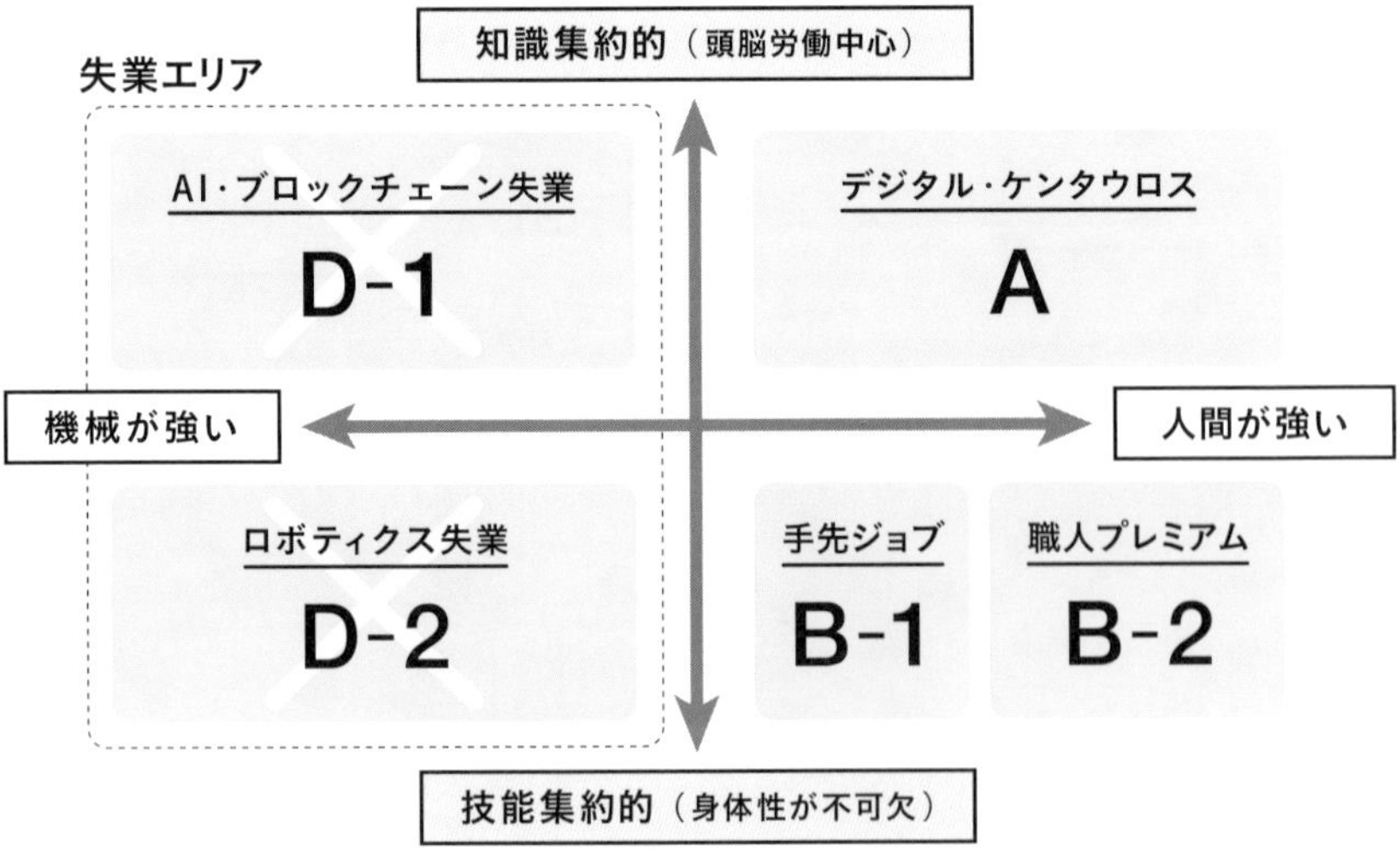

ロス」エリアで、右下は2つに分かれ、手先ワーク中心のB-1の職業群を「手先ジョブ」エリア、ボディワーク中心のB-2を「職人プレミアム」エリアと命名した。

テクノロジーの影響としては、左半分の2つは代替型（テクノロジーと1：1で既存の仕事が代替される）、右上はコラボ型（AIと人間が協働し付加価値が高まる）、右下2つは無縁型（テクノロジー進化と無縁で影響を受けない）といえる。

この5つのエリアに代表的な職業をプロットしたものが88～89ページの図である。まずは、全体のイメージを具体的に持っていただきたい。なお、職業や仕事は「業務の束」なので、ある業務は機械が強く、ある業務は人間が強い、という〝抱き合わせ販売〟で成立するケースがほとんどだ。よって、職業名のプロットにおいては、取材に基づいた「50%超の時間を費やしている中核的業務」で判断している。

それでは、ロボティクス失業から詳しく見ていこう。

1 「ロボティクス失業」エリアの職業群

左下に位置するのが、技能集約的で自動化可能な領域にあたる1「ロボティクス失業」エリアの職業群だ。このエリアは、これまで人間が生身の手足や眼を使って行っていた一連の仕事が、まるごと1対1で、機械的なもの（ロボットおよびそれを制御するＡＩ搭載プログラムなど）に置き換わり、自動化していく。代替型なので人間の雇用は減る。最も失業リスクが高いエリアである。

技術的なハードルを越えるまでに時間がかかるもの（車の自動運転など）から即実現可能なものまで、社会に実装される時期は大きく異なる。技術的にはクリアされているものが大半であるが、変革を阻む抵抗勢力も多彩だ（第四章の図「テクノロジー実装までの4つの壁」参照）。

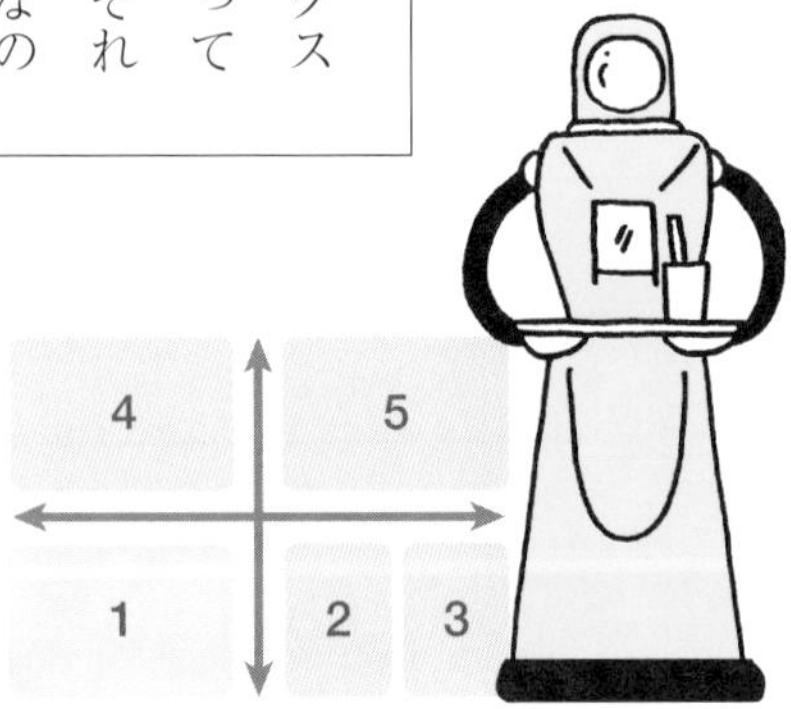

やっと動き出した自動検針

わかりやすいところでは、電気・ガス・水道の検針員という職業。従来は、人間が毎月1回、マンションの上から下まで、そして辺鄙《へんぴ》な土地の一軒家まで物理的に赴き、1戸ずつ目視でメーターを見ては端末に数値を手入力するという、気が遠くなるようなアナログ作業を続けてきた。だが東京電力は遅ればせながら、2020年までに全戸に「スマートメーター」設置を完了※し、検針は自動化。これが全国に波及する。私の都内事務所もスマートメーターが設置され新電電と契約しているが、検針員は来ていない。

「検針員」で求人を調べると、ガス会社のほうはまだ多数の募集があり（月収16万〜23万円）、私の事務所にも毎月、ガスの検針員がやってくる。東京ガスは、10年間交換不要のリチウム電池を電源とするスマートガスメーターの設置を2018年からやっと開始したが、年10万戸ペース（全顧客数は約1190万件）とノロい。競合が弱く実質独占状態なので、生産性を高めるインセンティブがないのだ。その不要な検針コストは、総括原価方式※によって我々契約者が負担し続ける。

このように、技術的な問題はクリアできても、国の規制や競争政策、労働組合の抵抗など、社会の発展を妨害する要素はいくつもある（第四章参照）。日本の水道は行政による

「スマートメーター」設置を完了

いったんスマートメーターに置き換われば、その後は、どの電力会社と契約してもずっと自動検針となる。

総括原価方式

「かかった原価＋適正利益＝料金」をよしとする方式。検針にかかるコストをまるまる料金に上乗せできてしまうため、無駄を省くインセンティブが経営側に働かない。

運営なのでコスト意識が低く、自動検針は進みそうにない。やっと2019年度から、行政改革に積極的な「大阪維新の会」が強い大阪市で、一部エリアのスマートメーター導入を開始した段階だ（全国の政令指定都市で初）。

たとえば自販機の缶の減り具合の情報を通信で取得し、必要な量だけ人間が補填して回る仕組みは既に普及しているので、特段、技術的なハードルはない。

検針と同様、コスト意識がないセクターによる無駄遣いの典型例が、交通量調査員である。求人誌で集められた素人の人間が目視でカチカチとカウンターを打っていくため、どれだけ誤差があるか計り知れない。いまや映像・画像処理技術によって正確に自動カウントできることは言うまでもない。税金をドブに捨て、不正確な情報を取得しつつ、貴重な人間の労働力を消耗するという、三重に最悪の行政がまかり通っており、怒りを禁じえない。

実は単純定型業務だった入国審査官

このエリアの直近の例として、出入国在留管理庁の入国審査官が挙げられる。2018年から国内5空港（羽田・成田・関西・中部・福岡）で導入されたパナソニックの「顔認証ゲート」によって、日本人の出入国審査は、人間の手を一切介さないことが可能となった。

欧州からの帰りに羽田で「人間の審査は選べないんですか?」とスタッフに聞くと、「現在はすべて機械になりました。成田でも、徹底しています」。私が利用して一番驚いたのは、審査官の仕事が、実は「パスポートに埋め込まれたICチップから読み出す顔写真と目の前にいる本人が同一人物か」を目視で照合するだけの、超単純ルーティン定型業務だったことだ。この程度の仕事は大学生バイトでもできるが、それを公務員の高い人件費(税金)を費やして、これまで延々と行ってきたわけだ。

人間の眼は、機械の画像認識技術に比べ完全に精度が劣るため、むしろ人間がやってはいけない仕事になった。税関の申告も2020年から順次、自動化する。入国だけでなく、出国審査も自動ゲート導入が進んでおり、成田だけでなく、海外でも、たとえばオランダ・スキポール空港から日本人を含む10か国の人が出国する際は、自動化ゲートが利用可能となっている。出国も入国も、機械にパスポートのICチップを読み込ませるだけなので、カバーを外す必要すらなくなり、ラクになった。

2020年には、成田空港でNECの顔認証システム「One ID」が導入され、チェックイン・手荷物預け・機内乗り込みが、1回の顔認証でウォークスルー化する。従来、乗客のすり替え防止のため、航空会社の地上職社員(つまり犯罪を見抜くという点ではただの素人)が搭乗ゲートで1人ずつパスポートの写真と搭乗者の顔を形式的に照合していたが、これが自動化され、煩わしい作業がまた1つ減る。

自販機業務を人間がやるお役所

役所や金融機関（銀行・保険・証券）の手続きも、8割がたが「ロボティクス失業」エリアである。たとえば都道府県が担当しているパスポートの申請~交付の手続きは、未だに都道府県職員が、申請書（紙）と、プリントされた顔写真と、戸籍抄本（紙）を見て、昭和時代と同じ紙作業を行っている。

私はこの受付で1時間近く待たされ、日本の労働生産性がG7最下位である理由を改めて実感した。顔写真はパスポート用の8枚綴りプリント（1000円だった）をそのまま持ってくるよう注意書きがあり、それを職員がハサミでチョキチョキくり抜き、定規で長さを測り、糊で申請書にペタペタと貼り付けていた。NHK『つくってあそぼ』（子供向け工作番組）の世界を、外務大臣が税金で堂々と全国の公務員にやらせて何とも思わない、この時代錯誤の感覚は絶望的で、日本人の賃金が20年前より下がっている（序章参照）のも当然だと思った。

顔の大きさや余白のサイズが厳格に決められているので、本人にやらせるとミスが多いから職員がやる理屈はわかる。だがこの作業は、ITのソフトウェアで正確に自動化できる。デジカメやスマホで撮影した写真をネット上から提出し、規格に合うよう自動調整すればよいだけ。機械が一瞬で終わらせる作業を、公務員が仕事と称してやっている。ほとんどすべての行政手続きがこの調子なので、気が遠くなるほどの税金ドブ捨て作業が日々、全国津々浦々で行われているわけだ。

マイナンバーカードも活用が進まない。戸籍抄本を紙で出す必要など全くないし（全国のコンビニで出力できるのだから、そのネットワークに各役所からつなげばよい）、申請書を紙で出す必要もない（マイナンバーカードで本人認証し、ネットから申請を受け付ければよい）。なぜ申請と受け取りで2回も役所に呼びつけられるのかも、わからない。外務省旅券課に聞くと「間違いなく検討はしています」と繰り返すのみ。

行政窓口については、すべてひどいので、枚挙にいとまがない。法人名義での事務所の契約や車の購入では「法人印鑑証明書」や「登記簿」の提出を求められるが、これが紙であるために、その都度、法務局への出頭を余儀なくされる。そこにはなんと「収入印紙という紙を売るだけ」のブースに複数の人間が常駐し、ほかに手段がないため行列ができ、手売りされる。支払いはなんと現金のみ。崩壊前の旧共産国みたいだ。これは１００％自販機化できる。

印刷機で各種証明書を印刷して手渡しする役人たちも、すべてコンビニの端末に代替できるし、そもそも紙で出力する必要すらない。タブレット上で法人版マイナンバーカードのＩＣチップと暗証番号で認証すればよい。役人が仕事だと思いこんでいることの大半は、実はＩＴソフトに代替できる単純定型作業である。

「ＡＴＭ&ネットバンク化できない業務はない」銀行

金融機関については、メガバンク3行（計3万人超削減）や損保ジャパン日本興亜（4000人削減）のリストラ計画からも明らかな通り、内勤事務員の手続き業務が機械化されるのは確実だ。ＲＰＡ（ロボティック・プロセス・オートメーション）など、本来ならソフトウェアで自動化できるルーティン業務を、長年の前例踏襲主義と思考停止、そして惰性で、人間がやってきただけである。

いったいどのような業務に人員が割かれているのか。私は個人としても法人代表者としても、銀行窓口を訪れる用事が年に1回も発生しないため（キャッシュカードの接触不良で3年前に行ったのが最後）、ずっと疑問に思っていた。

取材で大手地方銀行に8年勤めた元行員にじっくり聞いたところ、その地銀の中核となる支店には、内勤のみの「業務」部門に30人の社員がおり、別途パートが10人。その計40人が、預金課と為替課の2つに分かれ、融資以外の業務、たとえば定期預金や当座預金の新規・変更手続きをしたり、口座振替や送金手続きを担当するという。

「業務量としては、収納代行事務（税金や公共料金の支払い受付）が大きいのですが、窓口だと、本人確認に加え、金融庁の通達でその都度『取引時確認』も求められ、目的や職業を聞いて記録するといった細かいルールがあって、時間をとられます」（元行員）

では、ネットバンクとATMではなく、人間にしかできない業務はあるのか――と聞くと、「特にないと思います。この業務の30人は、ほぼ要らなくなります」（同）。なぜそれほどの人数が必要なのか。

「たとえば預金課だと、5～6個の窓口に1人ずつ配置され、残り10人ほどが後ろで事務処理をします。うち1人は、現金を出す出納係として専属でつき、ダブルチェック専門の人もいます」（同）。つまり、窓口で受付・接客する人、オペレーションの実務を行う人、現金を出す人、ダブルチェックする人、と多数の行員が1つの手続きに関わることで犯罪やミスを防止している。

ネットバンクなら全自動で正確に安全に記録も残る手続きとなるが、人間は4工程もかける。想像を超える非効率さだった。コストに相応しい手数料として、1手続き5000円くらい徴収すればよいと思うが、コスト意識が欠落したまま「コンプライアンス・コスト※」だけが肥大化し、そのコストは、私のような窓口を一切利用しない優良顧客が負担している。

このあたりの歯止めなき最終形が、役所だと思えばよい。役所と金融業は、民間の感覚

コンプライアンス・コスト

法令順守のためにかかる費用。不具合（ミス）の発生を一切認めない前提で、人間が行う業務で100%を求めると、ミスを予防するための費用がとめどなくかかり、採算が合わなくなる。100%正確でミスをしない人間はいないため。

ではありえないコスト意識から、膨大な無駄が放置され、貴重な労働力が費やされている。ＡＩなど使わずとも、既に普及している実績ある通常のＩＴソリューションで、事務作業の大半は自動化可能である。

この銀行窓口でかなりの量を占めるという収納代行事務（税金や公共料金の支払い受付）は、コンビニ・郵便局でも同様に代表的な窓口業務の1つで、コンビニでは、紙の払込票（バーコードがついていて、だいたい朱色）が年間10億枚も処理され、しかも増加傾向にある。本来、人間が関わる必要がない作業に、10億回だ。現状では払う側が追加コストを負担しなくてよいので、減らすインセンティブもない。

プラスチック製のレジ袋を有料化するより、働き手不足の日本では、こちらのほうが深刻だ。レジ袋を有料化しても人手は減らないが、払込票による支払いに有料化義務（たとえば1枚１００円）を課せば、スマホでネットバンクから払うようになり、社会全体の生産性が上がり、紙資源の保護もできる。〝金融デジタルファースト法案〟が必要である。

運転士がゼロに近づく鉄道

このエリアは、各種ドライバー系の職業が多い。これは自動運転技術の進歩で、確実に無人化が進むからだ。ポイントは、その実現スピードと内容である。

最も早いのは「専用道のみ」を走行するもの。運転の判断に影響を及ぼす変数が少ないため、自動化しやすい。無人化済みの「ゆりかもめ」「ポートライナー」の延長だ。JR東海はリニア中央新幹線（2027年開業予定）における運転士無人化を公表済み。JR東日本も、グループ経営ビジョン「変革2027」で「ドライバレス運転」を目指すと明記し、山手線などで無人運転の実験を行っている。

在来線は現在、運転士と車掌が先頭と最後尾に1人ずつ乗る2人体制が基本だ。運航の自動化に必要となるATO※の導入が進行中で、線路上のセンサーで時速を管理し、列車間隔も自動で決まる。「いちおうハンドルはありますが、緊急時などに使うもので、普段はボタン1つで出発、停止します」（東京メトロ社員）。乗客として先頭車両に乗って運転席を見ると、確かにその程度の作業しかしていない。

ただ、乗客数が多く、運転ミスとは別の理由で、飛び込みや酔客進入による人身事故へのイレギュラー対応が多い。「駅のホームの多くは曲がっていますから、発車してから駅を完全に抜けるまでの間に、先頭にいる運転士から最後尾が見えなくなる駅があって、『ながらスマホ』による接触などお客さんが車両に接触していないかを1人だと確認できないんです」（同）。

つまり1人体制の条件は、ATO＋ホームドアの設置完了だ。都内では、南北線、有楽町線、丸ノ内線、副都心線、都営三田線、都営大江戸線がこの条件を満たし、ワンマン運

ATO
Automatic Train Operation ＝自動列車運転装置。加速、減速、停止も自動で行われる。

航を実現済み。先頭に1人だけ乗り、「運転」と「安全確認してドア開閉」の両方を行う。運転士と車掌の兼任だ。東京メトロは、ホームドアを2025年度までに全179駅に設置する計画。他の私鉄も順次、進めている。

次の段階として、完全無人化は可能なのか。「地下鉄はトンネル内で火災が発生したときに避難誘導する人が必要で、無人化は現実的ではありません。リニア中央新幹線も、運転士はいなくなりますが、車掌がいるからOK、ということです」(同)

新幹線の運転士を経験したJR東海の20代社員も「車掌は必要」という点で同意見だ。現在は、運転士1人+車掌2人体制。かつて車掌3人体制だったが、「乗客全員の切符拝見」という(本来は不要な)車内改札作業を2016年3月に廃止し、JR東海管内は2018年3月から2人体制だ。代わりに2人乗っているグループ会社のパーサー(車内販売員)が、緊急時に乗客を避難誘導する訓練を受けた。

つまり、16の車両、1300人の乗客定員に対し、計3人(+販売員2人)という、少数精鋭体制。これで不測の事態に対処できるのか。2018年6月には、東海道新幹線車内で、22歳の男が乗客3人をナタで切りつけ、1人を殺害、2人に軽傷を負わせる事件も発生した。「事件事故などの非常時を考えると、僕は車掌が3人必要だと思います」(同)

まだ3人体制を維持するJR西日本の新幹線(新大阪—博多)車掌に話を聞くと、やはり車掌3人体制でないと不安があるという。「トラブルや遅延発生時に2人だと、かなり無理があります。一番多いのは振替輸送対応で、毎週のように発生。たとえば『岡山駅で、接続予定の在来線が遅れた』『瀬戸大橋線が風の影響で止まった』という情報が流れてくると、ああ、うちの新幹線に振替客が来そうだな、とわかる。『座席を確保して席に案内して』と指令所から指示が来るので、端末で空いている席を設定して、お客さんが乗ってきたら誘導。振替客だけで2両まるごと埋まることもあります。ほかに、酔客対応ではお客さんに殴られますし、客どうしで揉めていると仲裁に入って途中駅で降ろして鉄道警察に引き継いだりもします」(20代車掌)

サービスの概念が異なる欧州だと、この作業は発生しない。ドイツ在住の日本人によれば「ICE(Intercity-Express＝ドイツの新幹線)が遅延して、後から来るICEに乗らないといけないとき、追加料金は不要ですが、自由席で空いているところを自分で探す。JRみたいなきめ細かいサービスは、ドイツでは起こり得ないです」。私も2019年夏、実際にICEで遅延に見舞われたが、車掌は何もしなかった。

サービス大国の日本は、車掌が席に誘導までする。売上は同じだから、ここに人件費がかかると、労働生産性は下がる。だが、それは提供されている手厚いサービスの対価であって、日本人はそれを当たり前と感じ、これは国民性なので変わりそうもない。

数百人もの人間が乗っていれば急病人も出るし、客どうしで喧嘩も起きる。人身事故や、小動物がぶつかる事故、台風や地震で停止することも多い。初期対応で、車掌は不可欠だ。

リニア新幹線は、16両編成の全席指定で定員が約１０００人。運転士ゼロで車掌２人体制だから、１人あたり５００人にもなる。同様に、新幹線も運転の自動化は技術的に可能としても、やはり現行の東海道新幹線で車掌２人体制（＋車内販売員２人）までが限界、との印象を持った。

結論として、鉄道・新幹線の最終形は、「運転士ゼロ、車掌は必要不可欠で1編成あたり1人（在来線）～数人（新幹線）。車掌のうち1人は、緊急時に備え、国家資格である運転士免許を持つ兼任者」。鉄道の専任運転士は、限りなくゼロに近づくものの、車掌はほとんど減らない。

旅客機はパイロット2人体制が続く

一方、「専用道」が存在しない空（＝変数が多い）を往来する旅客機パイロットに、無人化はありえない。鉄道はいざというときにレールの上に停めておけるが、空にレールはない。天候と空港も様々だ。「着陸は何千回やっても毎回、課題がある。日本は山が多く、雪も多い。滑走路も独特で短いから、他国より難しいと思う」（ＡＮＡ副操縦士）

ミサイルを載せて撃って帰ってくる軍事用の飛行機や貨物ジェット機と異なり、人間が乗る旅客機は人命の１００％の安全が求められる。日本では１９８５年8月に日航機が墜落して以来、誰も死亡していない。定期的に死亡事故が起きるバスやタクシーと違って、既に「ほぼ100%安全」だから、自動化で今より安全にはならない。

オートパイロット機能の発達で、イレギュラー対応がなければ、人間が操作らしい操作を行うのは離着陸のときくらいになった。だが実際には、海外で事故（いわゆる「ハドソン川の奇跡※」）や、失踪※、副操縦士による道連れ自殺※といったショッキングなイレギュラー事態が定期的に発生し、操縦室2人体制を1人に減らすどころか、1人にしたら自殺願望者の暴走を防げないため、1人がトイレに出たらCA（キャビンアテンダント）が代わりに入って監視するという措置（国交省指示）まで一時的に行われたほど。これは技術面や確率統計の問題以上に、100%の安全を求める乗客心理面の問題からだ。

この場合、人命を預けるには、人間の強みである「信用」が必要不可欠となるため、パイロットは職人プレミアムの職業となる。逆に、人間ではなくミサイルを載せる爆撃機はこの障害がないため、既に無人化・ドローン化が実現している。その中間が貨物輸送機で1人体制にできそうだが、万全の遠隔操作システムがないと9・11のようなテロに使われる恐れがあり、無人化は難しそうだ。

ハドソン川の奇跡
2009年1月、USエアウェイズ1549便がハドソン川に不時着水した事故。

失踪
2014年3月、マレーシア航空370便が乗員乗客239人を乗せたまま消息を絶ち、全員死亡と認定。

副操縦士による道連れ自殺
2015年3月、ジャーマンウイングス9525便が墜落、乗員乗客150人が死亡。副操縦士による故意の墜落と断定された。

まず高速道路が自動運転に

鉄道や新幹線と同様、「専用道」を走ることから自動化しやすいのが、高速道路における自動運転だ。こちらは歩行者こそいないが、公道なので一般の自動車も同じ道を走っていることから、変数が多く、難易度は鉄道に比べると段違いに高い。

自動運転技術は、既に圧倒的な走行実験データを蓄積したグーグル傘下のウェイモが、自動運転タクシーの商用サービスを2018年末より開始。世界中に拡大していくのは時間の問題だ。ウェイモのサービスは、米国アリゾナ州フェニックスの限定地域のみで、利用者は専用アプリで呼び出す。安全確保のため運転士がまだ乗っているが、緊急時以外は操作しない。完全無人タクシーの商用化は、刻々と近づいている。

日本で現実的なのは、第一に、高速道路における、貨

後続車が無人となる隊列走行の公道実証

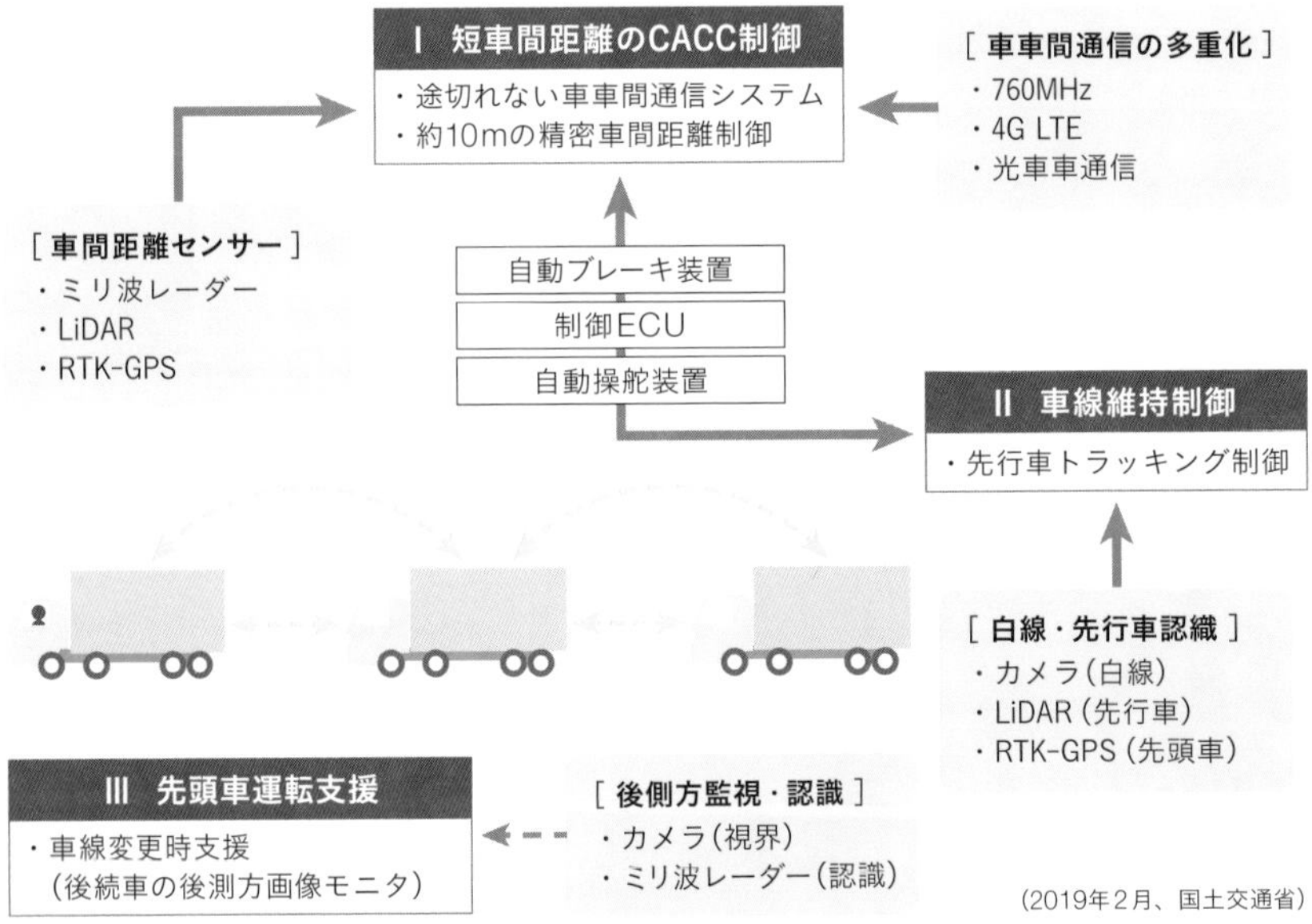

(2019年2月、国土交通省)

物トラックの隊列走行である。2019年1～2月には、国土交通省と経済産業省が新東名高速道路で「トラック隊列走行の後続車無人システムの公道実証」を実施。これは1台目だけに運転士が乗り、後ろ2台が〝カルガモ走行〟で一定間隔を置いて自動でついていく。実験では、車線変更もこなし、問題は発生しなかったという。

これで、従来は3人必要だった運転士が1人へと、3分の1に減らせる。いずれ、先頭の運転士も不要になる。ただ、高速道に乗るには、インターチェンジまでは、より自動化のハードルが高い一般道も通らねばならないから、そこまでの運転士が当面は必要となる。

「モノとヒト」「街の密集度」で異なる難易度

それでは、人間を運ぶバスのほうも高速道路なら可能かというと、荷物を運ぶトラックとは全く事情が異なる。人間は体調を崩したり喧嘩を始めたり、人質をとって立て籠もったりもするが（西鉄バスジャック事件※など）、モノは大人しく文句も言わず勝手に動かない。

人間を乗せる長距離バスを無人運転で走らせるとなると、乗客の安全面・心理面でのハードルもクリアしなければならない。50人、100人規模が乗れば、新幹線と同じ理屈（急病人対応、事故対応……）で、運転は自動化しても、緊急時のイレギュラー対応要員

西鉄バスジャック事件

2000年5月、佐賀市から福岡市に向かう西日本鉄道の高速バス内で発生。17歳の少年がバスの運転手に牛刀を突きつけて乗っ取り、乗客3人を切りつけ、2人が負傷、女性1人が死亡。インターネット掲示板に犯行予告が残されていた。

としての車掌が1人、不可欠となる。
人間とモノの違いに加え、もう1つ、日本の公道における自動運転を予測するうえで重要な視点が、鉄道駅を中心とした、歴史が古く人口密集度が高い街並みである。日本に限らないが、いわゆる旧市街は、モータリゼーション以前に発展した街の区画そのままなので、東京・下町でも「消防車が入れない」など災害対策上で問題となっている狭い道は多く、当然、自動運転車も入りにくい。歴史が浅く、新規開拓した碁盤の目のような土地が中心の米国とは、自動運転を取り巻く環境が全く違う。

日本の宅配会社が、各戸までのいわゆる「ラスト・ワンマイル」を、自動車ではなく「リヤカー付き自転車」にしている地域が多いのは、そのほうが効率がよいからだ。日本は住所が「丁目・番地」表記で、道路は眼中にない。逆に米国は、各道路にストリートやアベニューの名前がついて住所表記でも使われ、道路&自動車中心。つまり、自動運転が米国で実現しても、そのまま日本の街に当てはまるわけではない。

※西暦は、実現する年のスケジュール感（著者見通し）

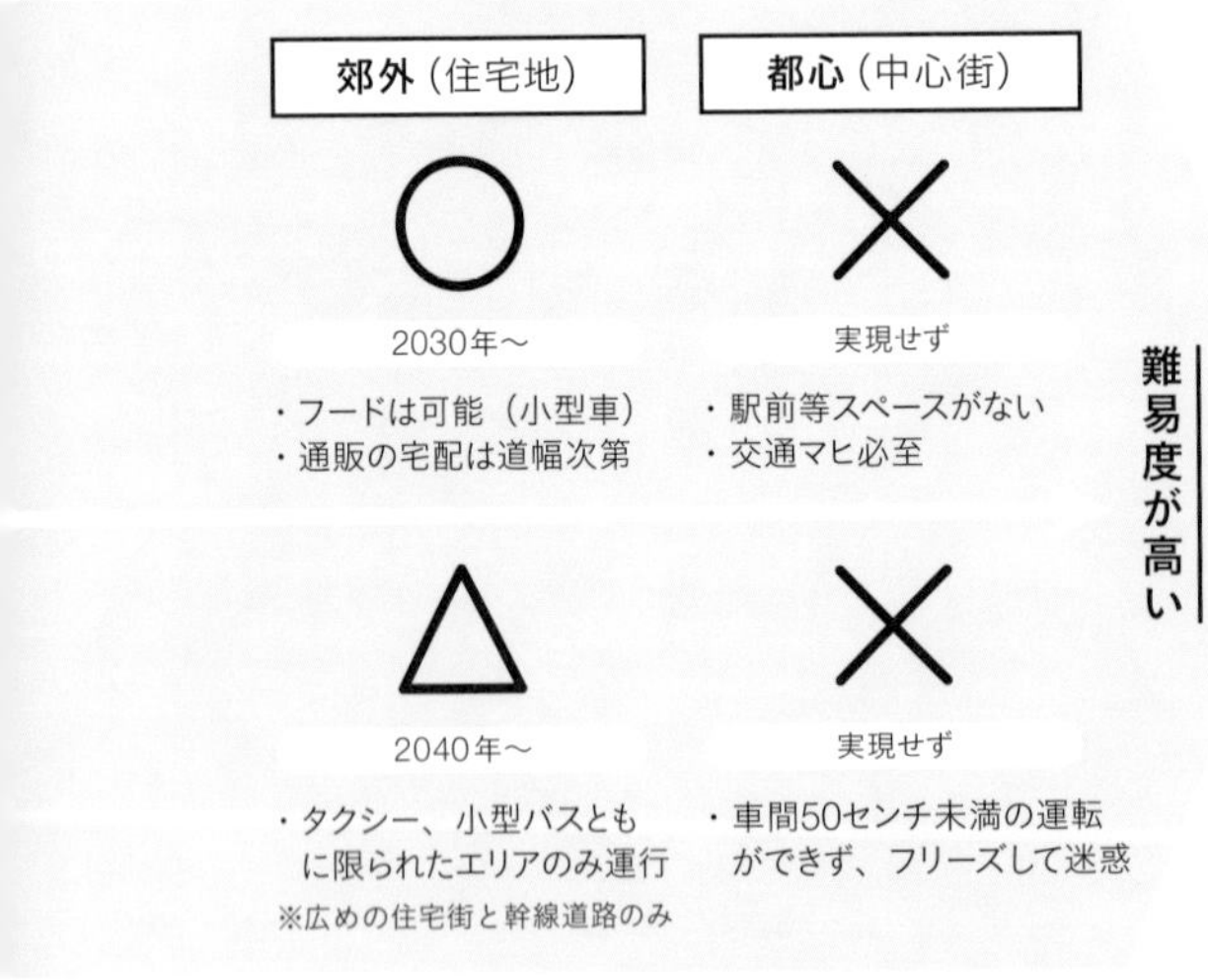

公道における自動運転のスケジュール感

以上2点（運ぶ対象と地域）を考慮して、専用道※ではない公道における自動運転の実現難易度を示したのが、下の図である。「人間を運ぶ」というのは具体的にはタクシーとバス。「モノを運ぶ」は、通販の宅配や貨物輸送、「出前館」「Uber Eats」のようなフードデリバリーのことだ。自動運転は、日本一の就業者数を抱える自動車産業（546万人※）を直撃する技術となるため、詳しく述べる。

高速道路については、前述のとおり、隊列走行や自動運転化の障害がほとんどないため、長距離トラック運転手はどんどん〝失業〟していく。時間をかけて進むので、むしろ「働き手不足」が解消して人間の働く環境は改善される。そして、運転の進捗状況を遠隔で見守り、一般道への引き継ぎ等を指示する「自動運転監視センター」と、緊急時に現場に駆け付けるための「待機所」の人員が新設される。

人間を乗せるほうで高速道路を走るのは、長距離バスがほとんどだ。飛行機や新幹線に比べ、料金が安いのと深夜移動が可能な点がメリットで、「時間はあるがカネがない」就

公道における自動運転（日本の場合）

	高速道路	地方（過疎地）
モノを運ぶ	◎ 2025年～ ・まずは隊列走行から	◎ 2025年～ ・移動式宅配ボックスから受取人が取り出す
人間を運ぶ	○ 2035年～ ・大型長距離バスの場合、兼任で車掌1名が乗車	○ 2030年～ ・まずはルート限定型から ・行政のやる気次第

専用道
たとえば東京オリンピック（2020年）の選手村では、許可されたエリア内のみで、トヨタ自動車の電気自動車「e-Palette」が、巡回バスとして自動運転。

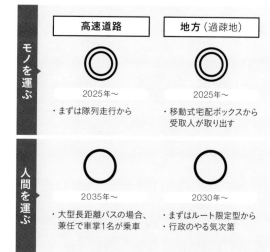

活生や出張サラリーマンに人気が高い。東京―大阪で２０００円を切る便まであり、現在でも十分に安い。

事故が起きるたび規制が強化され※運転ミスの不安も少ない。現在は、東京―大阪便は距離が５００キロ強なので２人体制が必須。よって長距離バスの下部には、運転手がフルフラットで休める場所も設けられている。

トラックの無人化が可能なら技術的にはバスも可能だが、前述のとおり、人間を大量輸送するとなると、イレギュラー対応要員としての「車掌」機能が必須となり、現在は運転士が１人でその機能を兼務している。自動運転ならば４００キロ以上の運航でも１人体制にすることは可能だろうが、バスジャック事件などの懸念から、無人化は難しい。すると、東京―名古屋間は３６６キロで今も１人体制だから、実は何も変わらない（緊急時対応のみなので負担は減る）。

地方・過疎地

高速道路の次に難易度が低いのが、交通量が少なく舗装道路も整備された地方と過疎地である。イメージとしては、利用客が少ないため無人駅にしているようなＪＲの駅がある町、１時間に１～２便だけ就航している地方空港がある空港周辺、それよりも人口密度が

自動車産業（546万人）
総務省「労働力調査（平成30年平均）」、経済産業省「平成29年工業統計表」「平成27年延長産業連関表」等より、日本自動車工業会がまとめた自動車関連就業人口。

事故が起きるたび規制が強化され
現在、午前2～4時にまたがる運行は、1人が1日に運転できる距離の上限が400キロ、時間は9時間まで。

低い田舎町である。面積としては日本の大半を占める。道は舗装されているが、交通量は少ない。

駅前も閑散としており、バスは1時間に1本だけで赤字営業、タクシーはいても数台で開店休業中、という、これからの日本の地方都市に多く見られるようになる過疎的状況だ。バスの運転士は最低賃金、タクシー運転手は実質それ以下。利用者は不便。全員が不幸なのが現状で、人件費がかからない自動運転が、最も望まれる場所である。

このような町では、モノの配送は、「受け取りセルフサービス方式」が最も適している。イメージとしては、「PUDOステーション」（駅やスーパーに設置されているセルフ受け取りロッカー）を積んだマイクロバスが、自宅近くまで無人運転でやってくる。GPS機能で、今どこまで来ているのかがスマホの地図上で確認でき、通知機能が利用者に到着予定時刻を知らせる。すると利用者が自宅前に出て行って、スマホ画面のQRコードや暗証番号でロッカーを開けて自分で取り出す。

既にヤマト運輸が2018年に藤沢市で「ロボネコヤマト」と称した実証実験を行った（ドライバーが運転）。セルフ取り出し方式の自動配送は、道路スペースに余裕がある地方の新興住宅街では最も障害がなく、現実的だ。2025年には一部地域で実用化していても何ら不思議はない。ただ、地方でも入り込めない細い道、車を停めておけない道は多いので、「家の近くの駐停車可能な広さがある道路沿いまで」などになる。

ヤマト運輸の「ロボネコヤマト」

飛行機のパイロットと新幹線の運転士が共通して言っていたのが、「到着するときが一番、神経を使う」ということで、二番目が、出発時だ。乗り物の運転は、出発と到着で繊細さが求められる。

配送車の場合、出発は配送センターなので問題はないが、到着場所が、たとえば個人宅の車庫や玄関の眼の前で迷惑だったり、幅寄せが不十分で道を塞いでしまうといったトラブルが予想される。まずは、停車可能ポイントを人間があらかじめ決めた形（各番地ごとに設定）でサービスをスタートするのが現実的だ。

フードデリバリーのほうは、現在は三輪バイク「ジャイロキャノピー」（ホンダ）が定番だが、排気ガスを撒き散らし、うるさくて迷惑だ。たかが出前で人間１人の時間を奪うのも時代錯誤なので、私は利用しない。自動化すると、利用のハードルが下がり、利用者も増えるはずだ。既に２０１８年から、英国の都市ミルトン・キーンズで、Starship Technologies（本社：米国・カリフォルニア州）が、六輪の配達ロボを商用利用開始しているという。

ところが日本は、道路交通法が未整備で、２０２０年度からルール作り開始という、政府あげてのノロノロ運転。働き手不足の解消策は、機械化投資ではなく外国人労働者※を活用する方向で、日本人の賃金も労働生産性も上がらない、筋が悪い政策にばかり熱心だ。国が自動化投資を妨害している格好である。

外国人労働者

外食業では上限5万3,000人を2019年4月からの5年間で受け入れる。

Starship Technologies の配達ロボ

過疎・地方都市政策としても優れた自動運転タクシー

街中における人間の輸送のほうは、具体的には、無人のコミュニティーバス（小型バス）と無人タクシーが想定される。バスは、アプリで乗り込んで自動決済、車内は360度、遠隔で監視。バスといっても、トヨタの電気自動車「e-Palette」（2020年東京オリンピック・パラリンピック選手村で使用）のように定員20人程度で、長距離でもないため、車掌は不要だ。停留所のみで出発・停車する。

無人タクシーのほうは、まずは走行ルート限定型（バスのプライベート版）から始まり、次の段階として、客が乗れる場所・降りられる場所が拡大してゆき、最終的にはセルフで微調整できる形になっていく。誰しも、水たまりやゴミ置き場で降ろされたくない。これは車内のタッチパネルまたはスマホアプリ上からの操作となる。「1メートル前で」「2メートル下がって」などだ。もちろん決済はUber同様、全自動キャッシュレスである。

世界中を席巻するUberやDiDiのようなライドシェア事業※が日本では法律で禁止されているように、規制が厳しい日本で、自動運転など解禁されるのか、という問題はある。既得権を持つタクシー会社は、全国に中小1万5271社（国土交通省調べ・平成25年3月末）もあり、政治力は強い。

ライドシェア事業
一般人が運転手として自家用車でタクシーサービスを行う、いわゆる「白タク」行為。日本でタクシーを運転するには道路交通法で第二種運転免許が必要とされることから、違法となる。

ウェイモの自動運転タクシー

だが、過疎地は運転手不足で、利用者も少ないままでは、いずれにせよ営業を継続できない。高齢ドライバー問題、買い物難民問題、空き家問題、地方活性化など、自動タクシーが解決できる課題は多い。自動タクシーは、行政が補助金を出して積極的に実現すべき政策といえる。

モノの配送と人間のタクシー輸送が自動化すると、ほとんど家賃がタダみたいな田舎に住みながら、便利で快適な生活を送れるようになるため、海や山など自然が豊かな地域を中心に、2拠点目を持ったり、都会の生活に疲れた人が移り住むなどで、人口が増える町も出てくるかもしれない。2030年には、行政の支援を受ける形で、主要鉄道駅までのアクセスがよい一部の風光明媚な町で、自動タクシーによる「町興し」が実現、というのが私の見通しと希望である。

以上が地方・過疎地の話で、夢のある明るい未来は近づいている。一方、人口密集度が高い都市部とその郊外のほうは、ぐっと難易度が上がる。米国のような国土が広く歴史が浅い自動車中心の国に対し、日本は街の構造すべてが真逆といってよいほど異なるため、同列に語ることはできない。

郊外の住宅地は

都市部の郊外に拡がる住宅地は、巨大なマーケットだ。都市計画法でいう「第一種低層住居専用地域」が中心で、駅から10分くらいの、まあまあ閑静な住宅街をイメージしてほしい。

私は計14か所に住んだことがあるが、用途地域マップで調べると、うち品川区と世田谷区と藤沢市（湘南台）の第一種低層地域に、計6年ほど住んだ。隣接する道路の往来は、昼間でも車両（バイクや自動車）が3分に1台くらいの感覚で、静かなものである。いずれも配送は、リヤカーつき自転車ではなく、ウォークスルーバン※が中心だった。小型車なら停めやすい道幅が確保されているからだろう。

このエリアのモノの宅配は、前述の「ロボネコヤマト」のような「受け取りセルフ方式の無人マイクロバス」で問題ない。たいていの場所は、5分くらい停車したままでも、誰も困らない。マンションの前の道まで出て行って数十メートル歩くくらい、手間でもない。人間に会わなくてよいだけ気楽だ。選べるようになったら、私は、料金割引などなくても、積極的に利用するだろう。

「Uber Eats」「出前館」の代わりになるフードデリバリーロボットは、郊外の住宅地は、

ウォークスルーバン

運転士が、運転席と荷室の間を、車から降りることなく歩き抜けられ、かつ、荷室では立ったまま作業することができる構造を持つミニバン車。トヨタ「クイックデリバリー」など。

最も活用されるボリュームゾーンだ。現在は政府が規制で妨害しているが、運用上、問題は特に見当たらない。人間の賃金を上げるためにも、即刻、外国人労働者の輸入に頼るのではなく、機械化すべき分野といえる。２０３０年には、電動の小型フードデリバリーロボットが、普通に街中を走っていても何ら不思議はない。

デリバリーロボットは米欧で各社が開発しているが、私が来てほしいのは「Ｎｕｒｏ」（シリコンバレーのベンチャー企業、ソフトバンクグループが１０００億円強を出資）くらいの大きさがある、安定感のある小型車である。

「Nuro」プレスリリースより

街のカタチが「ライド&ウォーク」に

郊外住宅地では、人間の輸送自動化のほうは、実現までに時間がかかりそうだ。何しろ、都市部におけるタクシー利用は、住宅地内で完結するのなら、乗る意味がない。中心街（駅や商店街での買い物や医療機関等）へ行くか、中心街から帰る際の移動手段として利用するから意味がある。

中心街というのは、たとえば都内だったら自由が丘駅（目黒区）をイメージしてもらえばわかると思うが、複数の鉄道が交差し、踏切があり、道は異様に狭いのに歩道にガードレールもなく、常に車と自転車と人間で渋滞している。渋谷や新宿も、そういう道が多く、この鉄道駅を中心とした高い密集度が、日本の街の特徴だ。

中心街は、自転車でもバイクでも自動車でも、10センチ前後の間隔を保ったり、歩行者を避けたりするために臨機応変のハンドルさばきが要求され、人間でも難易度は高い。ロボットは衝突を避けるセンサーが作動するため、50センチ程度の前方に何か障害物があれば停止する。前後左右1メートル四方に何も動いている物体がない場所など中心街にはないから、配送ロボでも自動運転タクシーでも路線バスでも、停まったまま動けなくなり、交通マヒの原因になるのは確実である。

たとえば渋滞した道に入り込むために、車の窓を開けて手を挙げて割り込んでいく、という場面がよくある。だがロボット自動車はこれができないので、永遠に停止したままとなり、後ろに並ぶ自動車ともども、交通マヒの状態になる。

つまり、最初から中心街である「商業地域」とその外側にあたる「近隣商業地域」くらいのエリアまでは、ロボットは進入禁止とするほかない。ここで生き残るのは、人間の運転手がハンドルを握るタクシーとバスだ。特に、中心街を通る路線バスは、ワンマン運転

自由が丘駅周辺の用途指定 ——目黒区側

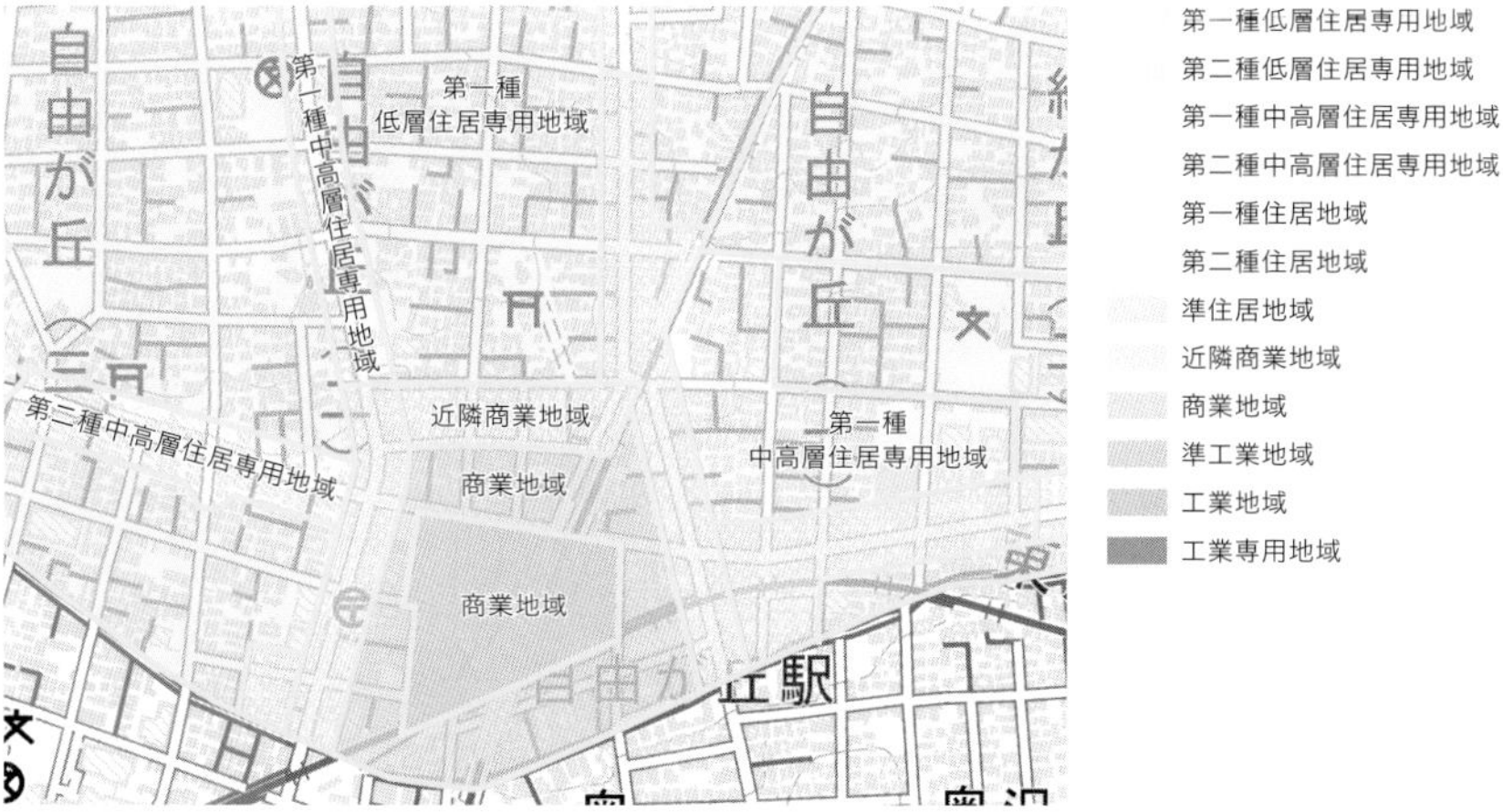

が限界で、無人化は不可能。自動運転させたら交通マヒ必至だ。

そのうえで最終的には、自動運転車用の3階建てくらいのAIモータープールが※「近隣商業地域」の一角に作られ、そこで自動運転タクシーを乗り捨てて徒歩で中心街や駅へ、帰りはAIモータープールから呼び出して乗って帰る、という「パーク&ライド※」の変型版になる。いわば「ライド&ウォーク」へと街づくりが変わる、ということだ。

実現は、早くて2040年ごろだろう。そこを拠点として幹線道路を走るコミュニティーバスなら、地方と同様、無人化も可能といえるが、駅までは100メートルほど歩くことになる。

なお、BtoBの配送も、スーパーやコンビニは駅前商店街の一等地、つまり「商業地域」のど真ん中にあるのが当たり前だから、中心街において各店を回って商品を供給するトラックが自動化することは永遠にない。地方の幹線道路沿いの路面店ばかりを回るトラックは自動化できるため、「荷物の積み下ろし作業」というコンビニFC（フランチャイジー、独立加盟店）の仕事が1つ加わることになるだろう。

商業地域は「外側」でも難しい

私は、この中心街である「商業地域」指定の場所には、目黒区、港区（2か所）、川崎

パーク&ライド

自宅から自家用車で最寄りの駅まで行き、自動車を駐車させた後、バスや鉄道などの公共交通機関を利用して、都心部の目的地に向かう交通形態。

AIモータープール

AI車向けに特化した専用駐車場で、充電や整備などのメンテナンス機能を持つ。

市、福岡市と、計5か所、約14年間も住んでいた。職住近接で、仕事に集中するうえで便利だからだ。なかでも一番の中心街は、赤坂見附の一ツ木通り沿いマンションだった。交通量という点で一番多かったのは、下目黒の山手通り沿いマンションだった。

その経験上、これらの場所には、自動運転車がうろうろすることが許されるスペースは全く存在しない、と断言できる。交通マヒの原因になるだけ。夜中なら、酔っ払いに蹴飛ばされて車ごと壊されるだろう。

商業地ではなくても、場所によっては無理だ。いま私の事務所があるのは「第一種住居地域」で、住居専用の地域ではなく、店舗も事務所もOKな、駅から5分ほどの、少々騒がしい場所である。面している通りは、宅配の小型車でも停められない。

軽自動車がギリギリですれ違える程度の道幅しかなく、消防車は進入できない。ギリギリ壁まで10センチで寄せて停めても、普通車が横を通れないくらいの狭い道である。よって、宅配会社の人は、100メートル以上離れた少し広い道に停めて、わざわざ台車に載せて自宅前までやって来てくれる。日本はそういう道が、そこいら中にある。

ウェイモが商用サービスを始めたアリゾナ州フェニックスと日本の郊外住宅地（日本では広いほうの田園調布）をグーグルマップで比べると、道幅はざっと1・5～2倍、各宅地面積は3～4倍というくらいの違いがある。日本には米国での成功事例は全く適用できない。逆にいえば、このデータ収集&分析で、日本企業の強みが発揮できる。

アリゾナ州フェニックスの道路と家（ストリートビューより）。何時間でも停め放題で、日本にこの実験結果は適用できない

左：フェニックス、右：田園調布（同じ縮尺）

結論としては、第一種・第二種の低層住居専用地域（および片側二車線以上の幹線道路沿い）を中心とした、限られた停車可能なエリアを、あらかじめ業界団体なり行政なりが決め、自動運転専用マップを共有&更新し、「利用可能なエリアのなかから乗る地点と降りる地点を利用者がアプリで指定して無人タクシーを呼ぶ」という方法しかない。

相当な時間がかかることがわかるだろう。私は２０４０年と予測しているが、それでも早いほうかもしれない。とはいえ、いずれ「自動運転車進入可能地域です！」というのが、住宅販売のチラシでのアピールポイントとなり、不動産価格にも影響が出るようになるはずだ。

MaaS時代は便利な場所が逆転する

都心部では、駅や病院やショッピングモールなどは密集した「商業地域」にあるのが普通なので、自動運転車は行くことができない。専用スペースを設けるまでは、近くの幹線道路や住宅地から、少々、歩くことになる。

商業地域に建つ中心街のマンション、たとえば武蔵小杉駅前にボコボコ建つタワーマンション等も、徒歩で移動するには便利だが、自動運転車に乗るには一苦労だ。乗れる場所までは歩く必要がある。郊外住宅地は、自動運転車が利用できる街と、地形的に入り込めない街に分かれる。

2040年以降、いわゆるMaaS※で自動運転タクシーが使われ始めると、自動掃除機「ルンバ」が入れる高さを考慮した〝ルンバブル〟ソファーが販売されているように、自動運転車が利用しやすい街、というのが新しい付加価値になっていく。

地方の過疎地の人たちは、駅も病院も商業施設も、すべてスペースに余裕があるので、ドアツードアで自動運転車を使え、MaaS時代には便利な町になる。つまり、便利さが都心と地方とで逆転し、格差が縮小する。

雇用という点では、タクシー運転手は減少するものの、自動運転車が入れない細い道まで入れる付加価値があるため、高級サービスとして残る。地方では現在、足代わりに「1人1台軽自動車」であるが、公共交通機関が発達した都市部のサンデードライバーは、必要なときに無人の自動運転タクシーを気兼ねなく呼び出して使うようになり、マイカーを手放す人が増える。販売台数はトータルで減り、自動車産業はじわじわと縮小していく。

現在、駐車場に置きっぱなしの「稼働していない自家用車」が多いことは一目瞭然なので、先進国を中心に自動車販売の衰退が進み、自動車業界の雇用者が減ることが予想される。所有から利用へ、の流れは着実に進んでいく。

MaaS

Mobility as a Service ＝サービスとしての移動手段。
自転車、バイク、自動車などを、保有することなく、ニーズに合わせて組合せ、利用すること。

輸送するモノが減っていく

配送系では、全く別の理由で、雇用が減っていく職業も多い。輸送ニーズとして、人間やモノは減らないが、郵便物や現金はテクノロジー進化で確実に減っていくからだ。むしろ現在、既に輸送する必要がないものを、せっせと輸送しているのが現実である。

ハガキや手紙といった「信書」をポストに配達する郵便配達員は、配達するモノがデジタル化することで、配達量が激減し、雇用が減っていく。政府が運営するオンラインサイト「マイナポータル」※は、マイナンバーカードを使ってアクセスすれば、支払った税金や健康保険料、年金の額を確認できるようになる見通し。そうなると、毎年、封書で送ってくるお知らせ（今年の住民税はいくらです、健康保険料はいくらです……と1通ずつ、振込用紙つきで送ってくる）の類は、すべて不要になる。

私はすべて自動引落にしており、ネットバンクで金額の記録も残るため、「ゴミが増えるから紙は送らないでほしい、日本郵便も人手不足だと言っているし、排気ガスを撒き散らして環境にも悪いでしょう」と役所の各担当課に電話で伝えるのだが、「法律で決まっていて全員に一律で送ることになっています」と、間違った時代遅れの法律を盾に、断られている。税金をドブに捨ててエラそうな対応をする役人に、毎回、不愉快な気持ちにさ

マイナポータル

マイナンバーのポータルサイト。Portal は「玄関」や「入り口」の意。子育て、介護などの行政手続きをワンストップでネット上からできたり、自らの住民税、所得、社会保険料なども閲覧できるようになる。自分のマイナンバーを含む個人情報が、いつ誰によって、どのような目的でアクセスされたかを確認できる。機能は順次、追加される。

せられる。

これらは全員が対象なだけに、ボリュームが莫大だ。たとえば自動車は国内8193万台（2019年4月）が登録されており、同じ数だけ、毎年5月に、自動車税の納付書が配送される。埼玉県のように、なんと銀行口座の自動引落すら受け付けていない都道府県まであり、この紙で支払うしかない。「デジタルファースト」と真逆の「ペーパーオンリー」だ。

これがレギュラー、ルーティンのプロセスなのだ。本来、支払いが遅れているイレギュラーな場合だけ催促の手紙を送ればよいのであって、全員に紙を送るなど環境破壊も甚だしい。毎年決まった行事なのだから、マイナポータルから「払ってください」というメールなりLINEなりメッセンジャーなりが届いて、ネットバンクから納付すれば、紙など不要だ。

こうした時代錯誤の法律によって、日本郵便の人手不足が引き起こされている。本来、郵便で送るべきものは、年賀状や絵葉書など「手書きであることに価値がある文書」だけだ。単なる連絡事項を紙で送ることを禁止すれば、郵便配達員の雇用は、簡単に半減できるだろう。貴重な労働力は、もっと人手が必要な分野へと異動や転職を通じてコンバートされるべきだが、これも政治力が強い郵政利権（日本郵政は政府の子会社である）の一種である。

「眼を使う判定業務」は機械化へ

就業人口は多くないが、スポーツの審判という仕事は、画像認識技術によって人間よりもフェアで正確な判定が可能だ。富士通が発表した「体操採点支援システム※」では、審判席から見えにくい、選手の裏側からの視点も含めた3Dデータを瞬時に作成し、正確に判定を下せるという。

これは体操競技だけでなく、水泳競技の「飛び込み」やアーティスティックスイミング、フィギュアスケートに至るまで、採点競技全般で、公平なジャッジにつながる。人間の眼には死角も偏見もあるが、機械にはない。

人間は最終確認と、機械に判断ができないアートの部分だけを採点する。フィギュアスケートでいえば、回転不足か否かなど物理的に決まる「技術点」は機械化され、主観の要素が入る「演技構成点※」は引き続き人間が評価する。

機械化によって「従来と同じ精度で判定すればよい」という点では、人間の仕事は減る。ただし、競技では、重要な大会ほど100%に近い審判精度が求められるため、実際に職業としての審判員が減るのは、アマチュア大会や予選など、下位の大会に限られる。

上位大会ではどうなるのか。サッカーの最上位大会であるワールドカップでは、ロシア

演技構成点
(1) スケート技術、(2) 要素のつなぎ、(3) 演技、(4) 振り付けと構成、(5) 音楽の解釈、の5つを、各10点満点の0.25刻みで、7人のレフェリーがそれぞれ点数化。うち、最大値と最小値を除外し、5人のレフェリーの点数から平均点を算出。

体操採点支援システム
2019年10月の「第49回世界体操競技選手権大会」であん馬、つり輪、男子跳馬、女子跳馬の4種目に導入。

大会（２０１８年）から、ＶＡＲ※と呼ばれるビデオ判定制度が導入された。

テレビ中継を見ていたら、モスクワにあるオペレーションルームを映しながら、「ＶＡＲは過去最多の７人体制です」とアナウンサーが説明していた。全員がＦＩＦＡの国際サッカー審判員の資格を持ち、ずらりと並ぶ10台ほどのビデオモニターを見て、スローで再生し、ファウル等があればレフェリーに連絡する。判定の決定権はフィールドのレフェリーにあるから、そのサポート役だ。テクノロジーが、１試合７人もの雇用を増やしたのである。

審判の使命は、限りなく１００％に近い正確な判定を下すことだ。仮に、従来の精度が95％だとして、それが98％へと３％分が上がったら、新しい成果が出ているのだから、１試合で７人増えても顧客（観客や主催者）ニーズを満たす。ＶＡＲ審判という新しい職業が生み出されたことになる。

いずれデータが蓄積されると、ＡＩが過去の膨大な試合映像データを学ぶことで、自動判定するようになる。ゴール判定、ハンド判定、オフサイド判定などは言うまでもなく、ブラジルのネイマール選手で話題になったシミュレーション※も、人間以上の精度で見破るはずだ。アマチュア大会では、人間不要となるかもしれない。

人間の審判は、今後20年くらいをかけて、いったん増えてから、緩やかに減り続け、最終判定を下すだけの少数精鋭体制に落ち着いていく。

シミュレーション

相手ゴール前のペナルティエリア内でわざと転んでファウルを得てペナルティキックを獲得しようと試みる反則。

VAR

Video Assistant Referee。

その過程では、審判の役割の再定義が必要になるだろう。2016年の日本シリーズ（広島対日本ハム）第2戦で、広島の2点目がホームのクロスプレーで、ビデオ判定によってセーフに覆ったことがあったのだが、TV中継の解説が興味深かった。「キャッチャーの立場からしたら、アウトにしてもらいたいね。何年に1度の好プレーですからね」（大矢明彦）、「このプレーをセーフにしたら、野球の醍醐味がなくなりますね。僕はビデオ判定には反対」（達川光男）と、捕手出身の解説者が口々に批判していたが、確かに、肉眼で見たらタイミング的にアウトだが、物理的にホームベースに先に触っているという点ではビデオ判定のセーフが正しい、というケースだった。

野球の醍醐味、興行としての野球を考えるならアウト。フェアなルール運用を徹底するならセーフ。興行的に失敗したら、売上が立たず成立しなくなる。となると、正確性には劣るが人間にやらせ続ける、正確な判定以上の役割（醍醐味の創出、エンターテイナー）が人間の審判にはある、とする再定義も十分、ありうるわけである。

スポーツ審判と同様、人間が眼を使って一定の基準で判断を下していくという点では、メーカーが工場で生産した製品に対し、品質チェックを目的に行う検品（不良品を見分ける）も、従来は人間の眼、それも熟練の技能を持つ正社員の仕事であったが、より高性能なセンサーを使うことで、精密部品であっても人間と同等以上の精度で見分けられるようになった。農業でも、たとえば温州みかんを、大きさ、重さ、糖度によって、「良品」「並品」に自動で振り分ける機械は普及している。

レジ自動化はアパレル止まり

このエリアは、コンビニ・スーパー・アパレルショップの雇用を多く含む。なかでも、パート社員が担当している業務が多い。小売店のレジ業務は、自動化することによって、他業務に充てるための働き手を生み出すことができる「宝の山」だ。

一番早く進むのは、商品の値札にICタグ（10円弱）を埋め込めるだけの高い単価をつけられる商品。売値が100円の缶ジュースに8円もするタグをつけたらコスト増で利益が吹き飛ぶが、3000円のシャツにならつけられる。つまり、アパレル業界から導入が進む。

ユニクロとGUが国内の多くの店舗で導入済みの自動レジは、カゴごと所定の場所に置けばボタン1つで複数商品のICタグを一瞬で読み取る。ここがポイントで、バーコードの場合は1品ずつ人手でリーダーをかざして「ピッ」とやっていかなければならないが、ICタグは5個でも10個でも、重なって別の商品の裏に隠れていても、無線で確実に読み取る。あとは、クレジットカードで支払って、スーパーと同様、自分で袋詰めするだけ。完全無人で、慣れれば30秒もかからない。

人員体制には、どのくらいのインパクトがあるのか。ユニクロの大型店でスタッフのシフトを組んだことのある店長経験者によると、店舗業務は、多い順に、レジが3割、商品整理（売り場の商品を畳む）も3割。その次が、試着室対応2割、品出し1割、補正対応（直し作業）1割、といった時間配分だという。「1レジ、2レジ、3レジ……と配置し、1レジの人は常時、レジに付き、フリーになったレジ担当者が近くの売り場の商品整理を行ったり、品出し・袋剥きに回ります」（30代社員）

標準店の土日の場合で、「180人時」ほどを目安として、シフトを組む。営業時間10時間で割ると、常時18人が店にいる状態だ。180人時の3割＝54人時ほどが、レジ業務に充てられている。10時間で割ると、5・4人が常時、レジに張り付く。これが機械化され、自動レジ5～6台を置くと、常時1人がサポート＆監視に専念する体制で済み、1人×営業10時間で「10人時」に減らせる。1日でいうと、54－10＝44人時、10時間で割って、まる4人強の人件費を削減できる計算だ。人手不足時代に、福音というほかない。

ICタグ化すると、防犯効果も大きい。レジを通さず店を出ようとすると、出入口でブザーが鳴る。「本部からは『盗難によるロス率は0・25％以内に収めよ』という指示が出ていて、その対策のために（盗まれやすい場所である）フィッティングルームに人を張り付けて監視させたり、（海外の店でつけているような大げさな）防犯タグを盗まれやすい商品に現場で取りつけたり、余計な人手がかかっている」（同）。全商品ICタグ化で、試

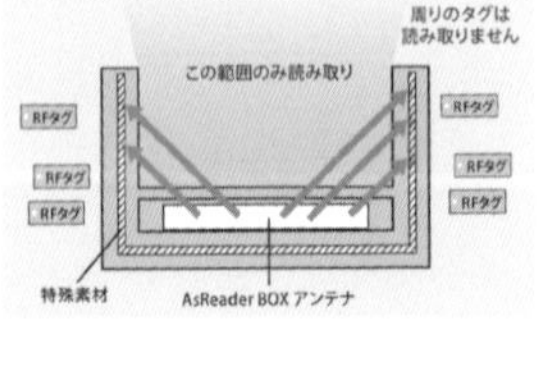

ユニクロの自動レジは、カゴの上方にあるタグだけを一瞬で正確に読み取る技術を採用し、ふたをしなくても間違って周りの商品タグを読み取ることがない（GUはふたをする必要があり利便性に劣る）。この電波遮断方式等に関して、大阪市のIT企業・アスタリスク（鈴木規之社長）が特許侵害だとして2019年9月、ユニクロを提訴した（画像はアスタリスクの特許説明資料）

着室対応の人員まで減らせそうだ。いいことずくめである。

一方で、「しまむら」「西松屋」のような低価格路線のアパレルは、ＩＣタグの価格が１つ数円程度に下がるまでは、利益を圧迫するため導入を見送る可能性が高く、実現は10年後になるかもしれない。その前に、Ｈ＆ＭやＺＡＲＡなどグローバル企業が、ユニクロに続いて、人件費の高い先進国からレジの自動化を進めていくだろう。人件費が安く、人材供給も多いインドや東南アジア諸国では、10年後も変わらず、スタッフがレジ業務をこなしている公算が高い。

コンビニはセルフ化止まり

コンビニやスーパーは、ＩＣタグが「１つ１円」になっても実現しない。アパレル商品にはもともと値札のタグがついているが、缶ジュースにタグはないから、１つずつに貼り付ける追加的なコストがかかる。それを仕入れ先メーカーに負担させたとしても、ＩＣタグで減らせる人件費、無人レジで失う利益を考えると、やはり費用対効果が合わず、導入が進む理由がない。さらに缶ジュース１本、おにぎり１個、アイス１袋に、すべてＩＣタグをつける作業は、コスト以上に、環境問題の視点からも時代に即さない（ＩＣタグは金属だ）。

経産省の主導で、タグメーカーも巻き込み、2025年までの実現を目指した「コンビニ電子タグ1000億枚宣言」（2017年4月）は意欲的なものであったが、2040年でも実現しないというのが私の見方だ。役所は気楽に宣言して担当者は2年で別の課に異動していくため、目標達成しなくとも誰も責任をとらない。小売業の人たち自身も、2025年にICタグが全商品につくとは誰も思っていない。

まず、減らせる人件費であるが、これはユニクロにおけるレジ比率とほぼ同じで、オペレーション全体に占めるレジ業務の比率は、実は3割程度に過ぎない。私が入手したローソン社内調査結果によると、レジ業務は確かに一番多いものの28％で、次が「店内調理」（サンドイッチや弁当など）の16％、その次が「FF作成」（ファストフード＝中華まん、おでん、からあげクン……）の11％、であった（下の図参照）。

スタッフ2人でギリギリで回している日中に、常時発生する3割のレジ業務（0・6人分）をカットできたとしても、残りは1・4人分。人間は分割できないから、結局2人が必要で、人件費は減らない。私も学生時代にセブン-イレブンでアルバイトをしたことが

ローソンの平均的な実労働時間

- 店内調理あり（全国約5,000店）の店について、ローソン本部による調査結果
- 平均的な店舗オペレーションで1日約44人時（常時2人弱）が発生、その内訳

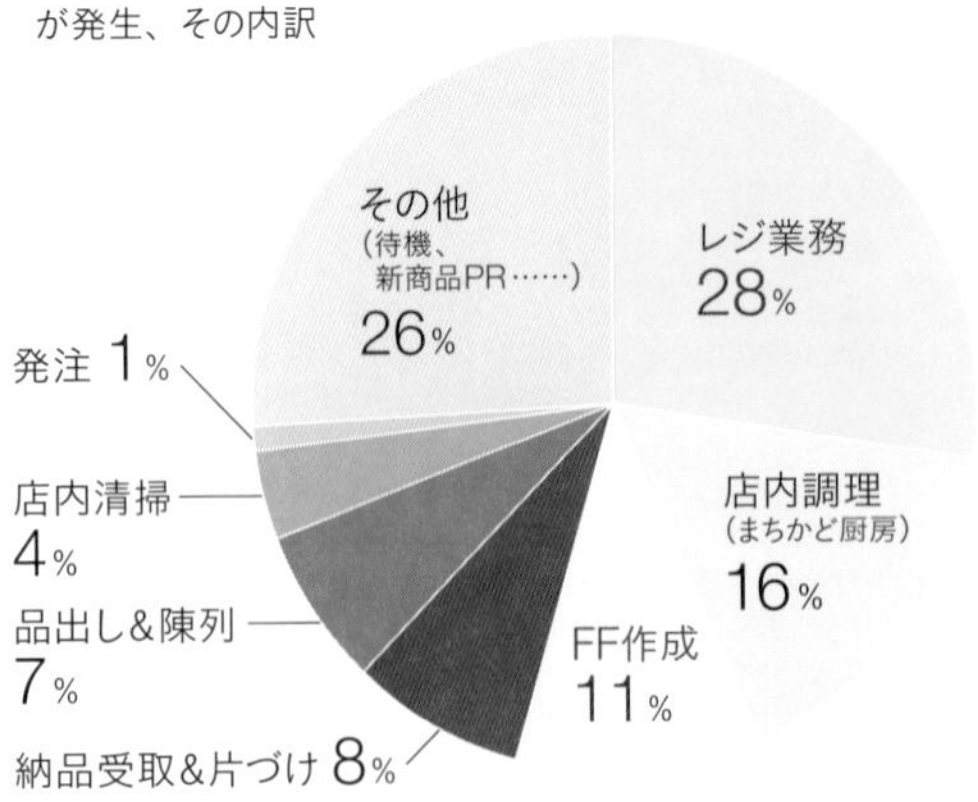

店内調理＝サンドイッチ、弁当等
FF＝カウンターファストフード（からあげクン、おでん、中華まん……）

あるが、コンビニの仕事はマルチタスクに特徴があり、レジだけではない。おでんのツユを足し、中華まんを温め、宅配便を受け取り、公共料金の支払い伝票にハンコを押し……と、業務の種類がとにかく多い。

それでは、店内調理とFF作成もやめてしまえば計27%の人手もかからなくなり、レジと合わせると55%になるから、従来は2人のところを1人で回せる、との計算も成り立つ。だが、なぜ27%もの時間をかけてこうした手間のかかる作業をやっているのかといえば、自社製品（おでん、中華まん、弁当類）は利益率が高く、その労働コスト以上の大きな儲けを生み出すからだ。失う利益を考えると、これら自社の温めモノをやめる選択肢はない。

コンビニやスーパーで実現可能なのは、「セルフレジ化の追求」である。既にセルフレジは、イオン等の大型スーパーで一般化しているが、コンビニでも朝昼の集中利用が多いオフィス街を中心に、客が自分でバーコードを読み込ませて支払うセルフレジが導入されつつある。「一定の万引きが発生しても、それを上回る人件費削減効果と売上増効果があればOK」との考えによる。

最先端は、現在、利用できる店が増えつつある「ローソンスマホレジ」。その名の通り、専用アプリ（あらかじめクレジットカードなど個人情報を登録）を入れたスマホのカメラがバーコード読み取り機となり、自分でアプリ上で決済すると、QRコードが画面に表示

「ローソンスマホレジ」ではスマホのカメラが読み取り機になる

され、退店時にそのQRコードをリーダーにかざすと、一瞬で「ありがとうございました」と自動アナウンスされ、必要ならレジ袋に自分で入れて退店。利用してみると、レジの待ち時間はもちろんゼロ秒で、店員も一切関与しないため、ストレスフリーで快適だった。

一方で、この仕組みは万引きを誘発しやすい。出口にチェック役の店員が常駐し、ちゃんとすべての商品を読み込ませているかを、購入履歴に基づく信用度に応じて、一定の頻度で突き合わせることが望ましい。だが、規模が小さいコンビニでそこに1人スタッフをとられると人件費がかさみ、コスト高になるジレンマがある。結局、利用者層が限定され治安が保たれたオフィスビル内など特定の環境下のみでしか、コンビニの「セルフレジTO GO（そのまま出る）」は実現しにくい。これは出入口に鉄道のような改札機を設け、スマホアプリで入退場すれば解決するため、深夜帯を無人化する有力な方法※だ。

オランダ最大手のスーパー「アルバート・ハイン」は、駅ナカのコンビニ的な小型店「アルバート・ハインto go」を出店しており、ここの割り切りぶりは、すがすがしかった。たとえば私が滞在したホテル近くのアムステル駅は、あのUberの中間持ち株会社（租税回避目的）が置かれているようなビジネス街の駅であるが、2つの有人レジに対し、10個ほどのセルフレジがずらりと並ぶ。セルフレジ比率が、8割強。客は、バーコードをピッと読み込み、どんどんマイバッグに詰めていく。読み込みをミスしたまま詰めて

無人化する有力な方法

ローソンが2019年8月に横浜市の店舗で実施した深夜帯の実証実験では、「有人レジなし」の自動店舗が実現。0〜5時で売上の約半数を占める「酒類とタバコ」を売れない（法律で年齢確認と対面販売を義務付けられている）ことが障害となって、売上は低迷した。非対面でも「マイナンバーカード＋顔認証」で販売可とする法改正が必須といえるが、働き手不足が深刻化するなか、政府の動きは鈍い。

しまえば簡単に万引きできる。現地の日本人駐在員に聞いても「読み込んだフリしてバッグに入れちゃえば、あれ万引きし放題ですよねぇ」との感想だった。

スキポール空港内の「アルバート・ハイン」は有人のみのレジ3人体制で、ずいぶん客が並んでいた。それを見て、私は買うのを諦めた（機会損失＝売上と利益の減少）。レジの行列が売上を減らすのは確実だ。空港は、様々な所得水準の人たちが利用するのと、盗んでそのままフライトで逃げることも可能だから、有人のみとしているのは納得だった。

つまり、計算式はシンプルである。セルフレジを導入しない場合に発生する「客を並ばせることによる機会損失＋レジ人件費」＞「万引き額」（＝顧客層の民度に依存）ならば、セルフ化したほうが合理的だ。オランダは、日本よりも年間賃金が34％も高い国※（2018年OECDデータで平均年収5万4262ドル）で、教育水準も高い豊かな国なので、普通の駅ナカでセルフ化が実現できてしまう。この便利さは「豊かさの配当」といえる。

日本だと、たとえば都内の目黒や恵比寿といった、利用者の所得水準が明らかに高めな駅であっても、駅ナカのコンビニで無人レジ比率8割にしてしまったら、中高生が遊び半分で万引きしまくる状況が、自分が駅を利用していた経験からも容易に想像できる。だから、オフィスビル内にある、利用者の8割がたは周辺に勤務するビジネスマンで、朝昼の集中時間帯の行列による機会損失が大きい、ごく特定の場所にある特殊なコンビニにしか、セルフレジを導入できない。日本は貧しい国なのだ。

年間賃金が34％も高い国

2018年、オランダはOECDデータで5万4,262ドル、日本は4万0,573ドル。

ただ、有人レジに並ぶにせよ、その前段階で客が自分のスマホアプリでスキャンし終えてQRコード表示されていれば、店員は中華まんやおでんなど手作業が必要な商品に特化してレジで会計を追加し、袋詰めもセルフとし、迅速に客を流していくことができる。客も、1%でも割引になるなら、さっさと自分のスマホで店内回遊中にバーコードスキャンしてからカゴに入れる。この合わせ技が、全員ハッピーな日本の最終形だろう。

客数が減る夜間は、店の出入口を改札方式にして、事前登録済みの客のみ入店可能とし、監視カメラを張り巡らして万引き防止策を講じることで、無人化も可能だ（中華まんやおでんはなしで売上はその分減る）。

なお、2018年1月に一般オープンした「Amazon Go」が〝レジなし店〟として話題となり米国で店舗を増やしてはいるが、日本の平均的なコンビニサイズで100台超といわれる膨大な数のカメラやセンサーの設備投資と維持管理費、それに対する、3割に過ぎないレジ人件費のコストカットメリットや各種機会損失（支払い伝票、宅配、肉まん、おでん……）を比べると、投資対効果は小さく、日本の通常サイズのコンビニでは、まずペイしない。

スーパー最終形はスマホレジでウォークスルー

では、スーパーはどうかというと、やはり「スマホレジ」が最終形である。現在、オランダの大手スーパー各社では、客が入り口の充電コーナーで専用端末をピックし、店内では、商品をその端末でバーコードスキャンしながら、マイバッグにどんどん入れていく光景が見られる。日本ではマイバッグマナーと称して「レジまで商品を入れないでください」とアナウンスされるが、全くそんなことはない。

出口でその端末を店員に渡すと、デビットカード（オランダの銀行が発行するキャッシュカードはすべて対応。つまりオランダ人はほぼ全員が保有）を「ピッ」とかざして支払い終了。店員は、怪しければマイバッグの中身をチェックするはずだが、私が見た限りノーチェックだったので、ものの10秒でレジを通過する。店員は、端末を受け取ってモニター画面に商品と価格を表示させ「はい決済して」くらいの作業だけだから超らくちんだ。ジャラジャラ小銭のやりとりに店員が時間を浪費している労働生産性が低い日本のレジ風景はない。給料が34％高い国は、実に合理的、スマートなのだった。

この専用端末は、入り口に数十台が並べられ、最初にＩＤでログインするそうだが、ローソンを経験している筆者は、正直、「自分のスマホでいいのに」と思った。どちらでも

オランダの大手スーパー「ユンボ」の入り口にある端末充電所（2019年８月著者撮影）

同じこと（データ蓄積、カスタマイズされたクーポン発行、決済）ができるからだ。専用端末の維持管理費や、端末をレジから入り口まで運ぶ手間もいらなくなる。実はローソンの「スマホレジ」は、世界最先端なのだった。

スマホレジ&マイバッグ（ない人は入り口でセルフ購入）で店内を回り、出口で、客がスマホのQRコードをかざすと、モニター画面に購入済み商品と支払い済みであることが表示され、未決済者のみここで支払い、店員は目視でマイバッグの中身をチェック。これが、中規模以上のスーパーの、究極の最終形である。

スマホレジ割引をすることで、大半の客はここに収斂《しゅうれん》していくはずだ。この最終形によって、レジで店員が1品ずつバーコードを読み込むという作業はまるごと削減できる。決済のほうは「電子決済にポイント付与」を2020年6月以降も継続する国の政策次第で、こちらもいずれ8割がた減らせる。そうなると、客がスマホ画面のQRコードをかざして、店員がOKするだけだから、ほぼウォークスルー化する。レジに常時10人を配置しているスーパーなら、スマホレジ&電子決済で、2~3人程度にできるだろう。

外食店の注文とりと決済が消滅へ

コンビニ・スーパーでは、ほぼ接客業務は不要だが、外食店はこれが不可避的に発生する。

現在、マクドナルドやバーガーキング、回転ずしチェーン各社、大戸屋……といった大手チェーン店が、国内外で、「パネル注文」「スマホ注文」を導入し、オペレーションの自動化を進めつつある。これらの「ファストフード&ファミレス」業態でのみ、自動化は進む。「いらっしゃいませ、デニーズへようこそ!」は、実質有料(人件費)なので、お客さんのニーズは低い。挨拶なしで割引になるなら、ほとんどの客は割引を選ぶだろう。客は、居酒屋のようなコミュニケーションを、ファミレスではあまり求めない。

ここでも、やはり最終形はスマホアプリに収斂されていく。マクドナルドの「モバイルオーダー」が日本国内の一部地域で実施され、私も利用してみたが、これ以上はない快適で便利なものに仕上がっていた。入店後、席に着き、アプリを起動。一気通貫で注文から決済まで終え、テーブルに記された席番号を指定して待っていれば、店員が笑顔で運んできてくれる。完全ペーパーレスで、カウンターに並ぶ必要もなく、テーブル会計も実現し、一切の無駄はなく、最低限の適度な店員との接触(マクドナルドが重視してきたスマイル)も受け渡し時に残っている。

注文を受ける作業と、お金を受け取る決済の作業が自動化されることで、店員は「調理と客席までの配膳」の作業に特化できる。同様に、上越新幹線が、席に座ったままスマホから飲食料品を注文できるサービスを期間限定で導入したが、ワゴンサービスよりも、はるかにスマートだ。

中国では一歩進んで、お客と同じ店内を動き回る「配膳ロボット」も既に稼働しているが、狭い日本の店内スペースを考えると、回転ずし屋で実現している「特急レーン」※が限界だ。配膳ロボットは、エンターテインメント的な要素でテーマパークなどではありうるものの、街中の通常店舗では実用性がなく、将来にわたって、そこは人間業務として残るだろう（「手先ジョブ」エリアの職業群参照）。

日本の外食チェーンでは、机の据え置きパッドからの注文のみ、という中途半端な形で自動化されつつある。料理と一緒に、紙の伝票を必ず店員が持ってきて、それを客に持参させせて、客をわざわざレジの列に並ばせる。客を列に並ばせるのは最悪のサービスで、実に不愉快だ。せっかく満腹になっていい気持ちで店を出て行きたいのに、パンの配給列のように「突っ立って並べ」と強制される。技術的には全く不要になったにもかかわらず、だ。

私は大戸屋のお客様相談センターに「パネル注文は評価するが、最後に支払いで並ばせる意味がわからない。パネルにQRコードを表示させせて、着席のままスマホアプリで読み込み、登録済みクレジットカードで支払いを終えられるようにしてほしい。そうすれば店員の決済作業もなくなってラクになるし、客も並ばずに済むから、全員ハッピーでしょう」と提言したことがある。「支払い済み」を示す画面がパネルとスマホの両方に表示さ

特急レーン

通常の回転レーンとは別の上の層に設けたレーンで、
特定のお客さんに一直線で1皿を届けることができ、
お客さんの眼の前で自動的に停まる。

れ、それを店員に見せて退店――それでよいではないか。技術的にも、今すぐ実現できる。マクドナルドを見習って、スマホで注文も決済も終えられるようにすれば、客も店員も全員がハッピーだ。

ここでも障害となるのは、「8割がたが現金払い」という〝現金の壁〟である。ロイヤルホストでは12種類のクレジットカードと12種類の電子マネーを利用できるが、それでも客の8割が現金決済※なのだという。

逆にいえば、電子決済比率は2割。この数字は、統計データにも重なる。日本のキャッシュレス決済比率は、2017年実績で全体の21・3%にとどまっている。※うち約9割が、お店側の手数料が高く、負担が重すぎるクレジットカード決済で、残りも同様に手数料が高い電子マネー。手数料を最も安くできるデビット決済はほとんどゼロに近い。経産省は、大変志が低いことに、これを「2025年までに40%に引き上げる」という怠惰な目標を掲げ、やる気がない。

これは政府の政策次第なので、少なくとも「将来的に8割」という政策目標を達成するまでポイントキャッシュバックを半永久的に続けるなど、政治主導で最低限の仕事をしてほしい。現状では、店側のインセンティブが弱い。店は電子決済になることで、3%強の手数料をクレジットカード会社に払うコストが発生し、カネの流れが税務当局に筒抜けになるなど、デメリットが多い。電子化投資をしても、客側が8割キャッシュだと業務量を

客の8割が現金決済
「キャッシュレスにすると、間違いなく売り上げが下がります。2割ほど落ち込むのではないでしょうか。なぜかというと、ロイホの8割は現金で決済されているから」(『ITmedia』2019年1月2日、ロイヤルHDの野々村彰人・常務取締役発言)。

日本のキャッシュレス決済比率
キャッシュレス推進協議会調べ。国際比較は221ページ参照。

削減できず、レジを締めるにしても現金決済と電子決済の二重の締め作業が発生し、人件費を減らせない。これでは電子化投資と決済手数料増の、ダブルパンチだ。

そうなると、一等地にある、客の行列ができて売上機会損失が大きい一部の店を除き、現状維持が正しい経営判断となる。日高屋やサイゼリヤが「現金のみ」としているのは、政府が手をこまぬいている現状では、経営判断として正しい。3％以上も手数料をとられたら、薄利多売の外食業※では、利益がまるごと吹き飛ぶ。

いずれにせよ、外食店で支払いを1台のレジに集約する時代は早晩、終わる。一方的に店側だけの都合を押し付けており、客にとっては不愉快なだけだからだ。顧客ニーズがない作業がテクノロジー進化で消え失せることは、歴史が証明してきた。現在は高級店でしか実現していない「テーブル会計」が、大半の外食店で当たり前になる。それが、マクドナルドという最も大衆的なファストフード店から始まっている点が面白い。そして、販売店員のホール業務は「配膳と片づけ」に特化され、「注文とりと決済」の分だけ、頭数が減っていく。

人間のホテルフロント業務はイレギュラー対応のみに

宿泊サービスを売る「ホテル」のオペレーションでは、自動化できる範囲は少ないもの

薄利多売の外食業
サイゼリヤの売上高経常利益率は4.9%（2019年8月期単体）。手数料で3%もクレジットカード会社にもっていかれたら利益が6割も吹っ飛ぶ。

の（大半は人間にしかできない「手先ジョブ」のエリアに属する業務）、フロント業務のレギュラープロセスは自動化できる。すなわち、一連のチェックイン業務（受付→宿泊台帳に記入させる→決済→部屋を割り当てキーを渡す）と、チェックアウト業務（キーを受け取り、追加支払いがある場合のみ決済）は自動化できる。日本では、なぜか「変なホテル」以外はやっていない。

人的サービスに付加価値がある高級ホテルや高級旅館は別として、客がコストパフォーマンスと時間効率のよい宿泊を望むビジネスホテルチェーンにおいて、この定型マニュアル業務を人間が行う理由は1つもない。航空機のチェックインは既に人を介さないよう進化し、座席指定もネットから事前にできるのが当たり前になった。ホテルも同様に、技術的には自動チェックイン＆部屋指定が可能だ。

旅館業法の規制※は理由にならない。ネット予約時にすべて申告し、チェックイン時に予約番号やＱＲコードで呼び出すだけ。厚生労働省通知によって、外国人はパスポート番号の保存が必要だが、空港の入管プロセスと同様、機械化可能だ。問合せはシェアードサービス※でよい。

鍵は「スーパーホテル」が導入している暗証番号方式（レシートのような紙に印字またはスマホアプリ表示）か、アリババのホテル「FlyZoo」やＨＩＳ「変なホテル」が実用化している顔認証（チェックイン時に登録）で、カードや物理的なジャラジャラした鍵は

シェアードサービス

1か所に集約してサービスを提供すること。サービスの間接部門を共有（＝シェア）することで、バラバラに提供するよりも専門性は高まり、品質や業務効率が上がる。コールセンターが代表例。

旅館業法の規制

営業者は、宿泊者名簿を備え、これに宿泊者の氏名、住所、職業その他の事項を記載し、当該職員の要求があったときは、これを提出しなければならない。

持ち運び不要となる。ロックアウトされることもなくなる。部屋も、飛行機や新幹線同様、自分で空いているところから選ぶのが、最も納得性が高い。スタッフが裏で操作しているように見えるから不信感が出る。

チェックアウト時には、客側に何らの作業も発生しない。現在は、カードキーをドロップボックス（回収箱）に入れてチェックアウト、というホテルは増えてきたが、物理的な鍵がなくなれば、その返却作業すら不要となる。予約時に既に支払い済みで、追加分もデポジットとしてカード情報を登録済みなので誰も困らない。私は精算不要の場合に、鍵は部屋に置いてフロントに寄らない。並ばされて時間の浪費となるからだ。なぜお客さんが無用に時間を提供しなければならないのか理解に苦しむ。大人しく列に並ぶ人がいるから、いつまでも変わらないのだ。

「インターシティホテル」（ドイツ、2019年8月に利用）では、既にアプリをインストールすることで、チェックインもチェックアウトも精算も、すべてスマホアプリ上から完了でき、滞在中の部屋の鍵も自分のスマホで代用できるようになっていた。スマホのバッテリーさえあれば部屋番号を忘れる心配もない。この方式が、航空会社に一番近い。

アプリ以外の客の場合、ホテル側が清掃の関係でリアルタイムにチェックアウト時刻を知りたければ、ドアに「チェックアウト済みボタン」でもつけておけばよいし、追加的な支払いが必要なら客室内のパネルで確認してクレカ精算でもよい。そもそもチェックアウトでフロントに並ばされること（チェックアウト時間は皆同じだから列ができる）そのものが、最悪のサービスなのだ。顧客ニーズがないどころか、ストレスを生む。ホテルで一番のストレスは、用もないのにフロントで並ばされ、スタッフが何やら意味不明なＰＣ作業をしている間に待たされ、貴重な時間を奪われることだ。

客は、フロントで、到着時も出発時も、１秒たりとも並ばされたくない。１秒たりとも、だ。何の付加価値もないどころか、長旅で疲れているなか、重い荷物を背負った客を待たせる行為は、嫌がらせでしかない。１度、アンケート調査でもしてみてほしい。人間が２人いるより、機械が５～10台あったほうが待ち時間はなくなる。人間はイレギュラー対応やコンシェルジュ機能に専念すればよい。その場合、物理的にその場にいる必要はなく、プロがコールセンターで対応したほうがクオリティーは上がる。

全館満室を狙う契約違反の悪習

なぜ技術的に可能なのに、機械化が進まないのか。私の経験から言えるのは、透明化すると困るグレーな事情がホテル側にあるのが一因だ。たとえば日本のホテルの悪習として、客が予約した部屋を、人気のない埋まりにくい部屋（広くて価格が高い）に無断で差し替えてしまう、というのがある。なぜかというと、全館満室に近づけるためには、最後に、値段がお手頃なシングルルームを残しておいたほうが都合がよいからだ。たとえば、飲み会が長引いて都心から帰れなくなったサラリーマンは、とりあえず寝られる部屋を選ぶ。そこでは、ツインルームは選ばれにくい。

私は藤田観光が経営する別々のホテルで2回、これをやられた。本社に「そういうことですよね」と追及すると、しぶしぶ認めた。「お客様の了解を得て替えるのが原則ですが、徹底されていませんでした」と、同じ言い訳を2回ともしてきた。現場の運用はそうなっておらず、2回とも了解を得ずに鍵を渡され、1回目は既に予約していた部屋タイプは満室だ、とまで言われた。当然、契約違反なので最終的に無料にさせたが、なぜか正当化しようとゴネられ、極めて不愉快な思いをした。この1回目に、再発しないよう伝えたが、結局、会社は反省せず2回目が発生した。

それぞれ1回ずつだが、「ザ・リッツ・カールトン」と「アパ」でも、同様に無断で部屋を差し替えられて以降、利用しないことにしている。いずれも、いかにも埋まりにくそうな部屋だった。ホテルの稼働率を上げるために、言い換えれば、ホテル側のカネ儲けのために、客が時間をかけて選定した部屋タイプを無視して、ただ広いだけの人気がない部屋に、無断で差し替えられた。そんなことが横行したら、予約する意味がない。

自動化によって、こうした業界で横行する悪習は撲滅される。無断で、契約と異なる部屋のキーを機械が出せるはずもない。むしろ、ＡＩが埋まり具合の予測を高い精度で行い、満室にするための秒単位の価格調整（ダイナミック・プライシング）や、予約者に対する直前の部屋タイプ変更依頼を自動で行うことによって、空室が極限まで減り、顧客満足度とホテルの利益が、ともに最大化される。ＡＩの活用と自動化によって、収益性が上がるだけでなく、業界が一歩、浄化され、全員がハッピーになるわけだ。

2 「手先ジョブ」エリアの職業群

技能集約的で、人間の強みがあるものの、顧客からみたら人間でも機械でもどちらでもよく、技術的に機械化が不可能であるがゆえに人間の業務として永遠に残り続けるものが、２「手先ジョブ」エリアの職業群である。いわば、〝消極的人間ジョブ〟だ。

このエリアのうち、低スキルの仕事には、外国人単純労働者を受け入れている全

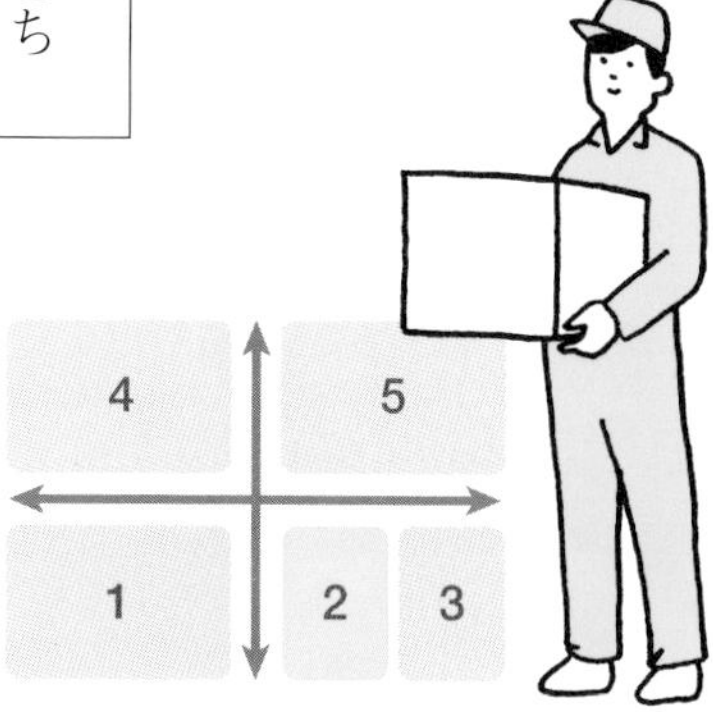

14業種（農業、建設業、宿泊業、外食業……）のうち介護を除く13業種が、まるまる入る。高度な日本語は問われず、文字通り「人手」が必要で、人手を使ってしかできない——そういう類の仕事である。

難易度には濃淡があり、機械やインフラ関連（橋、道路、電気・水道……）のメンテナンス作業のように、知識と熟練を要する作業も含まれる。グローバル化の進展によって、重力のように最低賃金に収斂していく「重力の世界」、すなわち日本人であるメリットのない業務の大半は、ここに属する（前著『10年後に食える仕事　食えない仕事』参照）。

清掃は永遠の人間業務

たとえば「清掃」にしても「配達」にしても、人間だろうが機械だろうが、仕事の結果が同じになるのなら、どちらでも構わない。ところが、機械にはできない作業が多い。最後の詰めは、人間の手先にしかできないからだ。第一章で述べた人間の強み「手先ワーク」が、これとイコールである。

このエリアは、国際的に日本人が強みとする仕事が多い。羽田空港は、英国の格付け会社「SKYTRAX」の清潔度調査で、世界550の空港のなかで1位（2019年まで4年連続）を定位置としているが、NHK『プロフェッショナル　仕事の流儀』では、その立役者として、羽田ひとすじ20年のカリスマ清掃人・新津春子氏が複数回取り上げられた。2015年の初回放送は、なんと同番組内で年間最高視聴率を記録したというから、日本人の清掃にかける関心の高さがよくわかる。

客がいなくなった夜中に、トイレの隅々まで、何種類もの溶剤と道具を駆使して汚れをとって磨きあげ、果ては、床の光沢を測る機械で光度（光りっぷり）まで定期的にチェックし、足りなければ磨き直す。手作業の為せる業である。ルンバがいくら進化したところで、人間の指先には勝てない。自動化できるのは、広々したフロアの一次清掃（大きなゴミをとる）程度で、これは米国でウォルマートのような大規模小売店が導入を進めている。ただ、隅々まで行き届くはずもない。人間の手先は、代わりのない、偉大な業務ツールだ。

清掃が「低賃金の移民の仕事」とみられがちな海外の先進国の人が見たら「え？　なぜそこまで」と思うだろうが、目につかない裏側まできっちり作業するのが日本らしさ。顧客のためというより、その仕事そのものへの忠実な没頭、自己陶酔的なレベルアップ（昇華）、極めること＝いわば「道」、だったりする。「清掃道」だ。これが過剰サービスや長時間労働、労働生産性の低下につながる一因でもあり、海外からは理解されにくい一方、その不可解な神秘性は「KonMari」※のようなスターを生み出す背景にもなる。同氏ベスト

KonMari
近藤麻理恵。『人生がときめく片づけの魔法』が世界40か国以上で翻訳出版。2019年1月1日よりNetflixでドキュメンタリーシリーズ番組『Tidying Up with Marie Kondo』が公開された。

セラーの米国版書籍の副題には「Japanese Art」※の文字が入っている。
日本人の清掃へのこだわりは、義務教育課程にも組み込まれた文化なので、今後も「テキトーでいいよ」となる見通しはなく、この根強いニーズは変わらない。文部科学省の学習指導要領では「1人1人のキャリア形成と自己実現」の一環として「清掃などの当番活動や係活動等の自己の役割を自覚して協働することの意義を理解し、社会の一員として役割を果たすために必要なことについて主体的に考えて行動すること」（平成29年告示）と記され、皆で清掃する。

これはベルリンを訪れて思ったことだが、ドイツの国有鉄道「DB」（ドイチェ・バーン）は日本の鉄道とすべてが真逆で、遅延は多く、駅員は少なく、車内や駅の清掃も、ほとんどしていないように見えた。呆れたのが駅構内で、地面に黒い出っ張りが30センチ置きくらいにそこかしこにあって、何かの模様かと思ったら、ガムがへばりついて、長い年月を経て黒くなり、地面とほぼ一体化しているのだった。日本なら翌日にはヘラではぎ取られるようなものが、完全放置だ。

小学校からやり直せ――と思った次第であるが、清掃に対する教育や感覚の違いは、実に大きい。現地でドイツ人（30代公務員）に聞くと、「ドイツでは小学校で教室の床や廊下を生徒が掃除することは全くなくて、それは主に移民の専門清掃スタッフの仕事です。生徒がするのは、授業毎に黒板をきれいに拭くくらい」。義務教育から違うのだ。

Japanese Art

The Life-Changing Magic of Tidying Up: The Japanese Art of Decluttering and Organizing。

日本で求められるハウスキーピング水準

「ロボティクス失業」エリアで述べたホテルフロントに対し、同じホテル内業務でも、ハウスキーパー（客室係）のほうは、「手先ジョブ」エリアで、人間の仕事として残り続ける。ベッドのシーツを換える作業が自動化される可能性はない。ではレジのようにセルフ化できるかといえば、格安の学生向け「ユース・ホステル」はともかく、大半のホテルでは、それが本業の付加価値そのものを構成するため、ありえない。やはり人間の器用な指先があってこそ、だ。

私が2019年に欧州滞在した際にホテルにチェックインすると、ベッドシーツに長い髪の毛が2本くらいあったり、白いタオルに薄黒いシミ跡が残っているのは普通だった。いずれも「Melia」「Novotel」等の欧州系ビジネスホテルチェーン（1泊1万〜2万円）だ。日本の格安ホテル（スーパーホテルや東横イン）よりもお粗末だったが、それはサービス大国・日本人の感覚。欧州人は細かいことは気にしない（よって労働者はラクだ）。

日本で求められる厳格なマニュアル管理やサービス水準を考えると、人間が隅々まで目を光らせてゴミや髪の毛の有無をチェックする以外に方法がなく、日本におけるハウスキーパー職に、機械化の余地はない。

シーツに限らず、タオルや室内着（ガウン等）などの、いわゆるリネンを洗濯機に入れ、乾燥したものを取り出して1枚ずつ畳んでゆく、という一連のクリーニング作業も、機械化できない。この「畳む」工程の自動化に家庭向けでトライしたランドロイド社は、2019年4月、東京地裁に自己破産を申請し、破たんした。視覚と触覚と微細なロボティクスの迅速で正確な複合工程となる人間の手先は、実に偉大だ。クリーニング業界に外国人技能実習生が多数、送り込まれているのは、必然といえる。

手先作業が必須なアパレル縫製

手先ジョブエリアの伝統的な職業といえるのが、衣服の製造である。これは人間の手先が必要不可欠な労働集約産業であるがゆえに、人件費が安い国が担う業務の定番であり続けている。日本では、大正時代の『女工哀史』にて製糸工場で働く女工たちが描かれ、経済発展した戦後は、貿易摩擦（日米繊維交渉）のタネとなり、20世紀末は中国へ。中国の人件費が高騰した近年は、ベトナム、カンボジア、ミャンマー、バングラデシュなどに移り、今後はさらに人件費が安いアフリカ諸国に移転していく見通しである。

単純な無地のTシャツくらいなら全自動も可能であるが、衣服の特徴は多品種少量生産でデザインもどんどん変わっていく点にある。これは「ZARA」や「H&M」の売り場を見れば一目瞭然だ。半導体や薄型テレビのように、同じモノを大量生産するわけではないので、手先の触覚を駆使した縫い合わせ作業は、人間にしかできない。

縫製と同様に、運送業や配送センター内で荷物を扱うピッキング業務（職種としてはピッカー、雇用先としてはヤマト運輸やアマゾンなど）、小売業で商品をトラックから降ろして店頭に並べる荷受け・陳列業務、外食業で配膳したり片づけるホールスタッフ（ウェイター）も、代表的な手先ジョブエリアの職業。このあたりは身近なところなので、説明不要だろう。

ラストワンマイル、建設・施工・メンテナンス職

タクシー運転手や宅配配達員、フードデリバリースタッフは、前述のとおり、都心（中心街）に限っては自動運転が実現不可能であるため、永遠に人間が担当することになり、このエリアであり続ける。

中心街はオフィスも多く、エレベーターや階段を使って届けるケースが頻繁に出てくる。これら、いわゆる「ラストワンマイル」職種は、手先ジョブエリアの典型として残り続ける。同様に、引っ越し業が自動化しないのも明らかだろう。

「機械でも人間でも結果が同じならＯＫ」という点では、建設・土木の施工や、メンテ

ナンス職もこのエリアだ。家もビルも橋も道路も、全く同じものはなく、土地の形状・面積・気候・利用のされかたが、すべて異なり、そのメンテナンスも人間にしかできない。

空調のメンテナンス会社を経営する社長（40代職人）によると、「消耗品がある以上、人間が交換する作業が定期的に発生するため、自動化は不可能」との認識だった。「ベアリングやベルト等の駆動部は、どうしても消耗しますから、定期的に交換作業が生じます。特に厳格なのは、銀行の電算ルームや、温度管理が厳しい半導体工場のクリーンルームで、原則2万時間ごとに定期的に部品交換します」（同）。目詰まりしていく「フィルター」のほうは、別途、その専門業者が、交換作業を担当するという。

メンテ不要な空調機器が開発されることはないのだろうか。「自分が知る限り、この40年間、基本的な空調の仕組みは変わっていません。原理的に、ファンを回して空気を送り出す以上、駆動部のベアリングとベルトが必要で、これらは必ず消耗していきますから、交換作業が発生しますし、交換には技術が必要で、廃棄物も出ますから、セルフ化も無理でしょう」（同）

メンテに関しては、鉄道や飛行機のメンテ、自動車のメンテ、道路や水道、電気・ガス管のメンテと、インフラ全般にすべてメンテが必要で、命に関わるものほど、カットできない。この分野は、社会全体に現場が広がり、人手が必須であり続ける。

そして、長年の熟練が必要な指導的立場になると、図の右側の「職人プレミアム」となり、より高度なスキルで柔軟な対応を求められる、緊急対応業務にもあたる。こちらは自然災害時などに現場に出て行くボディワークとなり、顧客の信用に応える、より社会性が高い仕事である。

3 「職人プレミアム」エリアの職業群

技能集約的な職業のうち、「人間が行うことに積極的な付加価値が生じるもの」が、この3「職人プレミアム」エリアの職業群である。図の左隣の「手先ジョブ」(機械ではなく人間でも機械でも顧客にとってはどちらでもよい)との違いは、顧客が、人間の作業に価値を感じてより多くの対価を支払う点にある。営業や看護・介護などの対人サービス職、伝統的な熟練を要するモノ作り職人、身体性(ボディ)が不可欠となる警察・消防・自衛隊などがこのエリアだ。

その中核業務においてＩＴやＡＩを活用する余地は少なく、ＡＩとの相乗効果も期待できない代わりに、その影響もほとんど受けない。つまり、テクノロジーとは無縁で、ＡＩやＩＴにアレルギーを持つ人にとっての一番の逃げ場となるエリアだ。左隣の「手先ジョブ」よりも雇用が安定しており、報酬水準としても中間層を形成し、上振れもしやすい。

美容師、理容師、接客系全般

美容師や理容師は、髪を切ったりセットするという「結果」に加え、いわゆる床屋談義のような雑談や、より本人に合うスタイルなどのコンサルティングといった「プロセス」に対して、顧客が付加価値を感じ、料金を支払う。人間的な会話や手先の技術が揃って、はじめて成立する職業だ。人間の強みである５つの要素（創造ワーク、感情ワーク、信用ワーク、手先ワーク、ボディワーク）を、すべて必要としている。

ウェイター（ホールスタッフ）で言えば、通常の料理を運ぶだけの外食店ウェイターは「手先ジョブ」（２）だが、気遣いを要するバーテンダーや、高級店で素材や調理法を説明し質疑応答できるスタッフには本質的に「職人プレミアム」がある。活気がある居酒屋の店員も、人間の強みを発揮する。この違いは何か。

「居酒屋は、雰囲気を求めてやってくる客が多いんです。アルコールを飲みに来てるから。そこが普通のメシ屋とは違います。店員と会話したいニーズがあって、お客さんとのコミュニケーションが、店員から見た仕事の魅力でもあります」（30代モンテローザ元店長）

チェーンの居酒屋ですらこうなので、小規模の料理屋や寿司屋は言わずもがな、だ。客の感情に配慮した「感情ワーク」なのである。声出しなどで店の活気ある雰囲気を保つのも、店長の重要な仕事となる。私は、ワタミ過労死事件を受け、この業界の社員を多数取材したが、概ね皆が同じ見解であった。

これも日本ならでは、と言える。サービスという概念が存在しないような国は、インドにせよドイツにせよ、非常に多い。料理そのものは言うまでもないが、末端のホールスタッフ1人1人まで高い士気を保っている点でも、日本は世界一の特殊性がある。

人間的な接客に付加価値が生じる職業は多い。カウンセラー、マッサージ師、ホスト・ホステス、ホテルマン（旅館の女将）、コンシェルジュ、ケアマネージャー、介護福祉士、旅行の添乗員、セールス全般（特に高額商品）、コールセンターオペレーター、CA、鉄道の車掌……。

外食店の料理人（シェフ、パティシエ）も、顔が見えるほど付加価値が高い。客と話しながら旬のおすすめ食材を料理するサービスは、機械には無理だ。客の感情に配慮でき、創造力が豊かな人間ならではの専売特許である。料理人の仕事は創造ワーク、感情ワーク、手先ワークのコンビネーションだ。永遠に機械に代替されることはない。

これらは、顧客ニーズの存在が大前提となる。ニーズのない接客はただの押し売り、押し付けだ。百貨店のアパレルショップにおける接客サービスは、上乗せされる価格に見合った付加価値が顧客ニーズにないために、どんどん通販に移行している。多くの顧客は、モノが欲しいだけであって、接客サービスは求めていないのである。

修業が必要なモノ作り系職人

「手作りであること」に付加価値がついて、顧客が高い価格を払う製品は多い。職人がハンドメイドで制作する靴や鞄である。たとえばフェラガモの革靴に1足あたり10万円程度の値段がつくのは、同等の性能を持つ製品を機械では作れないことを、消費者がわかっているからだ。

直接、職人との接点はなくとも、間接的に機械ではなく信用あるイタリアの限られた職人の手によって作られていることを、多くの客は理解している。そして、創業以来の歴史や伝統のブランドストーリーにプレミアムを感じ、カネを払っている。

自動車の組み立て（手先ジョブ）は期間工でもすぐに組み立てラインに入れるが、靴や鞄は一朝一夕にできるものではなく、日本料理の職人と同様、年単位の基礎的な修業が必要だ。そこにプレミアムがつき、手先ジョブとは差別化される。

「常識」がボトルネックとなる通訳

文脈や話の流れを理解して翻訳・通訳するプロの仕事は、ＡＩにはできない。「感情ワーク」でも述べたとおり、ＡＩに人間界の常識をすべてインプットすることは不可能で、ＡＩには、統計的に確率が高い翻訳しかできず、人間並みの「理解」は永遠にできないからだ。

翻訳や通訳は、オズボーンに言わせれば、人間ならではの「③Social intelligence tasks（社会的知性が必要なタスク）」であり、この筆者は（この話し手は）何を伝えたいのだろうか――を、幅広い人間界の常識をベースとして、想像し、慮る「感情ワーク」である。

「先日、岡山と広島に行ってきた」と「先日、岡田と広島に行ってきた」の意味の違いが理解できないのが不肖の息子東ロボくんであり、今日のＡＩです――。東大合格を目指したＡＩプロジェクトを指揮した新井紀子プロジェクトディレクターが、その限界を述べた一文は印象深い（『ＡＩ vs. 教科書が読めない子どもたち』（東洋経済新報社、２０１８）

より)。

数学は東大医学部合格レベルまで達した一方、国語の偏差値は50前後で伸び悩んでいる。「私たちにとっては、『中学生が身につけている程度の常識』であっても、それは莫大な量の常識であり、それをAIやロボットに教えることは、とてつもなく難しいことなのです」(同)

常識は、1つ1つ人間がインプットしない限り、AIが機械学習で勝手に覚えることはできない。世界史の点数を上げる過程で、「死んだ人はそれ以降の事柄を起こせない」等の、人間にとっては当たり前すぎるオントロジー※を1つずつ整備していったそうだが、AIは人間でないがゆえに、人間界の常識を自動的にインプットしてゆけないのである。

プロの仕事は100%が求められるが、8割程度の精度でよいなら、AIで事足りる。ビジネスではなく、気軽な観光旅行レベルの通訳業はAIで代替されるし、ニュース記事を読んで概ね理解できればよいレベルの翻訳や、翻訳業者のサポートツールとして活用する翻訳ソフトは、AI化する。だが、やはりプロの仕事は、奪われない。

最もAIが得意としそうなプログラマー業務にしても、技能集約的な面が強いのは確かであるが、常識をもとに顧客とコミュニケーションをとり、顧客ニーズを理解して最適なプログラム言語を選択しプログラムを書いていくという点で、人間の持つ創造力や感情力は必須であり、自動化できる職業とはいえない。

オントロジー
コンピュータが理解できる形式で構造化し、体系的に整理すること。

緊急対応系の職種全般

人間が持つ物理的なボディに価値があるという点では（ボディワーク）、警察官、消防士、救急救命士、自衛官など、一刻を争う現場で臨機応変な対応を求められる、いわゆる「現場を制する」業務全般は、職人プレミアムのエリアに入り、人間の手から離れることはない。毎回異なる現場、異なる場面で、1つとして同じ対象はない。

人命を扱う仕事は、信用がないと任せられず、救命活動は感情に配慮しながら行われ、災害現場ではより創造性豊かな救出活動が求められる。そのための普段からの訓練は欠かせない。テロ防止や違法薬物持ち込みを防ぐための、空港の保安検査員や税関職員も同様だ。犯罪者とはイタチごっこになるため、単純なマニュアル化・機械化が難しい。これらプロフェッショナル職は探知機など様々な機械をツールとして使い続けてきたが、その本質がAIに代替される余地はほとんどない。

災害発生時の鉄道駅や空港スタッフも、職人的な対応を求められる。怒号が飛び交うなか、利用者の不満を抑え丸く収める感情ワークだ。その時々で状況が異なるため、人間にしかできない。

航空機のパイロットも、レールのない空中を飛ぶ以上、常に緊急対応のリスクがある。

乗客はパイロットを信用して乗る。自動車の交通事故は年３０００〜４０００人が亡くなり、バスも定期的に悲惨な事故（２０１６年の軽井沢スキーバス転落事故は15人死亡）が発生する。よって、車については人間が運転するよりも自動運転でより安全になることが期待されている。だが飛行機については、今よりも安全になることを期待できない。前述のとおり、国内では１９８５年の日航機墜落を最後に死亡事故はゼロで、既に現在のオペレーションで１００％に近い安全が確保されている。

機体整備を担当する整備士ともども、こうした人命がかかった信用商売は、人間の仕事として残り続ける、と考えてよい。

4「AI・ブロックチェーン失業」エリアの職業群

知識集約的、つまり、力仕事や職人の手作業のような身体性が少ない職業のうち、クラウド上の自動処理ソフトウェアや高度なアルゴリズム、AIプログラム等に代替されていくものが、図の左上に位置する4「AI・ブロックチェーン失業」エリアの職業群だ。図の右側（人間が強い）との違いは、その職業の中核的な業務が、PCやスマホ上のプログラム等によって無人化・自動化していく点にある。

国の制度に基づいて作られた国家資格の保有者など既得権者が多いエリアで、報酬水準も高めな職業が多い。制度の変更には法改正など5～10年単位の時間がかかるため、既に40代以上の層にとっては逃げ切りも可能だが、若手にとってはリスクが高い。

このエリアでは、従来型の業務は、AIやブロックチェーンといった新しい技術

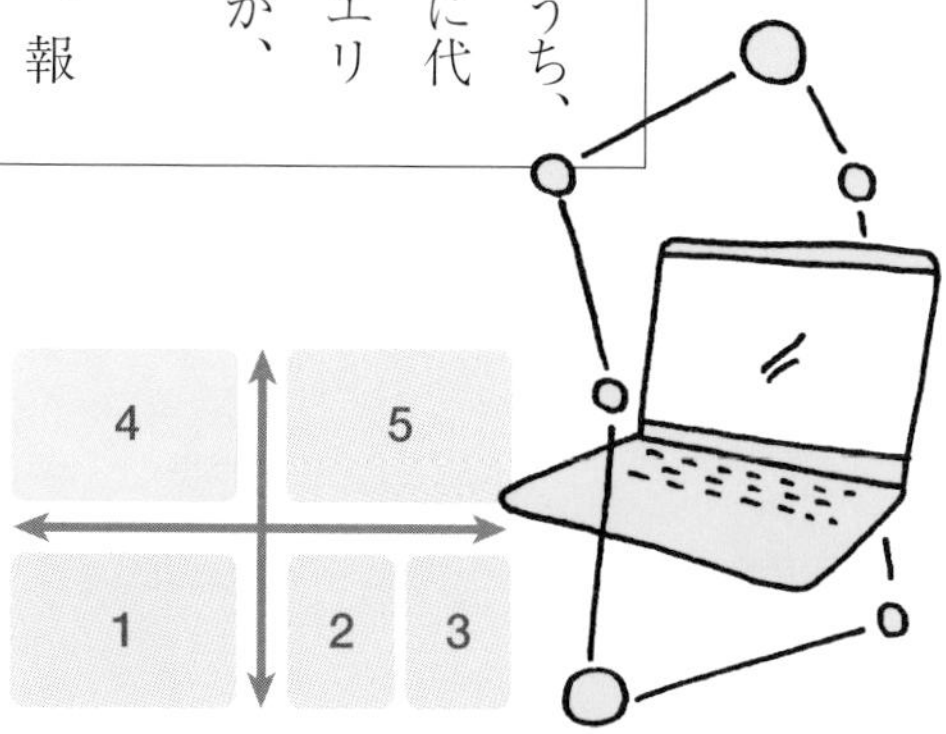

によってネット上の自動販売機のように自動化されてゆく。労働時間で成果が測れない知識労働であるがゆえに、質を変化させることで生き残れるが、自らをモデルチェンジできなければ失業する。一方で、職業によっては新技術の活用で需要が掘り起こされ、後工程で人間にしかできない業務が増えて多忙になったり、新しい形態の仕事が生まれる余地も大きい。

放射線科医「むしろ検査数が増えるのでは」

放射線科医は、このエリアの典型である。現在の業務の大半は、ＣＴやＭＲＩ画像を見て腫瘍を発見するなどの「読影」だ。放射線科は、ひたすら画像診断と向き合う仕事で、患者とは直接、会わないのが一般的。人的コミュニケーションが少ない点からも、機械化されやすい。

胃のＸ線画像やＣＴ・ＭＲＩ画像を、月３０００枚以上見ている放射線科医（40代）は「日本で実用化するまでに10年もかからない」とみている。現在は、すべて人間の眼だけが頼りのアナログ作業。「行政の集団健診で、１日２５０枚見て所見をつけていますが、毎回、眼が潰れそうになります。『癌かもしれない、でもおそらく潰瘍かポリープのどっ

ちかだろう』というレベルの所見が、300人に1人程度です」(同)

こうしたワンショットの健診に加え、病院通院者に対し、週に200人程度の画像診断を担当する。何らかの見逃しは、週1くらいの比率で見つかる。「転移を見落としていた、他のところに眼をとられて小さい病巣を見落とした、デカすぎてスルー……など。それを言い出したら、キリがないのが実情です」(同)

人間による判断なので、医師によって個人差も出る。「所見に書くべきか、を迷うときがあります。自分は、胃炎を『引っ掛けすぎ』と言われている」(同)。こうしたバラツキは、機械では発生しない。しかも、全体として人間よりも機械のほうが、精度が高く見落としも少ないことが判明してきており、導入しない理由はない。

画像診断は、2段階&複数チェック体制をとるのが一般的だ。1次で正常か異常かを振り分け、要精査者をピックアップする。見逃しがないよう複数人の眼で行うことが推奨されている。この1次診断機能のうち、少なくとも片方(いずれすべて)は早晩、AIに置き換わり、より多角的なピンポイントの2次診断以降(生検※含む)や、外科医・内科医・薬剤師らとのコミュニケーション、治療方針の決定などを人間が担う——そういう役割分担になる可能性が高いという。医師の負担は軽減され、診断精度も上がる。

「現在、1次診断の画像チェックに人間が膨大な時間を費やしています。これが機械化されると、その部分では、確かに人間が仕事を失います。ただ現在のところ、放射線科の

生検

生体検査。疑わしい病変の一部を、内視鏡または外科手術で切り取って、菌や腫瘍の存在を詳しく調べること。

画像診断は人手不足の状態なので、雇用を奪われる危機感は全くないです。2次診断以降の仕事はそのまま残りますから、むしろ『便利になる』『人間を下支えしてくれる』という感じ」(同)

興味深いのは、需要の掘り起こしによる、検査件数拡大の可能性だ。「かつてMRIが普及したことで『精度の高い検査ができるのなら、とりあえず撮っておくか』となり、検査件数が増えました。だから、AIで正確に発見できるとなったら、人間の仕事を奪うどころか、むしろ全体の検査数が増え、2次読影以降の人間にしかできない仕事が増えるでしょう」(同)。10年後、放射線科ではAIと人間の協働体制となり、今よりも多い検査件数を、医師が忙しくさばいている可能性が高い(つまり、図の右側の「デジタル・ケンタウロス」への移行を意味する)。

「隈研吾風の設計で」建築士のAI化

同じ画像分析で言えば、建築士の主要業務である「設計」にも、AI化の余地がおおいにある。現状では、CADソフトなどを利用し、ゼロからすべてを人間が作業して図面づくりをする。若手一級建築士の仕事場は、8割が会社、2割が建築現場。会社にいるうちの9割はPCの前におり、うち半分は設計業務そのもの、残り半分がそれをもとにした定例資料作成、だという。
「設計業務において、たとえば敷地条件・建物の高さ・容積率等を入力し、部屋数・部屋の広さ・階数など必要な要件を入れていくと、AIが自動的に設計し、候補となる設計図面案が出てきて、細部の修正や最終的な判断だけを人間が行う――それはありえます」（ゼネコン若手社員・一級建築士）

ベテランの建築士は、過去の経験や納品済みの成果物から、図面案が頭の中やPCの中にたくさんあって、それをベースに最適な図面案を作成していく。この脳内の動きを、何十万という過去データをインプットしたAIが行い、新規物件の要件（部屋数や用途）を満たす、最適なベストプラクティスが候補として自動的にあがってくるAIプログラムは、理論的に実現可能だ。

この場合、「隈研吾※風の設計で」「安藤忠雄※風の設計で」というのも可能だ。既に、「レンブラントの絵と同じテイストの絵を制作する」作業は、膨大な数のレンブラントの絵をAIに学ばせ、その特徴量を自動的に抽出することで、次々に新作が生み出されている。理屈は同じだ。

放射線科の画像診断と決定的に違うのは、答えが1つ（悪性腫瘍か否か）ではない点にある。建築には、多様な価値観を持つお客さんがいる。絵画のように、自分の達成基準だけで完成すればよいわけではない。顧客との合意によってはじめて成果物となる。

隈研吾

木材を使い、「和＝日本」をイメージしたデザインに特徴がある建築家。「新国立競技場」のデザインを手がけた。

安藤忠雄

シンプルなコンクリート打ちっぱなしを多用しつつ、自然との調和を図る点に特徴がある建築家。代表作「光の教会」「表参道ヒルズ」など。

「素材と寸法を入れれば出来上がるわけではなくて、顧客と会話をしてイメージを共有したうえで、たとえば、ひさしにしても『薄く見せたいからこういう素材を使おう』などと、1か所ごとに考えて、最終的にお客さんの合意を得る必要があります。建築物には、1つとして同じ建物はなくて、どれも敷地の形状、面積、容積が異なるので、決めなければならない要素が多く、顧客とのコミュニケーションが欠かせません」（同）。これは人間にしかできない。

何百か所にも及ぶ素材を決め、フルオーダーで設計するのが基本。発注するお客さんに対しても事業責任を負っているので、勝手にアートな作品に仕上げられても困る。未来の建築士は、「9割がPCの前」という状態から解き放たれ、要件を決め、議論し、合意を得るという顧客接点のほうに大半の時間を割くことで、顧客満足度の高い仕事ができるようになる。1人がこなせる件数も増え、仕事の質が、よりヒューマンなものにシフトしていく。

司法書士、行政書士、社会保険労務士……代書業の危機

AIやブロックチェーンといった新しい技術は、「まだITが存在しなかった時代に行政を効率的に回していくために作られた代書業の資格」を、無慈悲にも不要にしていく。

司法書士、行政書士、社労士の3つが代表的なものだ。「代書」と言う通り、紙の申請書を役所の窓口に物理的に持っていく時代が長らく続いたが、ネットの時代になり、その必要はなくなりつつある。

会社（法人）や不動産の登記情報を書き換えるのが、司法書士の仕事である。本来は、名義を持つ本人が行うべきものだが、法務局に行くのも手間がかかるし、書類作成も難しそうで面倒だから、と専門知識を持つ司法書士が依頼を受け、手続きを代行している。

たとえば、誰かがマンションを購入すれば不動産登記が発生し、それを担保にローンを組むなら抵当権をつける登記変更作業が発生し、誰かに不動産を相続されればまた登記事項変更が発生し、会社を設立してその不動産を賃貸に出して家賃収入等を管理するなら法人設立登記が発生し、その役員が代われば登記事項変更が発生し……という具合だ。その都度、司法書士が依頼を受け、代行する仕事が発生する。そしてこれらは司法書士の独占業務として守られる。

不動産がらみの権利譲渡と証明は、慎重に行われない限り、詐欺にも悪用される。積水ハウスが、五反田の廃業旅館「海喜館」をめぐり、いわゆる地面師によって、なりすましの被害にあって63億円もだましとられた事件（2017年8月同社発表）が有名だ。本人確認用の印鑑登録証明書やパスポートなど、

資格業と役人の自動化

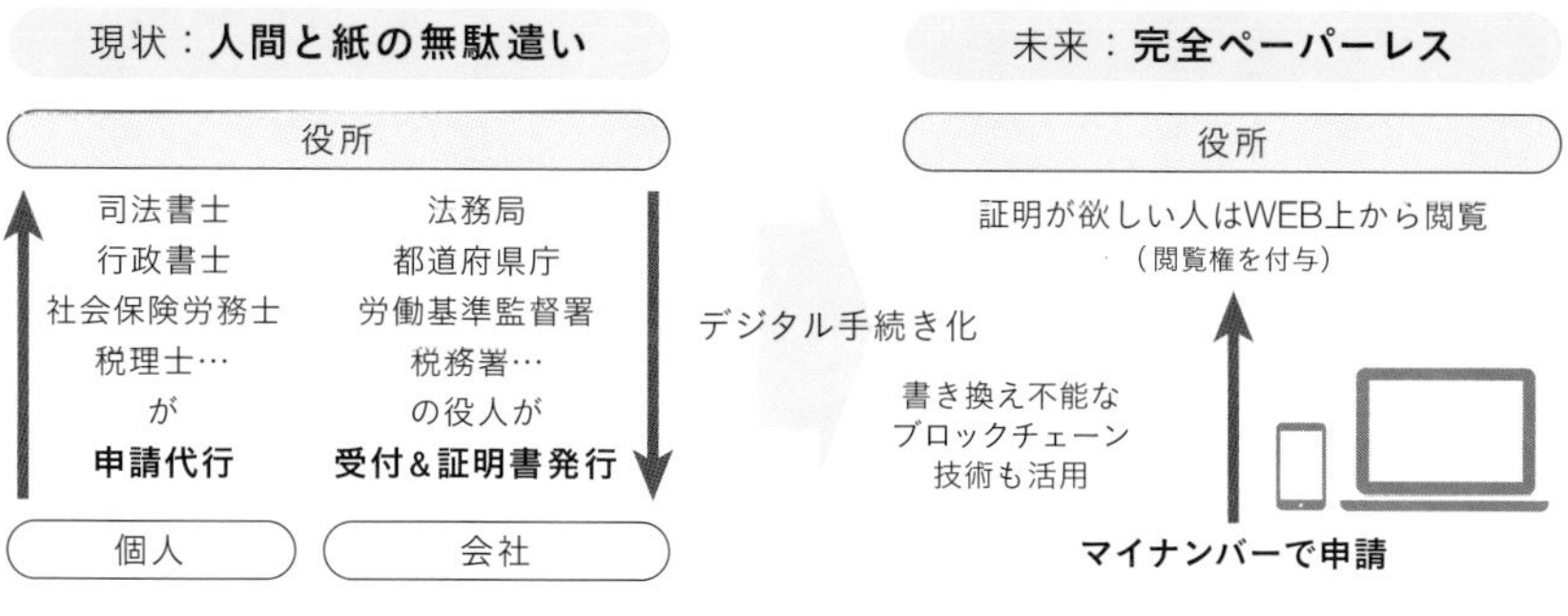

各種書類が偽造されたという。

こうした「なりすまし」が発生する原因は、土地や会社の真偽を証明する仕組みが、昭和時代から変わらず、時代遅れのアナログ方式だからだ。すなわち、「印鑑（個人・法人）」「印鑑登録証明書（個人・法人）」「登記簿謄本（不動産・法人）」、そして眼の前の人物がそれらの氏名を持つ本人であることを証明するための、写真付きの「パスポート、免許証等」。物理的な紙と印鑑とプラスチックカードに過ぎず、暗証番号設定すらないため、プロの手にかかれば偽造は容易い。

これが、「書き換え不能なネット上の公開台帳」であるブロックチェーン技術で管理され、本人確認はマイナンバーカード（ＩＣチップ）にスマホをかざして暗証番号を入力する方式になると、偽造できなくなる。

ポイントは「紙にハンコ」の法律

現在のＩＴ化は、旧制度のうち申請書類の一部をネット上から送信できるところで止まっている。残りはすべて郵送。証明書類も紙を郵送、である。「登記の申請自体はＰＣ上からできますが、必要不可欠な添付書類のほうはハンコが必須なので、郵送が必須。役員の入れ替えで法人の登記内容を変更するなら、各自のハンコつき紙書類が必須です。株主総会の議事録、役員の就任承諾書、そして司法書士への委任状も、紙にハンコが必要なまま。不動産登記でも同じです」（40代司法書士）

ポイントはハンコだ。本人であることを証明する手段が、現状では印鑑（ハンコ）しかない。印鑑登録証明書と同一のハンコが押されていることが、本人である証明となる。だから、その印鑑登録証明書かハンコのいずれかが偽造されると「なりすまし」され、定期的に詐欺事件が起こる。実に詐欺犯にとって都合がよい仕組みだ。

これは、マイナンバーカードで本人確認し（作成時に2種類の暗証番号を設定する仕組み）、ブロックチェーン技術で登記事項の変更を管理すれば、すべてネット上で完結し、ペーパーレスで安全性の高い不動産・法人の登記管理が行えるようになる。

セルフ化は既に進んでいる。「既に多くの人が、起業に際して、会社設立の法人登記を司法書士に頼まず、自分たちだけで公証役場と法務局に行って完了させています。また、金融機関が住宅ローンを回収し終えたら、設定された抵当権を消すのですが、ネットから書式をダウンロードし、印刷してハンコを押して出すだけなので、司法書士が仕事として頼まれることが減りつつあります」（同）

つまり、手続きがスマホ化・ペーパーレス化すれば、自分で手続きをすること（セルフ化）自体は障害ではない。現状は、アナログの手続きが面倒で時間がかかりすぎるのだ。

私も自分の会社を設立する際に、友人と一緒に自分らですべて手続きをしたが、公証役場や法務局に足を運び、実に面倒だった。公証人※は、対応が優しい爺さんだったが、会社の定款にさっと眼を通し、10分余りで5万円の手数料をとられ、「なんだこの公設のみかじめ料みたいな仕組みは……」と利権社会の闇を見た思いだった。５００円ではない。５万円だ。詐欺にあった気分である。

公証役場の公証人は、裁判官・検察官・法務省職員といった司法官僚の天下り先となっており、公証人１人あたり約３０００万円の年間収入がある。私は親から５００万円、友人から２００万円の借金をして起業した身なのに、天下り役人の豊かな老後のために、いきなり無駄金を巻き上げられるのだから、やってられない。起業率が上がらず廃業率が高いのも当然だ。この5万円の支出と公証役場に出向く時間は何も付加価値を生んでいないので、日本人の労働生産性も下げている。

ブロックチェーン技術で登記管理する時代になり、マイナンバーカードでスマホやＰＣから本人確認することで登記の手続きがネット上から完了する仕組みに変われば、天下り既得権の代表のような公証人という職業は不要となり※、司法書士の利権化した仕事の大半も消滅に向かうだろう。

公証人

遺言書や契約書といった「公正証書」や「会社の定款」等について、適法な文書であることを、公権力を根拠に証明・認証する権限を持つ者のこと。国内に約500人おり、一等地にある約300か所の公証役場に勤務。10分の仕事で5万円という法外な料金設定や、司法官僚の独占的な天下り先となっている利権が批判されている。

公証人という職業は不要となり

「公証」という機能自体は必要なので、AIによる自動審査で「定款のこの項目が足りない」「遺言書のこの文章が意味不明」といったフィードバックを得て修正を繰り返し、最終確認のみ人間がオンライン上で行うことになる。その場合、規模は10分の1以下で十分で、法務省の一部局に吸収できる。

メイン業務をシフトする

同様に、許認可申請代行業である行政書士（建設業者や風俗店、外国人が主な顧客で、申請先は都道府県庁や出入国在留管理庁）、労務管理の手続き代行業である社労士（従業員の雇用保険・労災保険・社会保険・三六協定を、ハローワーク・労基署・年金事務所に届け出る）も、各企業の担当者が自分のスマホやPCから簡単に手続きできるようになれば、わざわざ間に専門職を挟んでお金を払う必要はなくなる。

現状の手続きが、生産性の低い「紙にハンコ」だらけなので、物理的な紙を集めて役所に郵送したり出頭したりと、時間を浪費し、無駄に面倒くさいのだ。これが法人版マイナンバー※&偽造不可能で記録が残るブロックチェーン管理に統一され、ネット上でダイレクトに完結するようになれば、中抜きとなって「代書業」というメイン業務は消滅に向かう。

残るのは、現在はオマケでやっているような、コンサルティング的な相談業務くらいになる。若手の有資格者およびこれからこの分野に参入しようと考える者は、こちらをメインにするくらいのキャリアシフトが必要となる。

たとえば社労士なら、「従業員が労基署に行っちゃったんだけど、どう対応したらよいか、今後の就業規則はどうすべきか、法的なことを含め教えてほしい」といった相談に応

法人版マイナンバー

2019年現在、全法人に13桁の「法人番号」は付与されているが、オンライン申請は、“お役所ファースト”によって、企業側の手間（＝人件費）がかかりすぎ、むしろ赤字となるため普及していない。原因は、国税庁（所得税）、都道府県（住民税）、年金事務所（年金）、ハローワーク（雇用保険）……と、各お役所が縦割りでIDを発行し、さらに手続きが難解な「電子署名」まで求めるためだ。結果、手続きを代行する士業は延命し、企業の労働生産性が著しく害されている。法人番号を企業版マイナンバーとし、それとひもづけたIDとパスワードを1組だけ発行して電子署名は省くことで、一括してポータルサイトから全省庁向けのオンライン完結型手続きができるようにすることが望ましい。

えて、「残業を月80時間超やらせていたら裁判では勝てませんよ。就業規則はこう変えて、労務管理システムはこう変えましょう」等と、相場観を含め伝えてコンサルフィーをとれるようになる必要がある。人事労務コンサルタント（右側エリア）への転身だ。

自動化するトレーダー、変わる証券アナリスト

アルゴリズムや数式に基づいて自動的に執行すればよい業務は、ＡＩが最も得意とする。投資銀行ゴールドマン・サックスが自動化を進めた結果、２０００年に約６００人いたニューヨーク本社の株式トレーダーが、２０１７年には２人にまで激減した、という話はメディアで繰り返し報じられた。

ここでいうトレーダーというのは、売買執行者のことだ。流れとしては、年金ファンドなどのファンドマネージャーが、証券会社のアナリストが書いたレポート等を参考に、どの株をどれだけ売買するかを決め、証券会社のフロントセールスに売買注文を出す。すると、その命を受けたトレーダーが、売買の執行を行う。

「これまでは職人技で、人間が手動で何年もやりながら身につけていく業務でした。一気に巨額の買いを入れると相場を吊り上げてしまうし、高値で買ってしまう。オファー（売り）とビッド（買い）の枚数を目視しながら、少しずつ売買して消化していました。

これが、アルゴリズム取引になったことで、過去のパターンを分析して予測し、最も効率的な取引を自動でできるようになったんです。うちでもゴールドマンと同様、トレーダーは削減済みです」（大和証券・中堅社員）

さらに、昨今の流れとして、証券アナリストという職種が、ＡＩの影響を受け始めている、という。証券アナリストは、企業の決算会見に出て、社長や財務担当者らへの取材をもとに、財務分析をして、顧客である投資家（ファンド等）向けに、「買い推奨」「売り推奨」といった投資の参考になる企業レポートを書く仕事だ。『日経新聞』証券部記者を、より投資家向けに専門化したイメージである。

「欧州からの流れですが、現在では、アナリストの情報料を分けて請求してくれ、抱き合わせ販売するな、という流れになっています。ファンド側がコストを削減したいのと、独自に様々な分析を行っているため、我々からの情報に価値を感じなくなってきている」（同）

たとえば、世界最大の資産運用会社「ブラックロック」は、ウォルマート等スーパーの衛星写真を画像分析し、駐車場の埋まり具合をデータ化して客の増減をインプット。交通量や天候変化など、様々なビッグデータをＡＩで分析して収益を予測し、株価予測に役立てようとしている。現状、短期の売買では、こうしたＡＩ分析に基づいた自動売買が平均を上回るくらいの運用成績を見せているが、中長期になると人間以下だ。

日興リサーチセンターが、ＡＩを投資判断に活用して株式に投資するアクティブ投信10本（２０１９年6月末時点で設定から1年以上たったもの）を対象に直近1年間の騰落率を調べたところ、すべての投信がマイナスだったという。ＡＩ投信は不振が目立つ。

株価や為替は、森羅万象の影響を受けるために情報が多すぎ、必要十分な情報をデジタル形式で取得できるわけがない。分析するにも情報の種類が多すぎて「組み合せ爆発」を起こす。ＡＩが強みを発揮する3条件（第二章参照）のうち2つを満たせないわけだ。特に、「トランプ大統領の発言」といった、過去のビッグデータ分析が全く役立たないアナログ情報が、市場を動かす最大要因だったりするのが現実世界である。

もしＡＩが人間よりも正確に上がる株を予想できるようになれば、証券アナリストは全員失業であるが、現状の成果からみても、論理的に考えても、ＡＩに任せられるのは短期売買までだ。中長期スパンの予想（証券アナリスト、為替ディーラー、ファンドマネージャー）は、デジタル・ケンタウロス職種（5）として人間に残り続ける。

経理・財務、税理士、公認会計士……自動化するカネの流れ

企業における、カネの流れの管理、その適正度チェックは、自動化3条件（情報のデジタル取得可、指数的爆発がない範囲、執行可能な環境）を、本質的に満たしうる。「経

理・財務」と、その正確な処理をサポートする「税理士」、第三者として監査し、お墨付きを与える「会計士」のルーティン業務は、すべて自動化できる類の業務だ。

経理・財務の中核的業務である「主計」は、簿記の知識を使って、企業のカネの流れを勘定科目に仕訳し、損益計算書などの財務諸表を作る。年１回の決算書作成と、それに基づく納税は、会社法や法人税法で定められた義務なので、誰かが必ず行わねばならない。社内の経理部門で行ってもよいが、専門家である税理士に任せることもできる。その意味では、行政書士や司法書士等と同様の「代書業」だ。

昨今は、中小企業への「弥生会計」「マネーフォワード」「freee」といったクラウド型会計ソフト導入、およびＥＲＰの導入によって、仕訳が自動化されつつある。ＩＴ化が進んだことで、経理・財務を担う従業員の数は、統計上、確実に減ってきた。国勢調査データでは、「会計事務員」は１９８５年２６７万人↓２０１５年１４８万人と、過去30年間で、ほぼ半減した。

多くの企業において、経理はルーティン業務なので、ごく少数の担当者が一部の判断業務を行えば、回るようになりつつある。たとえば、企業が契約する建物は、人が住むと消費税がかからないが、住まなければかかる。そういう判断はＡＩには無理なので、現場とコミュニケーションできて妥当な判断を下せる人間は必要。一方で、単に簿記２級を持っているだけの人材は、ＡＩに置き換わりやすい。

● 国による経理情報のデジタルファースト宣言が必要

［ 現状の経理情報 ］
紙などアナログも可
保存形式バラバラ
外部接続義務もない

1. 納品書・請求書・領収証・仕切書・注文書・見積書……など各種経理情報のデジタル化
2. 必要項目のフォーマット化
3. 外部との接続インターフェイスの統一

それでも、紙の請求書や領収証など、国が紙を認めているうえに、そのフォーマットもバラバラのため、紙を画像認識してOCR※で読み取るにもミスが多くて一苦労という状況なので、置き換えが一気に進むわけではない。たとえば紙の厚さが決まっていないために、薄いと下の文字が透けてOCRで認識してしまったり、あて名や日付の場所や字体も決まっていない。役所と同じ生産性の低さで、経理の人件費が無駄にかかり、労働生産性を引き下げている。国によるデジタルファースト宣言※は、民間の経理手続きにも必要だ。

半分の業務が税理士から消える

税理士は従来、以下の業務を請け負ってきた。①記帳代行、②決算書作成（四半期、半期、年間）、③税務申告、④税務調査対応（調査時のみ）、⑤その他税務相談。このうち、仕訳で勘定科目が合っているかなどを「巡回監査」し、場合によっては毎月の経理作業を顧客に代わって担当する「記帳代行」が、急速に会計ソフトに置き換わりつつある。

記帳代行は月1くらいの頻度で作業し、月3万円～が相場だ。これに年1回の決算書作成と税務申告代行で15万円ほどが加わり、年50万円強というのが、税理士が中小零細企業から受け取る顧問料の相場である。このうち記帳代行が自動化すると、最少では、年1回の決算報告書作成と税務申告だけが残る。業務量としては、旧来型の税理士を基準にする

デジタルファースト宣言

国の行政手続きを電子申請に統一することを原則と定めた「デジタルファースト法」が2019年5月、参院で成立し、順次施行となる。ただ、あくまで原則に過ぎない。デッドラインも決まっておらず、自治体には努力義務を課すのみ、など抜け穴だらけで、甘さが目立つ。米国・韓国などに比べ、日本の行政手続きのデジタル化は著しく後れをとっており、労働生産性を低下させ、国民の賃金が停滞する一因となっている。

OCR

Optical Character Reader。手書きの文字や印刷された文字を読み取り、デジタル情報に変換する装置のこと。電子レシートのように、そもそも最初から紙にプリントしなければOCRは不要であるが、政府の取り組みや規制が遅れているため無駄な作業が発生し、労働生産性を下げている。

と、半分以下に縮小する。

残るのは相談業務だ。会計処理の方法は複数、認められており、納税額も変わるため、決算前に税理士と経営者が相談し、計上方法を決める。この相談業務は自動化できない。たとえば、将来発生しうる損失を、今期にどのくらい計上するか（減損処理）などは、未来の見通しの話なので、無理やり理屈をつけて操作することもできるグレーゾーンだ。たとえば東芝は、米国子会社で原発建設のコスト増と遅延が生じていたにもかかわらず、損失の計上を先延ばしして〝爆弾リレー〟を行い、実質的な粉飾決算を行っていた。

徴税は、常に国と企業側との攻防があり、毎年、優遇税制が生まれては消える。たとえば環境に配慮した〝グリーン投資減税※〟など、知らないと高い税金を払わされる。企業側としても、すべて自動的に税額が決まってその通りに支払えと言われると、心理的な納得性も低い。税務相談を中心とした決算書作成と税務申告については、税理士のコア業務として残る可能性が高い。今後、税理士の季節労働者性は高まっていくはずだ。

AI監査で180度変わるアプローチ

上場している大企業の監査を中核業務とする公認会計士は、決算書や財務諸表の、ミスや脱税を発見して修正させ、適正印を押すのが仕事なので、代行業の性格が強い税理士と

グリーン投資減税
太陽光発電や風力発電等の設備に対し税制優遇する「環境関連投資促進税制」は、2018年3月で終了。優遇税制の例として、ほかに中小企業の設備投資負担を和らげる「中小企業投資促進税制」、企業の研究開発を促すための「研究開発税制」などがある。

は、監査される側とする側で、立場が真逆になる。その仕事の中心は、決算全体のなかの一定比率について、仮説をもとに抜き出し、適正に会計処理されているかを目視でチェックするという、実に地道でアナログな「サンプリング調査」。これが昭和時代から続いている。

ところが、企業の合併・買収やグローバル化等によって企業活動は複雑に広がり、監査の難易度も上がっている。全体の不適切会計は増加傾向にあり、２０１９年は67件[注]と、過去10年でおよそ3倍に増え、このままのやり方では限界が見えてきた。そこでＡＩの活用が模索されている。

２０１７年度から各監査法人で、ＡＩ活用のパイロット導入が始まった。「従来のリスク・アプローチ（特定の領域について、仮説をもとに重点的にサンプリング調査）ではなく、ＡＩで全件突合をやって（人間の恣意的な感情は入らない）、平均と大きく乖離しているデータを自動的に抽出し、効率的な調査を目指すものです」（あずさ監査法人・中堅会計士）。１８０度、真逆からのアプローチだ。

たとえば「通常3日で着くはずの荷物が1週間かかっている」といった異常値が発見されると、そこに「イジリ」があったのでは？との疑いが生じ、２次調査する。こちらは人間の判断となる。どこに疑いがあるか？を効率的にピックアップする「１次監査」がＡＩの得意分野であるため、人間から置き換わる。１次スクリーニングの機械化は、放射線科

注：東京商工リサーチ調べ。2009年24件、2014年37件、2019年67件（11月まで）。

医の読影と同じだ。
だが、その大前提となるのが、機械が強い仕事の3条件の1つでもある「情報のデジタル取得」で、ここにハードルがある。現状では、経理情報は紙ベースの書類も多く、手書きでも合法。納品書・請求書・領収証・仕切書・注文書・見積書……といった会計事務に必要となるデータ類について、特段のフォーマットすら決められていない。
それだけではない。「クライアント企業ごとに、情報システムが違うのがポイントです。基幹系では、SAP製ERPだったり、『オービック』を使っていたり、『勘定奉行』や『弥生会計』だったり。販売の情報システムも各社で違いますし、さらにそこから、各社が莫大なカネを使ってSI会社にカスタマイズさせて独自の財務システムを構築している。ITを活用して全件突合するには、各社が苦労して築き上げた独自の財務会計システムから情報を吸い上げる情報システムを、監査法人側が作らないといけない。全件突合する前提として、全データをデジタル情報で取得し、分析できる状態にするまでがタイヘン、ということです」(同)
これはコスト面から、監査法人1社では難しい。たとえるなら、海外旅行時に各国の電源形式に電圧を変えて対応する「変換プラグ」のようなインターフェイスが必要で、その変換プラグに対応できるフォーマット(CSVファイルのような、データ形式の統一)を国が規定したうえで、APIの公開※を義務付けない限り、効率が悪すぎる。

APIの公開
Application Programming Interface。外部からの接続窓口。APIが公開されることで、外部からソフトウェアで内部の必要なデジタル情報へと安全にアクセスできるようになる。APIは、デジタル情報の流通とAI分析における重要なキーワードである。

たとえば、登録事業者が発行した、要件を満たすもののみを税額控除で認める「適格請求書」（いわゆるインボイス、２０２３年度から導入）のように、各種会計情報のフォーマット要件を国が定めたうえ、統一データ形式でデジタル保存し、監査法人などにＡＰＩを通して外部接続できる状態にするところまで義務化する。そこまでしないと、会計の全件突合はできるようにならない。だが、透明化されると企業はグレーゾーンの会計操作が難しくなるため、当然、やりたくない。経団連の本音は絶対反対だろう。

会計士と税理士の本質的な違い

仮にデジタル情報ですべて揃えば、あとはＡＩの１次監査で怪しいと判定された箇所だけを人間がチェックし、余裕ができた時間で、その会計情報の真贋、つまり実物のモノの流れや工事の進行がデータと合致しているかを、現場に足を運んでチェックできる。人間にしかできない監査に時間を費やすことで、質の高い監査ができるようになる。会計士は、より高次で知的な内容に仕事内容がシフトするわけだ。

「ロボティクス失業」で述べたスポーツの審判と同様、「監査」も、１００％の精度を求められる性質の仕事だ。放射線科医が１００％ミスなく腫瘍の発見を求められるのにも、似ている。つまり、仕事に際限がない。

監査法人としては、適正のハンコが押された顧客の粉飾決算があとから発覚するような事態は何としても避けたい。となると、1次監査にAIが導入されたからといって、会計士の仕事が奪われるかといえば、粉飾ゼロに向けて2次以降の監査に時間をより使うようになり、仕事のクオリティーは上がるものの、全体の仕事量が減るとは限らない。

各監査法人が同じようにAIを導入し、競争もある。つまり、この分野では、従来型の仕事はAIにとって代わられるとしても、全体の雇用を減らすとは限らない。

一方の税理士は、AIが自動で最適な勘定科目に仕訳して、仮の財務諸表や決算書作成まで自動化するため、判断が必要な箇所のみ修正を入れ、直近の税制対応などをアップデートするだけでよくなる。定型業務はなくなり、判断が必要な業務だけになることで、労働時間そのものを減らせる。

税理士の仕事は、100%を求める性質ではない点が会計士の監査業務とは本質的に異なる。よって、ITに置き換わった定型業務の時間は、人間にしかできない税務コンサルティングにシフトするか、それができない従来型の税理士はコモディティー化※し、市場から淘汰されることになる。

企業内でルーティンの経理を担当する「主計」人材も当然、今よりさらに減り続け、判断が必要な業務のみに少数精鋭化していく。ただしここでも、経理情報のデジタル化・ペーパーレス化が、取引先も含めて社会全体で進むことが条件となる。いかに政府の役割が

コモディティー化

性能・品質に差がなくなり、ごく一般的な、付加価値のないサービスになること。際限なき価格競争に巻き込まれていく。

重大かわかるだろう。自社内だけでは意味がないのだ。

「取引先が紙の請求書にこだわってハンコまで求めてくる迷惑企業」「銀行口座入出金履歴やクレジットカード明細がクラウド会計ソフトとの同期に対応しておらず※自動化できない」というパターンは実に多い。行政手続きについては2019年、「デジタルファースト法」が国会で成立したが、民間の経理書類にはアナログ規制がなく、「昭和のまま」も許されている。国が立法でデジタルファーストを義務化しない限り、この国の生産性は永遠に向上しない。

規制業種には、自ら変わるインセンティブは存在しない。銀行員を取材すると、若手は危機感を持っているが、たいていは先が短い老害経営者が意思決定している。逆にいえば、国が動けば社会全体の会計まわりの生産性は劇的に向上するわけである。

保険薬局とドラッグストアの薬剤師は半減

これまで見てきたとおり、「AI・ブロックチェーン失業」エリアは、士業が多い。「一定の専門的なルールに基づいて判定し、正確に処理する」ことが求められる。そのクオリティーを担保するために難しい資格試験を課し、クリアした人だけがその仕事に就いてきた。だが残念なことに、その「一定の専門的なルールに基づいて判定し、正確に処理す

同期に対応しておらず
2017年改正銀行法で、国内金融機関はAPIの公開が「努力義務」となったが、努力すればよいという甘い義務なので、API未対応のケースがある。こうした政府の企業に対する甘い姿勢が労働生産性を下げ、国民の賃金を下げている。

る」業務は、ＡＩが最も得意な領域だ。薬剤師も、その1つである。

薬剤師の仕事場は、病院、薬局、ドラッグストアの3つに大きく分かれる。病院には、重篤な入院患者もいるため、医師や看護師らと協働しつつ、最先端の薬を調合する日々となり、専門性を高める機会は多い。

一方、機械化による代替可能性が大きいのが、より軽度な外来患者向けの薬局、およびドラッグストア勤務の薬剤師だ。最大の人数を抱える「保険薬局勤務」の薬剤師は、その大半の仕事が、既に自販機的である。

「大手薬局チェーンの説明会で、徹底的に機械化された、未来の薬局のデモを見ました。処方箋を自動で読み取り、アームが薬をピックアップし、溶剤系は水と自動で混ざり、必要な薬が集められていくんです。ああ、薬局は自販機になるんだな、と思いました」（40代薬局経営者）。こうした「ロボット薬局」としては、日本では2019年に「梅田薬局」（大阪市）が営業開始したが、欧州を中心に既に約8000台が導入されているという。

現在、保険薬局はただでさえコンビニよりも数が多い。大手チェーンの都市部にある薬局では、そこに薬剤師が3人ほど常駐し、窓口ごとに張り付いて来客対応するのが一般的だ。実に高コストで贅沢な体制であり、保険財政のひっ迫もむべなるかな、と思える。

「ほとんどの客は、薬局を『処方箋と薬を取り換えるだけの場所』と思っていますから、ミスなく正確に取り換えてくれればよいと考えていて、担当者がキャリア2年目か10年目かは、お客さんも気にしていません」(同)。処方箋を読み取り、ミスなく薬と取り換える――。これは機械が最も得意とするマニュアル定型業務だ。

確かに薬剤師の役割として、間違った薬が処方されている疑いがある場合、医師への「疑義照会」義務がある。だが、患者のカルテ閲覧権もなく、正確な病歴・薬剤歴も知らされない薬局に、できることは限られる。高齢者が自分の病歴・薬歴を正確に把握して話せるはずもない。

次々と出てくる新薬や飲み合わせの悪さによる副作用など、すべてを網羅的に把握するのは、薬剤師にも医師にも不可能。この分野はAIの強みが、もろに発揮される。一方で、大半の客は、ルーティンで馴染みの薬を貰いに薬局に寄るリピーターなので、薬剤師の対面サービスは〝割高な過剰押し付けサービス〟だ。高血圧の人向けの降圧剤、緑内障患者の眼圧を下げる目薬など、10年単位で継続して利用する患者も多く、都度の説明は不要だ。

AI時代の薬局は、クラウド管理されマイナンバーにひもづいた「デジタルお薬手帳」や電子カルテを、患者同意のもと医療関係者(医師・看護師・薬剤師)が情報共有し、過去の病歴や薬の処方歴と、新たに出された処方箋(患者はQRコードをスマホで読み込む)をAIがリアルタイムにビッグデータと照合して自動判定。飲み合わせによる副作用の発生確率、「疑義照会」アラートや確認事項がスマホ上に出た場合のみ、コールセンターのベテラン薬剤師に相談する。

通常プロセスでは、マイナンバーカード（保険証兼務）を薬局でかざす→スマホにお知らせが来る→薬局の受取窓口で受け取って帰るだけだ。質問があればコールセンターへ。薬局には薬剤師が管理者として1人いれば十分で、各窓口に薬剤師が張り付いている必要はない。他業界では当たり前のように行われている、シェアードサービス化による生産性向上である。

現在は「1日薬剤師1人あたり処方箋40枚まで」といった規制があるが、AIのサポートやロボティクスによる自動化で、質と量の双方が高まり、この規制は不要となる。3人いた薬局は1人で回るようになり、コールセンターに一部の薬剤師が異動し、総数では半減、という未来が十分に現実的だ。

ドラッグストアに至っては、時給がコンビニの2倍程度の薬剤師が、普通にレジ打ちもこなしている。薬剤師1人分の業務量はなくとも、人間は分割できないから、規制で置かなければならない。その無駄で割高な人件費は、最終的に薬代や健康保険料として国民にのしかかる。こちらもコールセンター&テレビ電話でシェアードサービス化すれば半減できる。薬学部で6年間も専門教育を受けた薬剤師には、レジ打ちバイトではなく、もっと専門性を活かせる病院などの職場で働いていただきたい。

国民の医療データはクラウドのマイナポータルで一元管理されるべきだし、厚労省は、電子カルテ・検査データ・薬の処方箋・お薬手帳といった各種フォーマットを決め、各医療機関にＡＰＩの公開義務を課し、便利なアプリ開発を競わせなければいけない。

学校教師のマスプロ授業はＡＩ代替へ

教師の仕事内容も、ＡＩで大きく影響を受ける。現在、公立学校で仕事の中核業務となっているのは、義務教育で定められた内容の「授業」で、これは「教育指導要領」で規定されている。現場教員は、「出勤7時15分から退勤21時の14時間拘束で、うち8時20分から16時が授業時間、それ以外の朝夕は部活の付き添いと事務処理、授業準備」（都内公立中の30代教師）。拘束時間全体の約6割が、学科の授業や準備、採点等に追われ、「18時半に子供たちが帰って、そこからが勝負。20時を過ぎても半数の教員は職員室にいて、書類仕事は持ち帰って自宅のＰＣでやります」（同）。部活顧問としての時間が全体の約4割を占めるが、残業代は「給特法※」という特別な法律により、一律で基本給の4％しか出ない。

この中核業務である授業は、昭和時代から内容も進め方も基本的に変わっていない。マスプロ（mass production）、つまり個々の能力・才能を無視した規格大量生産的な教育だ。「私が担当している国語は、週15コマ（1コマ＝50分）、紙の教科書と板書による解説で進め、毎週、漢字などの小テストをやって35人ほどの全員分を採点、という繰り返しです」（同）

給特法

教員給与特別措置法。公立学校の教員の勤務時間は特殊性があるとして、時間外勤務手当や休日勤務手当を支給せず、その代わり給料月額の4パーセントに相当する教職調整額を支給することを定めた法律。残業代を一定額の打ち切り支給とすることで「定額働かせ放題」となっている。

これに対し、民間の学習塾は全く違う。「東進ハイスクール」運営のナガセについて、そのブラック労働実態を報道した記事が「虚偽」だとしてナガセより3000万円の損害賠償と記事削除等を求める名誉棄損訴訟を起こされ、私の会社が全面的に勝訴したのだが、その過程で10人超の現場社員や担任助手（大学生）にじっくり話を聞く機会があった。

面白いのは、公教育も民間予備校も、教える側の労働環境がいわゆる「やりがい搾取」の〝ザ・ブラック〟でろくに休みもとれず残業代も出ない点で全く同じなのだが、「教育を受ける側」の生徒の環境は180度、真逆であることだった。東進は民間企業なので、効率よく偏差値を伸ばす手法を、極限まで追求する。

すなわち、デジタル情報化された「衛星授業コンテンツ」で、個々人がブースでPCに向かって、各分野でのトップクラス講師による最高に面白くて分かりやすいとされる授業を、自分のペースで受ける。そして、受験で成功体験を持つ大学生が「担任助手」としてモチベーションやスケジュール作成面からサポートする。それは目的合理性が高く、その体制で実際に成果を挙げている。※トップ講師＋モチベーション管理役（大学生かナガセ社員）。「教える能力が中間以下の教師」は不要なので、在籍していない。

極論すれば、偏差値を上げる授業に関しては、各教科で、日本で最高に授業がうまい人気教師が1人ずついればよい。この流れは、AI化でさらに加速する。並の授業しかできない公務員のマスプロ教員たちは非効率なだけで、偏差値教育の目的達成を考えたら、生

成果を挙げている

ただし、喧伝される東大合格者実績は水増しされ、その信憑性には疑いがある。90分×20回以上のビデオ授業を受講した者を実績にカウントする独自ルールを設け（業界に共通ルールは存在しない）、「鉄緑会」などで力を伸ばした生徒を特待生として無料招待して形式的に在籍させるなど、グレーな手法が多用されている実態を弊社ニュースサイトにて詳報。

産的ではない。公教育において、40人弱の生徒はそれぞれ学力も理解の進捗も全く異なるのに、一斉に同じペースで「並」の授業を進めるため、デキる子にとっては退屈、デキない子にとってはついていけないことで、全員に莫大な時間の損失が生まれている。

必ず決まった答えが1つある問題の解答法を教える作業は、ＡＩのアルゴリズムが最も得意だ。リクルート系「スタディサプリ」のように、膨大な数のデジタル授業がＡＩ化し、どこで理解が止まっているのか、何がボトルネックになって理解が進まないのかを自動で突き止め、全国の生徒たちのビッグデータ分析から、最も効果的な学習の順番を自動判定し、日本最高の講師によるオンデマンド映像授業で学習効率を高めることは、理論上、可能である。机上のテストで点数が測れる教科の授業は、ネットのデジタル教材には勝てない。

現場感覚としては、どうなのか。「5段階で、3から上の人たち、つまり全体の7割くらいの生徒は、ネットの授業を受けることで、偏差値的な成績は効率的に伸ばせると思います。問題は、下の3割なんです。うちの学区は1学年で約３０００人いますが、そもそも私立中学受験で3分の1が抜けて、比較的学力が低い3分の2が公立中学に来ます。そのさらにボトム層ですから、自分でネット授業を受けて学力が伸びるかというと、無理なんです」(同)

これはその通りだろう。つまり、教師の役割は、従来型の一方向的なマス授業で、全員に同じペースで教科を教えるのではなく、自学自習できない「ボトム生徒」のモチベーションアップと個別サポート、ということになる。上位7割をＡＩ授業で自動化し、下位3割を救ってボトムアップを図る。公立学校としては、これがあるべき姿だろう。

「本来は、偏差値教育はネット上の映像授業や自動プログラムに任せ、人生全体に関わる『生きる力』を育むような、本来の意味の教育、価値観を磨くための学習を、人間の教師が行うべきだと思っています。確かに『総合学習』の時間が導入され、職場体験、企業訪問、進路指導が行われるようになりましたが、時間が少なすぎます」（同）

答えが存在する偏差値教育の時間はＡＩやネットに移行し、捻出された時間を、人間の教師にしかできない本来の教育（答えのない実社会を生きる力を育む教育、人生のモチベーションアップ）に充てる。限られた教師の時間を最大限、有効活用しなければいけない。

現在、その分野でプロとしての知見を持つわけでもないのに教師の労働時間を無為に奪っている部活顧問については、部活自体を地域社会のクラブチームなどに移管することで、生徒は閉鎖的でイジメが発生しやすい学校社会から解き放たれ、地域社会での人間関係も築くことができる。これで、教師の異常な長時間労働※は解消し、全員ハッピーである。

教師の異常な長時間労働

文科省の調査（2016年度）によると、過労死ラインに相当する労働時間週60時間以上の教員は、小学校で約3割、中学校では約6割に達していた。月給の4%相当を一律で支給する代わりに時間外手当は支給しなくてよいとする「給特法」が、勤務時間管理の意識を薄れさせ、長時間労働を助長している。

全自動化するネット広告、マーケッターは激変

ＡＩで既に最も影響を受けているのが、いわゆる〝アマゾン・エフェクト〟と言われているリアル店舗の小売店、そして、グーグルやフェイスブックの売上の中核を占めるネット広告事業によって広告費を奪われつつある、既存の広告代理店である。

フェイスブックの閲覧履歴データ、グーグルの検索履歴データを、ユーザー個人単位でＡＩ分析し、最も興味があると「推論」した広告を、カスタマイズ表示する。それが実際の購買行動につながったかのコンバージョン※も、ネットなら高い精度で追跡できる。

広告主としては、費用対効果を数字で把握できるため、ＧＡＦＡに広告費を投入しやすい。ネット上の広告表示は、いったんプログラムされてしまえば人間が操作する必要がなくなるため、身体性も不要だ。執行環境という点からも、自動化3条件を満たしている。

従来の4マス（ＴＶ・新聞・雑誌・ラジオ）は、広告枠の仕入れが極めて不透明で、これが広告代理店の利益の源泉だった（ゴールデンタイムのＣＭ枠をＴＶ局との人間関係で押さえる等）。一方、ネット広告はグーグルアドセンスをはじめ入札方式で透明性が高く、競争も激しいため、人件費をかけにくい。最も効果が上がるようキーワードや出稿先サイト、掲載時刻等を日々、微調整し、成果を顧客に報告する運用業務が発生するのもネット

コンバージョン

conversion＝転換。最終的な成果への転換。ウェブサイトで単に閲覧させたりクリックさせたりするにとどまらず、実際の購入にまで至ったかを指す。

広告の特徴である。ここに、新卒の東大卒正社員を充てていたのが電通で、利益をあげるために長時間ブラック労働になる構造があり、「高橋まつりさん過労死事件」は、まさにこのネット広告運用&顧客対応を担当する部署で発生した。

電通は事件後にこの部署を解体し「電通デジタル」を設立して機能を移管。そもそも自動化でコストゼロに向かう業務なのに、人件費が業界一高い本体社員に担当させたマネジメントに根本的な間違いがあった。「かつては電通本体の総合職が、個別にエロワードの除外作業をまる1日やっていたりしましたが、今後はAIがその作業を自動化したり、広告管理画面のAPIが共有されていくことで、ネット広告の運用は〝全自動化〟が緩やかに進捗していくとみています」(電通デジタル30代社員)

全自動化するということは、代理店が不要になるということでもある。P&Gといった外資系企業を中心に、代理店を使わずインハウス化(顧客企業が直接、運用管理)する流れも進行中で、ネット上に独自メディアを持たない広告代理店は中抜きされる運命。この分野で人間に残る仕事は、広告のコンサルティングだけだ。ネット以外の既存4マス広告や店頭プロモーションも含めた、全体戦略のなかでのネットの役割と媒体間の連携、配分を決める。その提案&相談対応という上流の仕事だけが人間業務として残る。

ネット広告に限らず、デジタルデータが揃う分野では、人間が会議で議論するよりもAIのほうが正確にマーケットを分析できるのは明らかだ。マーケッターの仕事はAIに侵食されていく。

現在、各社がQRコード決済を乱立させているのも、GAFA同様、個別顧客の購入履歴を入手してビッグデータ分析し、最適なプロモーション施策を打つなど、マーケティングに活かしたいからである。その最終形は自動化にあり、たとえばファミリーマートのような大手チェーンでも、「ファミペイ」が浸透すれば、既存商品については、個別ユーザー向けに最適化したプロモーション施策を自動的に運用できるようになり、新商品の仮説立案など創造力や感情力を必要とする仕事だけが人間業務として残る。

人間がいくら頭を突き合わせて議論したところで、ビッグデータとAIが導き出す答えのほうが結果は正しく、その理由は人間の理解を超えてブラックボックス化する。FCオーナーも、結果が出る以上、従うしかない。「おでんは、(まだ真夏だけど)○月○日から始めて○○層に割引施策で訴求すると、最も売上を最大化できる」とAIがはじき出したら、その通りに展開する時代になる。人間は、もはや「推論」において、AIには太刀打ちできないのである。

5 「デジタル・ケンタウロス」エリアの職業群

知識集約的な仕事のなかで、人間ならではの強みが必須となるものが、この5「デジタル・ケンタウロス」エリアの職業群である。AIがどんなに進化しても、そのAIを使いこなすことにより、どんどん既存レベルの仕事はラクになり、人間とAIとの相乗効果によって労働生産性が上がっていくのが、このエリアの特徴だ。図の左側エリアが代替型なら、このエリアはコラボ型だ。AIと人間の協働（コラボレーション）によってより高い成果を挙げる競争が続く。AIを使いこなせない人が生き残るのは難しくなる。

デジタルデバイド※、なかでも〝AIデバイド〟によって、入り口段階で差がつく。そして第2段階で、残されたアートの部分（人間ならではの部分）でさらに本質的な競争となって、プロフェッショナルとしての純度が高まる。アートの世界だから

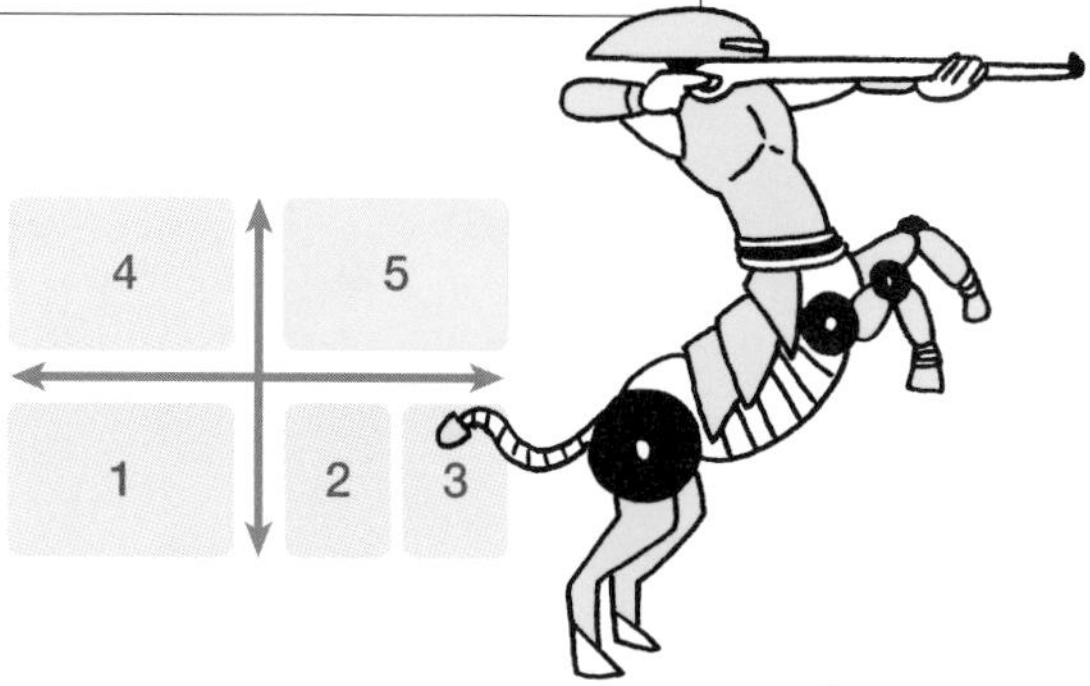

こそ、無限に格差は拡大していく。

同じ「人間の職業として残る」エリアでも、身体的な制限ゆえにレバレッジ※が効かない代わりに安定度は高い「職人プレミアム」との違いは、この格差拡大につながるリスク&チャンスにある。たとえばパイロット（職人プレミアム）は同業者間での報酬格差が2倍になることはないが、ファンドマネージャー（デジタル・ケンタウロス）は10倍以上の差が普通に開く。

AIで底上げされる提案営業

外回りの営業職が図の右側（人間が強い）であることは間違いないが、主に足を使う御用聞き的な巡回営業（ルート営業）や、片っ端から地域一帯を回っていくローラー営業が右下の職人プレミアムであるのに対し、より頭を使う提案要素が強い営業が、このデジタル・ケンタウロスのほうである。

たとえば、「PayPay（QRコード決済）を導入しませんか？」と店を回っていくローラー営業は、「1人あたり1日20～30件回って、うち1～2件が成約」（同社元社員）という、実に労働集約的なものであるが、この代わりを機械が務めることはできない。パワープレ

レバレッジ

leverage＝てこ（レバー、lever）の作用で効能や倍率を高めること。リスクをとって、少ないインプットで大きな効果を生み出す意。

デジタルデバイド

コンピュータやインターネットなどの情報技術を使いこなせる人と、そうでない人との間に生じる、貧富や機会、社会的地位などの格差。

ーで人間が回って仕組みやメリットを説明しない限り、導入は一向に進まず競合に勝てない。

PayPayでは紹介をお願いする営業手法が多用され、「商店会長さんが薦めるなら（信用しよう）」と導入を決める店も多く、1紹介あたり1500円の紹介料が紹介者に支払われる仕組み。「信用」という、人間ならではの強みが有効な仕事だが、この手の営業は、AIやITをほとんど使わない体力・根性・義理人情の勝負となる。

一方、デジタル・ケンタウロスのほうの営業職は、より複雑なソリューション営業（コンサルティングの要素を含む問題解決型）となり、AIを含む高度なITツールを使いこなした人が生産性を上げ、勝ち残っていく。

たとえば野村證券は2018年に「法人マーケティングツール」（PC上のソフトウェア）を営業現場に導入した。上場企業は財務情報が公開されているが、「そのお客さんのBS／PL（貸借対照表／損益計算書）をもとに、その会社が抱えているであろう悩みについて、悩み1、悩み2、悩み3……と『見える化』し、それに対応したソリューションを提案します。社内研修でツールの使い方を学びます」（若手社員）

データから株主構成を自動分析し、もしオーナー一族に片寄っていたら事業承継ニーズ（悩み）があると判断。想定される納税額もはじき出せるので、「いざ事業承継となる前に、あらかじめ節税対策を考えておきましょう」と提案する。「有価証券」の欄に短期有価証券の数字があれば、売買目的で他社を使って運用して満足していない可能性があるので（悩み）、「野村ではこういう運用ができます」とカウンターの提案をする。

従来は、1社ずつ財務情報を目視で読み込み、ウケそうなツボを瞬時に見つけて提案できることが、デキる営業マンの重要スキルだった。ITツールの導入で、全員が瞬時にそのレベルまで底上げされる。

逆に、市場全体から「この内容の提案なら、どの企業に持ち込めば最も受け入れられる確率が高いか」という優先順位をつけることも可能になる。人間には無理だが、AIは1000社でも2000社でも瞬時に分析し、人間より早く正確にポテンシャルをはじき出せる。営業の打率は上がり、従来なら50社しか担当できなかった人も100社担当できるようになり、収益を倍増できるかもしれない。

その場合、同じ収益でよいなら営業の人員を半数にリストラできるわけだが、実際には、AIサポートで提案力がアップし、眠っていた顧客ニーズが効率的に掘り起こされ、人員体制はそのままで大幅な収益増への貢献を期待できる。そして、同じレベルのAIツールを使えない同業のアナログ会社は、淘汰されていく。

AIは必要なデジタルデータが揃えば人間以上の答えを出す。「営業マンが毎日つけている営業日誌をビッグデータ解析して営業を効率化できないか、検討もしています。お客さんとの通話内容も現在、すべて録音していますので、音声認識のAIでテキスト化し、

声のトーンも含めＡＩ分析すれば、理論的には『お客さんになる可能性』など有望度合いも分析できるはず」（同）

ＡＩは、「プロセスは不明だが結果は正しい」ことに特徴がある。新人の営業日誌や通話内容が、すべてＡＩによって自動分析され、その結果を見た課長が「明日はＡさんとＢさんに、○○と××の提案に行ってこい。理由はわからないが、ＡＩによるとそれが最適で、おれが考える指示よりも成功率が高いことがわかっている」――〝数字が正義〟の証券会社だからこそ、課長の仕事にもＡＩツールが入り込む時代は、遠くないかもしれない。ＡＩ武装し、デジタル・ケンタウロス化した会社が生き残るのだ。

この、デジタル武装を会社として取り入れ高収益を保っているのが、従業員の平均年収２１１０万円（平均35・8歳、２０１9年3月期）と断トツの高待遇を実現しているキーエンスだ。「営業を科学する会社」として知られ、私が取材したなかでもトップ3に入る特異な企業である。個々のセールスの商談時間や移動時間を「分単位」で日報に記すことが求められ、虚偽記載したら降格処分。会社がその営業行動データを数字で分析し、全員を〝売れる営業マン〟へと教育する。

旧来のアナログ営業会社では、ノルマ、気合と根性、コミッション（成果報酬）、インセンティブ設計といった労務管理が中心だったが、キーエンスは実に合理的。「ベストデモ」（最良の営業トーク）を一言一句まで決め、ロールプレーで暗唱できるくらいまで叩き込み、その通りにやっていれば結果が伴わなくとも、営業マンは責められない。「営業マンが機械のように従順に正確に動けば一番売れる、全体の営業力を底上げできる、という考え方です」(元社員)。キーエンスの営業は、デジタル・ケンタウロスのなかでも、人間の要素を極限まで減らしており、サイボーグに近い。

信用がないと仕事が始まらない銀行員

改めて思い返していただきたいのが、機械が強みを発揮する3条件である。「デジタル情報を取得でき」「変数が指数的爆発しない範囲で」「執行環境が整備されている」。情報をデジタル形式で取得できないと、ＡＩは何もできない。

しかるに、世の中のほとんどの中小企業は、財務データを公表しておらず、むしろ表に出したくないのが経営者の本音だ。金融業の営業としては、まずは財務情報を入手するところに、最大のハードルがある。

そのためには、野村証券なり三菱ＵＦＪ銀行なりの名刺（ブランド）による組織の信用力に加え、担当者個人がFace to Faceで信頼関係を築く必要があり、そのドアオープナーとしての営業マンの存在価値は、残り続けるどころか、ＡＩ時代に、さらに重要性は増す。ＡＩツールが普及すると、人間ならではのアートの部分でしか差がつかなくなるからだ。

まずはアポがとれなければ何も始まらない。その入り口として、顧客の感情を読み、興味を持ってもらい、創造力豊かなアナログ手法を駆使して会ってもらう。たとえば野村なら、横長の和紙に手書きの筆ペンで書かれた〝果たし状〟のような封書で「ご面談の機会を賜りますよう……」と面会希望を伝える。これは人間にしかできない、アートの領域である。

町工場や商店などの中小企業経営者を主要顧客にする点で、地銀・信用金庫・メガバンクを含む銀行の法人融資担当も、証券営業と同じだ。与信に失敗すると融資が焦げ付き、不良債権化するため、証券よりも慎重に情報を集めなければならない。情報は2段階。第1段が、決算書など財務データを出してもらうこと、第2段が、その真贋（書類上の情報が事実なのか）を見抜き、確かめることだ。

「中小のオーナー社長にとって、法人口座は第2の財布。消耗品費（自宅の家電など）、住宅や車など、個人と法人が通常、ごちゃ混ぜで、情報をさらけ出すことを嫌がる。きっちり切り分けたクリーンな会社なんて、そもそも持つ意味がないですから。粉飾がわかるときもありますが、社長と話して実態を確かめ、本業がヤバくなければ見逃す。本業で粗利を生み出せれば返済できるからです」（商工中金・元社員）。相手の懐に入って確かめる作業が、必須となる。

同業他社や取引先に評判を聞いたり、社長の話を他の役員にぶつけて情報の裏をとったりと、現場に足を運んで情報を入手するアナログ作業が発生し、これは人間にしかできない。「ＡＩによる分析や融資は、情報が揃えば原理的に可能なのはわかりますが、社長が自発的に重要な情報を出してくることは、私の経験上、まずありません」（同）。オズボーン論文では、その情報があらかじめ揃っているという、架空のありえない世界が大前提となっているため、全く意味を成さないことがよくわかる。

この地道な情報収集を怠ると、新銀行東京※や日本振興銀行※のように、適切な与信ができず、貸し倒れが発生し、不良債権が積み上がって経営が破たんする。これは大企業相手でも同様。「たとえば東芝の決算書の粉飾は、ＡＩだと見抜けないです。数字上はつじつまが合っていて、監査法人も騙されていますから」（三菱ＵＦＪ銀行・中堅社員）。実際には、海外の原発建設現場で遅延が発生し、適宜、損失の引当金を計上する必要があったが、遅延をまだ認識していないことにして会計処理を遅らせていた。監査法人も銀行も、人間が現地に赴いてチェックしていれば、防げた事件だった。

こうしたアナログ情報収集においては、特にプライバシーに関わる情報が、難易度が高い。信用ある人物にしか話せないからだ。たとえば相続や事業承継に関する話は、身内にすら話しにくい。その情報を引き出し、「グループ内に不動産会社があるので、保有する土地を活用して相続税対策のサブリース賃貸経営を検討しませんか」と提案できなければ、

新銀行東京

東京都知事・石原慎太郎氏の選挙公約（中小企業対策）に基づき、都が1,000億円を出資して2005年に開業。中小企業に対する、保証人不要の無担保融資を中心に行ったが、不良債権が急速に積み上がり、わずか3年で1,000億円近い累積赤字を抱え事実上、経営破たんした。

日本振興銀行

中小企業向け専門の銀行として「無担保」「第三者保証不要」での融資を2004年に開始。開業から6年で経営破たんした。創業メンバーで社長も務めた木村剛氏は銀行法違反で逮捕され、懲役1年・執行猶予3年の有罪判決が確定。

マイナス金利時代（融資では儲からない）の銀行員は生き残れない。

日本人メリットがある職業＝ＡＩ参入不可

情報収集とコミュニケーションに本質的な価値がある職業は、すべてこのエリアに入る。信用を得て、機微に関わるセンシティブな顧客感情を理解し、守秘義務を徹底して守る。ＡＩや機械にプライバシー情報を入力したらどこに流されるかわかったものではないから、信用ある人間のほうが強い。

たとえば、病気を扱う医師、離婚や相続トラブルなどを扱う弁護士、税務相談を扱う税理士など、プライバシー情報を正面から扱うプロフェッショナルには、人間の強みが発揮され、ＡＩに代替されない。

当然、ニュアンスまで聞き逃さないような、ネイティブレベルの日本語力と日本文化の理解が必要不可欠となり、同じ人間であっても、外国人ですら参入できない。いわんや、ＡＩをや、だ。日本語と日本文化が参入障壁になるような「日本人メリット」が大きい職業（『10年後に食える仕事　食えない仕事』参照）には、ＡＩは参入不能ということだ。記者、編集者、人事、労務、臨床医、弁護士、大学教授、システムエンジニア……と、このあたりは説明不要だろう。

特殊なのが外科医だ。「手先」を使う点が技能集約的でもあり、職人プレミアムの要素も併せ持つが、本質は高度な頭脳労働でもあるスーパーマン的な職種である。医療機械の進化によってツールがいくら進化しても、手術をするのは人間で、経験値がモノを言う。

野村でいう「法人マーケティングツール」に該当するツールの最たるものが、外科医の分野では、最先端の手術機械「ダヴィンチ」である。人間の手では不可能な角度の動きもできる機器が、人間の眼よりも解像度の高い映像をもとに切り進み、人間の指より細かい精密作業を行う。ただしその操作は、人間の外科医が、患部から離れた場所で操作する。

手術ツールの進化は目覚ましく、既に、患部を縫い合わせる手縫いは「自動縫合器」の登場によって自動化され、外科医のウデの差は、縫合についてはなくなった。ダヴィンチを使った心臓血管手術を専門とする外科医・渡邊剛氏（ニューハート・ワタナベ国際病院総長）は、「手縫いのほうがいいんだ、と4歳上の先輩医師が言っていましたが、その後5～10年で手縫いはなくなりました」という。

病巣の切除自体が、自動化される可能性はあるのか。「リンパ節の郭清（切除）は、今でも、医師のウデ、手先の技術が必要。ＡＩは、まだリンパ管と血管はおろか、動脈と静脈の区別もできません。自動手術は、まだほとんど研究が進んでいないのが実態」（同）

神経・脂肪・血管といった3次元構造を、車の自動運転技術のごとく認識し、メスや針が自動で切り進み……という段階に至る道筋は、まだ全く見えていない。命そのものを扱うだけに、手術のコアとなる本質的な判断や手作業は人間の領域として残り続けるとみてよい。

外科医がデジタル・ケンタウロスたる所以は、この、機械と人間の相乗効果で格差が開いていく点にある。一見、手術機器が進歩すれば、誰でもラクに手術ができるようになり格差が縮まると思うかもしれないが、現実は、真逆だ。

「ラーニングカーブが大きいんです。ダヴィンチによる心臓血管外科手術について言えば、最初は8時間かかったものが、１５０～２００件経験すると、最後は2時間でできるようになる。泌尿器だと20例くらいで短くなっていくデータもあります」（同）。製造業の工場における「経験曲線」と同じ理屈である。

件数が増えれば、患者の安全性も向上する。高額な医療機器の稼働率も上がり、投資の回収も早い。医師が件数をこなすためにも、患者がよい手術を受けるためにも、1か所に集約するほうが効率的なので、件数が多い拠点に、患者も医師も集まる。

「高度な機械を使った手術は、件数が多いハイボリュームセンター（High Volume Center）に集約され、そこで経験を積んで生き残れる少数の医師と、それ以外の医師とで、格差が広がっていきます。外科医は『上澄み』しか残れない時代になりつつある」（同）。テクノロジーの進化が、外科医の格差を拡大させていく。

機械は、いつまでたっても機械だ。「結局機械というものは人間と一体となってはじめ

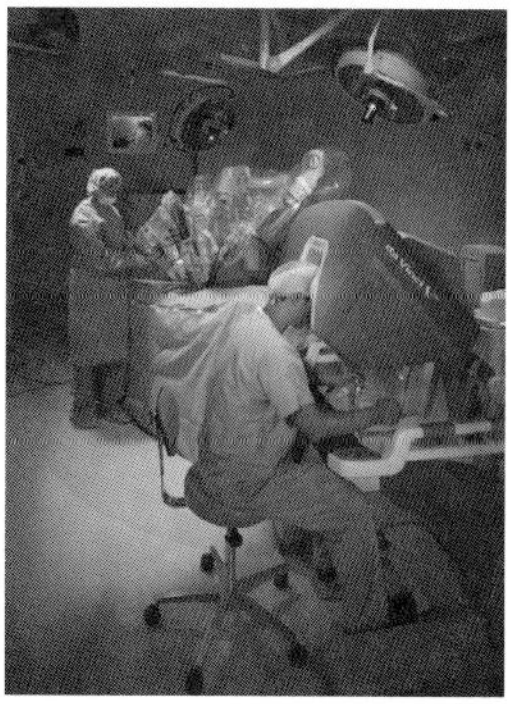

最先端手術ツールの代表格である手術機械「ダヴィンチ」

て完全になりうるもので、機械はいつまでたっても機械」「如何によい機械でもそれを動かしうるまでの訓練が《(原文ママ)》積まなかったら、銘刀も鈍刀と同じである」と述べたとされるトヨタ自動車創業者・豊田喜一郎の言葉※は、ＡＩ時代に、ますます説得力が増していく。

人事、政治、官僚……未来予想系すべて

「推論」が仕事の核となる未来予想系の職業は、ほとんどこのデジタル・ケンタウロスである。ファンドマネージャーは、様々な角度から世界中の企業のデジタル化された財務情報にスクリーニングをかけて分析し、経済指標推移に加え、世論調査や政治情勢から大局を読んで投資判断を下す。

ブレグジット国民投票やトランプ大統領選からもわかるとおり、最先端の調査・分析力を持つはずの専門家の票読みは、その大半が外れる。デジタル情報としては取得できないアナログ情報が多すぎ、分析できないのだ。それはたとえば、「グローバル化で負け組となった田舎の白人の、不満や移民に対する不安」といった心情だった。世論調査では明確に態度を示さなかったため数字には表れないが、「隠れブレグジットファン」「隠れトランプファン」が投票で態度を示した。

そこを理解し、読み切るには、グローバル化に対する理解、白人の感情を読んで想像

豊田喜一郎の言葉
「自動織機生い立ちの記――自動織機の思い出話」（豊田喜一郎）より。トヨタ産業技術記念館に張り出されている。

（創造）するという人間ならではの見識が必須となる。データ分析だけでは、為替や株価に甚大な影響を及ぼすブレグジットもトランプ当選も見通せず、ファンドマネージャーという仕事は務まらない。

同様に、政治家も、国家行政の執行役である中央官僚も、国家の未来を推論したうえで行き先を示す、未来予想系の職業である。企業内で言えば、ＣＥＯは言うまでもないが、人を扱う人事部員が当てはまる。「この人物を採用したら会社に貢献するだろうか？」「この部署に異動させたら成果を上げるだろうか？」といった、人間を対象とした未来予測をするのが人事の仕事だ。

学歴、職歴、各種適性テスト結果と、もちろん過去のデータ分析は参考にはなるが、人間ほど変数が多く多様な側面を持った生き物はいない。営業職は、テストの点数ではモノは売れない。デジタル取得できないアナログ情報が多すぎ、人間が時間をかけて評価するほかないのが、人事業の本質である。

ＡＩ時代の「産業のコメ」＝デジタルデータ

研究者が各種情報の分析に高度なマシンを活用するのは以前から行われてきたことだが、ＡＩ技術でその劇的なスピードアップが可能となり、薬の開発分野（創薬）では、異業種のNECが2016年に参入を表明している。たとえば、5000億通りのアミノ酸の配列の中から免疫細胞を活性化させるペプチド※を見つけ出す作業を、従来の年単位から、数か月へと大幅に短縮できた、としている。

ここでも、必要な情報をデジタル形式で入手できるか、が肝となる。ビッグデータが揃ってこそ、のAIだ。人間にしかできないとはいえ、薬の開発のように、デジタルデータが勝敗を分けかねないような重要性を持つ分野では、日本人が生き残れるのかという別の懸念も生まれる。

農薬開発の分野で日本のトップシェアを持つ住友化学の開発担当者は「ガラパゴスに活路を求めるしかない」（若手社員）という。「農業データはクローズドな世界で、各社とも外に出しません。ビッグデータの絶対量では勝負にならないので、住友化学は、他社がやらない分野を、職人技でやるしかない。幸い、水稲農業は東アジアの一部でしか盛んではないので、グローバルメジャーが弱い分野です」（同）

つまり、小麦やトウモロコシといった穀物ではデータ量で勝負にならないため、土着性の高いジャポニカ米、およびリンゴやイチゴといった高付加価値品に絞ってデータを蓄積・分析し、農薬や肥料を開発するわけである。攻める市場を限定することで、AIの及ぼす破壊的な影響を、最小限に食い止める。

かつて鉄鋼や半導体が「産業のコメ」と言われた時代があったが、AI時代の産業のコ

ペプチド

アミノ酸が2個以上つながった状態を指し、その組合せによって、鎮痛作用、抗菌作用、ホルモン作用など、様々な役割を果たす。アミノ酸が50個以上結合したものをたんぱく質といい、50個未満2個以上のものをペプチドと呼ぶ。

メは、デジタル化されたビッグデータである。データを完全に囲い込めれば、勝ったも同然。現在、ＱＲコード決済で各社が競って先行投資を行い、店舗への導入を進めているのも、そのためだ。

人間の強みが残る仕事であっても、その事業分野のビッグデータを全く取得できないのならば、それは主食抜きの食事みたいなもの。必要なパワーを得ることはできず、結局、食えなくなってしまう。デジタル・ケンタウロスは人馬一体の戦いだ。下半身はビッグデータで武装されなければ勝負にならない。

○ 人間の強みとAI&ロボットの強みを横軸に、知識集約的か技能集約的かを縦軸にとると、テクノロジーの影響度合いに応じて、すべての職業は5つのエリアに分類できる。各エリアの特徴を図にまとめたものが以下である。

テクノロジー進化と職業の変化

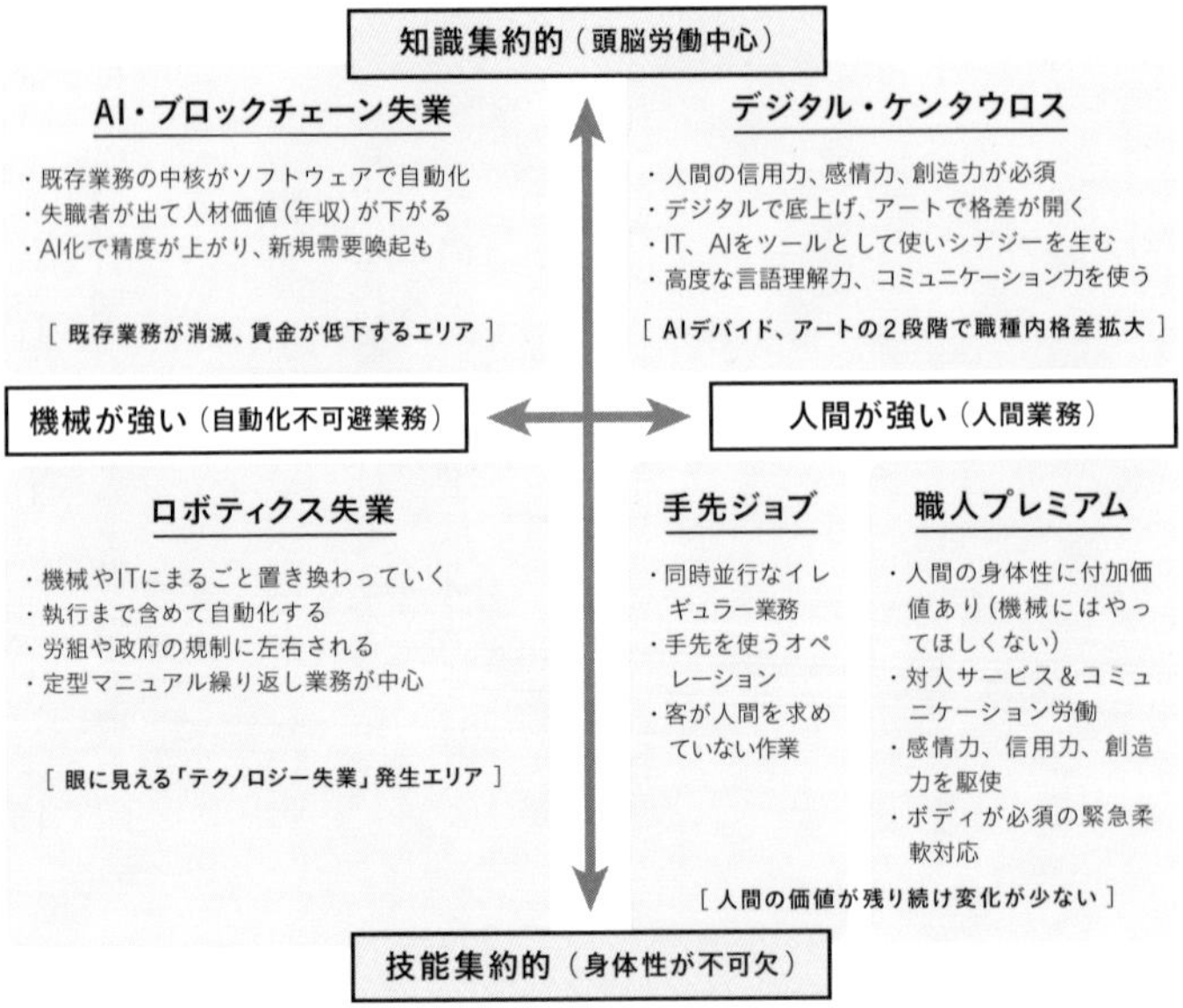
知識集約的（頭脳労働中心）
AI・ブロックチェーン失業
・既存業務の中核がソフトウェアで自動化
・失職者が出て人材価値（年収）が下がる
・AI化で精度が上がり、新規需要喚起も
[既存業務が消滅、賃金が低下するエリア]
デジタル・ケンタウロス
・人間の信用力、感情力、創造力が必須
・デジタルで底上げ、アートで格差が開く
・IT、AIをツールとして使いシナジーを生む
・高度な言語理解力、コミュニケーション力を使う
[AIデバイド、アートの2段階で職種内格差拡大]
機械が強い（自動化不可避業務）
人間が強い（人間業務）
ロボティクス失業
・機械やITにまるごと置き換わっていく
・執行まで含めて自動化する
・労組や政府の規制に左右される
・定型マニュアル繰り返し業務が中心
[眼に見える「テクノロジー失業」発生エリア]
手先ジョブ
・同時並行なイレギュラー業務
・手先を使うオペレーション
・客が人間を求めていない作業
職人プレミアム
・人間の身体性に付加価値あり（機械にはやってほしくない）
・対人サービス&コミュニケーション労働
・感情力、信用力、創造力を駆使
・ボディが必須の緊急柔軟対応
[人間の価値が残り続け変化が少ない]
技能集約的（身体性が不可欠）

自動化の3条件
1. 必要な情報をデジタル取得できる
2. 指数的爆発が起きない範囲である
3. 執行可能な環境と身体性がある

人間の強み
1. 創造 2. 感情 3. 信用
4. 手先 5. ボディ

Key Question

あなたが将来なりたい仕事、いま就いている仕事は、どのエリアに属しているでしょうか？

2つの軸の、それぞれの定義に基づいて、判定してみましょう。

第四章

いつまでに何が変わるのか

——障害と変化のスピード

それぞれのエリアで、変化のスピードは一様ではない。技術が進歩しても、様々な要因によって社会への実装が進まず、結果として職の変化も起きないことは多い。新しいテクノロジーが世の中を変えるには、4つの壁を乗り越える必要がある。❶技術、❷コスト、❸既得権、❹リーダーシップ、だ。それぞれの技術テーマが、どの段階でつまずいているのかを見極めることで、雇用への影響が起きる時期についても見通しを持つことができる。ニュースをただ漫然と聞くのではなく、どの段階なのかを考えることが重要だ。

❶技術の壁

技術（❶）で言えば、今一番ホットなテーマは自動車の自動運転である（第二章①「ロボティクス失業」エリア参照）。グーグル傘下のウェイモを筆頭に、日々、世界中で実証実験が進行中で、走行データが蓄積されつつある。中国には、自動運転車が走れるモデル地区が約20（2019年時点）あり、国を挙げて支援している。様々な実験で安全性が確保され、一般の公道を走れる段階になれば、技術の壁を突破したことになる。

ビットコイン取引で実装されたブロックチェーン技術を他分野にどれだけ応用できるかは、まさに実験が盛んに行われている段階で、たとえば不動産登記への応用についてはスウェーデンで進行中だ。会計のAI監査も、大手各社が実験中。「AI・ブロックチェーン失業」のエリアは、この技術の壁の段階にあるテーマが多く、実用段階までは、10年単位の時間を要するとみてよい。

なかでも、人命に関わる安全性をクリアする技術はハードルが高い。輸送なら、モノとヒトでは難易度が異なり、おおかた第三章（111ページ「公道における自動運転」の図）で述べたようなスケジュール感になる。

規制業種では、〝アリバイ作り〟を目的として実験を繰り返しているケースも多いので注意が必要だ。たとえば、スマートメーター化による水道局の検針自動化など、やるかやらないかだけであるが、やらなくても独占事業だから水道料金

テクノロジー実装までの4つの壁

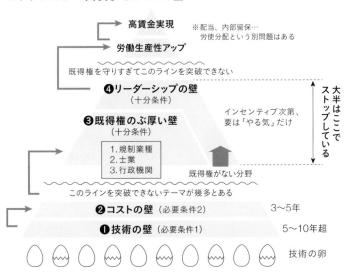

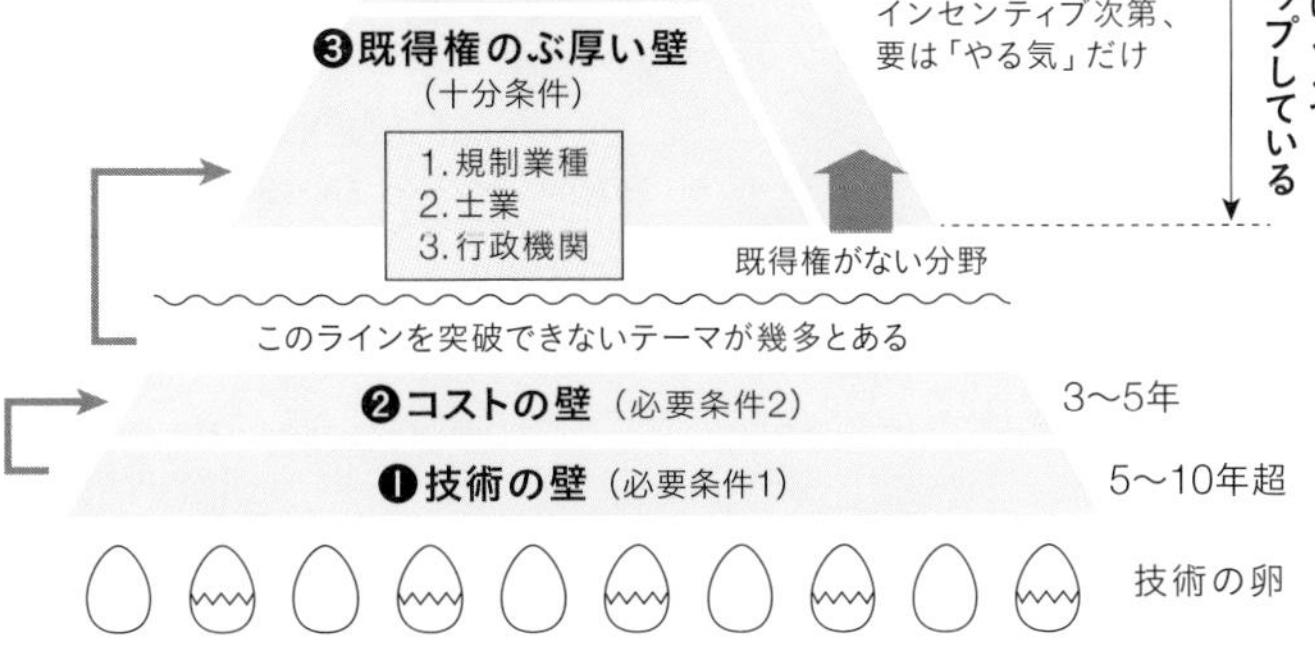

に上乗せして住民にコストを転嫁できてしまうために、面倒なことは進めるインセンティブがない。ただ、何もしないと怠慢だと批判されるから、実験予算だけ組んで、やる気を偽装しているのである。

社会の進歩には、リスクはつきもの。たとえばウェイモの自動運転でも、公道での実験を重ねるなかで死者が出ている。そこを乗り越えた未来に、より安全な自動運転の社会が実現し、トータルで多くの人の命が助かるわけである。本気の「実験」なのか、よく見極める必要がある。

❷コストの壁

技術的にクリアできても、商用利用するには、コストが損益分岐点を下回らないと継続性がなく、赤字垂れ流しでは巨額の開発投資を回収できない。いわば、モーターショーのコンセプトカーで終わってしまう。

今まさに、この段階（❷）を越えようとしているのが、レジなしで並ばず買い物ができる有人コンビニ「Amazon Go」だ。２０１８年1月に1号店をオープンしたが、２０１

９年末時点で４都市22店舗にとどまり、米国内で足踏みしている。コンビニ大国・日本に進出するには、膨大な数のカメラやセンサーの設備投資や維持管理にかかるコストが十分に下がる必要があり、入り口に改札を設けることによる客数減、おでんや肉まんなどホットスナック類の販売機会損失も考慮すると、日本ではコンセプト店がせいぜい、ではないかとみている。

一方、２０２５年までにコンビニの全商品にＩＣタグをつけてレジを自動化しようという、日本の経産省が主導して決めた「コンビニ電子タグ１０００億枚宣言」は、誰がタグを1個1個の商品に貼り付けるコストを負担するのか、タグそのもののコストをどこまで下げられるのか、といったコスト面から、実現のめどは全く立っていない。

この「コストの壁」問題に関しては、ファストフードの無人レジ「セルフオーダー・キオスク」が例としてわかりやすいだろう。米国や欧州では大規模に導入済みで、私もオランダやドイツのマクドナルドやバーガーキングで何度か利用したが、タッチパネル式端末で注文から決済まで完了し、席で待っているとスタッフが運んできてくれる。一方、東京都内のマクドナルドでは相変わらず、人間が従来通り有人レジで注文を受け、お金の受け渡しをしている（２０２０年1月時点）。

インドに取材で訪れた際に、現地を案内してもらった商社マンが言っていた話は、実に印象的だった。「この国では、人のコストが安いんです。よく言われるのは、『機械は壊れ

セルフオーダー・キオスク（オランダのバーガーキング、著者撮影）

たら直さなきゃならないけど、人はいくらでも取り換えられる』ということ。だから、農作業を機械化しようと日本企業がトラクターを売り込んでも、なかなか受け入れられない」（大手商社40代駐在員）

マクドナルドの無人レジも、同じ理屈だ。経営陣は「日本人は機械より安く使えるからね」などと口を滑らせたら炎上必至なので、決して本音は言わない。だが、「マックジョブ」が代名詞ともなっている法定最低賃金が、欧州先進国や米国カリフォルニア州と比べ断然安いのは事実だ。オランダは最低時給が１３００円強で日本の１・５倍、英仏独も約１・４倍である。

インドがそうであるように、途上国は賃金が安く、機械化を進めるインセンティブがない。最低賃金が安い日本では、事実上、政府が生産性向上にストップをかけている。

❸既得権のぶ厚い壁

１．規制業種

技術とコストが機械化の必要条件で、この段階をクリアしたら、実用段階に入る。残念ながら、ここで足踏みしているケースが実に多い。日本と他の先進国の労働生産性の違いは、技術力の差ではない。既得権の壁（❸）を突破できないリーダーシップの壁（❹）の違いだ、というのが私の見方である。

既得権が分厚い分野は、旧来の法律で守られている人たちだ。大きく分けると、1．規制業種社員（金融、保険、電気・ガス・水道、新聞……）、2．士業の人たち（資格保有者）、3．行政機関そのもので働く公務員、である。

銀行&クレジット会社のクロスオーナー複合体

「護送船団」と言われてきた銀行業は、規制業種の代表。たとえば、誰もが普段の生活で関係してくるテーマで言えば、キャッシュレス（電子マネー）は既に技術的な問題がクリアされ世界中で導入が進んでいるが、日本は主要国で最低水準（キャッシュレス決済比率が約2割）にとどまっている。

小売店で毎日、閉店時に現金を数えてレジのデータと現金が合っているか確認する作業は、実に無駄な労働だ。銀行窓口では1円単位で相違がなくなるまで1円玉を行員が探す。何らの付加価値も生み出さず、生産性ゼロの労働ばかりだ。駅前にATMや支店窓口が設置されるのも現金社会ならではで、一等地が無駄遣いされている。現金輸送やその警備にも膨大な労働力が投入され、それらが不要になるだけでも生産性は向上する。

日本のキャッシュレス比率は21・3％（２０１７年）と、Ｇ７最下位の位置をドイツと争う。そのドイツも、鉄道のすべての切符をクレジットカードで購入でき、ネットから買うと座席指定までできてＱＲコードが印字されたＰＤＦが電子メールに届き、そのままペーパーレスで乗車できた。

日本は在来線の切符を、通常の券売機ではクレジットカードで買うことができないし、なんとＳｕｉｃａカードを通常のクレジットカードで買うことができず（券売機でもネットでも窓口でも買えない）、Ｓｕｉｃａカードへのチャージもクレジットカードではできない。「デジタルファースト」ではなく、頑なな〝ペーパーオンリー、キャッシュオンリー〟だ。これは途上国でも珍しく、先進国では日本だけのガラパゴス的状況である。

その理由を取材すると、ＪＲが自社グループの「ビューカード」※を作らせたい、という公共性を無視した恥ずかしすぎる島国根性によるものであることがわかった。なぜこのようなアンフェアな競争を公正取引委員会が許しているのか、理解に苦しむ。日本が労働生産性でＧ７最下位なのが、実感としてよくわかった。

ＱＲコードは日本のデンソーが開発した技術であるが、中国（アリペイ、ウィーチャットペイ）で支払い手段として爆発的に普及し、既にキャッシュレス比率60％超と、日本の

ビューカード

ビューカードだけは、クレジットカードからオートチャージできる仕様にしている。他のクレジットカード会社はこの市場に参入できない。ビューカードを持つ外国人旅行者などいない。海外からの旅行客や日本国民一般の利便性、生産性を一切考慮していないことになる。独占を背景に利用者に自社のクレジットカード契約を強いるに等しい行為は、独禁法違反の疑いが強い。

3倍以上も浸透している。キャッシュレス比率96・4%（2016年）の韓国はクレジットカード決済が浸透した。欧州はデビットカード決済が浸透し、キャッシュレスが進んだ。日本はいずれも浸透せず、アジアのなかでも最下位グループに沈み続けている。

理由は明確で、既得権のぶ厚い壁（❸）を、政治がリーダーシップで突破できないことが原因だ。これは、キャッシュレス決済が6割超と進んだオランダで、外食店主らをじっくり取材してわかったのだが、導入する店側のランニングコストが、ほぼゼロに近いのだ。オランダはデビットカード（銀行口座即時引落）による決済が普及し、25ユーロ未満なら日本のSuicaと同様、非接触決済ができ、それ以上だと追加で4ケタのPIN（暗証番号）を入力して決済完了。完璧な便利さである。

主要国のキャッシュレス決済比率 ——2015、2016年

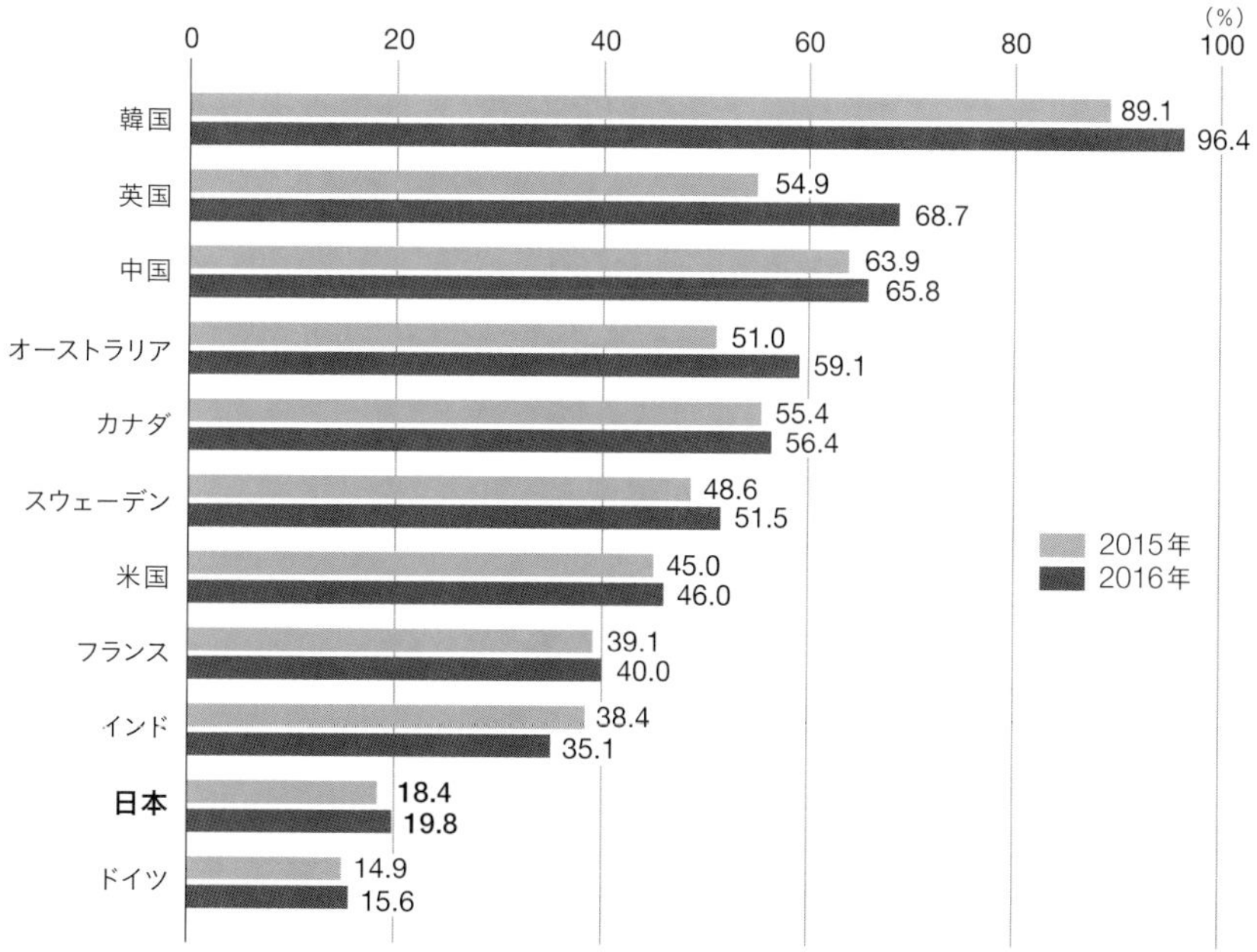

（出所）「キャッシュレス推進協議会」資料（2019年4月）

アムステルダムで2017年10月に「Men Impossible」を開業した石田敦士氏（当時39歳）の契約では、デビット決済は、固定費が月6・95ユーロ、決済手数料は1回5・5セント（7円）。クレジットカード決済は、固定費が月2・5ユーロ、手数料が決済金額の1・4%。別途、開業時に決済端末を購入する（499ユーロ）。個人店でクレカ1・4%はリーズナブルだが、全体の7〜8割は、さらに安いデビット決済のほうだ。

「オランダ人なら、ほぼ全員がデビットカード（キャッシュカードと一体化）を持っているので問題ありません。手数料がタダ同然で、ほぼ気にならないコスト※です。うちは客単価25ユーロ強なので、手数料率に直すと0・2%、2人で来店して50ユーロなら0・1%。ユーザーとしては『便利なので利用しない理由がない』という感じです」（石田氏）

中国で爆発的に普及したアリペイのQRコード決済も、決済手数料が無料だから露天商まで導入した（アリペイ口座から引き出す場合に0・1%かかる）。競争が激しく利益率の低い中小零細の外食店や小売店にとって、3%を超える手数料は利益を帳消しにしかねない。日本の手数料は3・5%程度（リクルート系の「Ａｉｒペイ」で3・24〜3・74%）と、普及困難な高さ※である。

手数料以外の理由として、記録が残らない現金と違って、電子決済は税務調査が入った場合の言い逃れ（脱税）が難しくなることもある。個人経営の理髪店や料理屋に本音を聞けばわかるが、何人の頭を刈ったか、何人に寿司を握ったかなど、現金取引なら、客の数

ほぼ気にならないコスト

EasyPaymentServices 社の料金表（オランダ、石田氏提供）

Pin transactions	
• Maestro	**€ 0,055** per transaction
• VPAY	**€ 0,055** per transaction
• One-time activation costs	**€ 15,00**
• Pin subscription	**€ 6,95** per month*

* unlimited number of pin devices

Creditcard transactions	
• MasterCard	**1,40%** off the transaction amount**
• Visa	**1,40%** off the transaction amount**

** These are the standard rates. Due to higher purchasing costs for commercial and business cards, a surcharge of 0.20% applies here.

を減らして売上げを除外できるが、電子化されると透明化してしまう（マスコミの取材に本音を言うことはもちろんない）。つまり、店にとって現状ではキャッシュレスを導入するメリットがなく、むしろデメリットがある。

クレジットカードは信用払い（借金）なので、回収できない可能性がある分だけ、手数料は割高にならざるをえない。一方、即時口座引落のデビットカードは回収できないリスクがゼロなので、1%未満も可能だ。日本のメガバンクのキャッシュカードには、オランダと同様、実は「J-debit」というデビット機能がついている。だが対応する端末のほうが普及していない。3大メガバンクが、同資本内にクレジットカード会社と銀行の両方を持つクロスオーナーシップ問題（TVと新聞が同じ資本グループで相互批判がないマスメディア集中問題と同じ）によって、端末を普及させるインセンティブがないからだ。

クレジットカード会社で3・5%とれているのに（例：三井住友カード）、自分たちで1%未満のデビットカード（例：三井住友銀行）利用を普及させたら、グループ全体で見たら、店から徴収する手数料収入が大幅に減ってしまう。だから日本でデビットカードは普及せず、手数料も下がらず、3%超では零細店が導入できない※から、キャッシュレス経済が進まない。金融業界の利益を優先して、日本経済全体の労働生産性をG7最下位に貶める一因となっているのが、日本の金融行政だ。資本分割して競争させるか、手数料を規制するか（1%未満など※）、答えは2つに1つである。

普及困難な高さ

韓国でクレジットカード決済が浸透したのは、「小売店や外食店にクレジットカードの取り扱いが義務付け、現金のみは禁止」「年間のクレジットカード利用額の20%を課税所得から控除でき、クレカ利用が節税策となる」などの思い切った“北風と太陽”政策を断行した成果であり、日本のような時限的・場当たり的なキャッシュレス還元施策程度では浸透は進まない。

零細店が導入できない

日高屋、サイゼリヤ、天下一品など、大手チェーンですら利用しないほど、手数料がリーズナブルではないのが現状。

メガバンクは自民党政権の支持基盤で、既得権のぶ厚い壁（❸）を打ち破る兆しはない。リーダーシップの壁（❹）というのは、もちろんこの壁を突破する行政・立法のリーダーを指す。既得権側にとって痛みを伴う改革でなければ意味がないため、リーダーシップは不可欠だが、リーダー不在の結果が、キャッシュレス比率20％だ。

消費増税後の9か月間だけ（2020年6月末まで）手数料の3分の1を国が補助する、という税金をばらまく政策は、誰も痛みを伴わず、悪手と言うほかない。9か月後に店を閉めるわけではないので無意味だ。世界の先進諸国は順当にキャッシュレス化が進むため、相対的に日本経済の生産性はどんどん下がる。日本だけ賃金が20年間上がっていないのも当然で、リーダー不在では今後も上がらない。

2. 士業

病院と医師の既得権

有資格者のみに仕事が許される士業は、既得権者たちの巣窟である。医療系は特に人命に関わることから、規制が厳しいのは当然だ。病院の理事長は医師の資格を持つ者のみと

1％未満など

コード決済については、PayPayは2021年9月30日まで、LinePayは2021年7月31日まで、導入キャンペーンで無料だが、その後は決済手数料が3％前後に引き上げられ、さらにコスト負担が増す可能性もあり、導入を見送っている店も多い。加盟店側にとって一方的に不利益となる規約変更通告が多く、楽天やアマゾンのショッピングモールでも問題となっている（2019年4月に公表された公取調査では、楽天加盟店の93.2％が「一方的に規約を変更された」と答えた）。ここにメスを入れない限り、導入は進まない。

決められ、よくも悪くも、民間の競争原理は働かない。

最近、フランクフルトとデュッセルドルフのアップルストアで買い物をしたら、「レシートは紙で要りますか、メールで送りますか?」と聞かれた。「メールで」と言うと、すぐにバーコードがついたemail receiptがPDFで届いた。紙はなし。アップルIDに登録済みのクレジットカードで支払うと、同じく登録済みのEメールアドレス宛に送られる仕組みだ。高収益・高賃金な企業の業務プロセスは、実にスマートである。

一方、同じく最近、病院に検査で訪れると(私は初期の緑内障である)、レシートやら保険点数明細やら処方箋やら薬の説明書きやら、4~5枚の紙を貰い、さらに検査結果は言わなければくれなかったが(病院も医師も、医療情報が患者のものだと理解できていない)、やはり紙。持ち帰ると自宅が紙だらけにされ紛失の恐れも高いため、毎回、コンビニの端末でスキャンしてデジタル化してから紙を捨てるという無駄作業が発生している。

2000年前後に外資コンサルティング会社でペーパーレス化を含む業務改革のプロジェクトを担当していた身としては、20年たって何も変わっていない日本の姿に驚くばかりだ。主要先進国で日本だけがこの20年間、賃金(時給)が上がらなかったのも当然で、労働生産性が上がっていないのだから、賃金に配分されるはずがない。

米国は病院のIT化も進み、ニューヨーク州では、電子処方箋が37・7%、電子カルテは82%だという。処方箋の電子化は2019年現在、日本はなんと、普及率ゼロ。ここが電子化しないと、次の段階に進めない。すなわち、患者の医療データをクラウドで一元管理できない。

現在、患者の検査データやカルテ情報が病院間で共有されないことにより、日々、莫大な過剰検査と、医療被曝による健康被害が発生し、税金と健康が浪費されている。健康保険財政が悪化する一因がこれだ。

たとえば私も最近、「以前の検査データがないので病状が進行しているかわかりません」と病院で言われたが、8年前から各種検査はしている。すべて見てもらって構わないし、誰も止めていない。プライバシーよりも治療や健康のほうが大事だ。そもそも日本に、漏れて困る医療情報を持っている人など、何人いるのだろうか。誰も他人の医療データに興味などない。

アップルIDと同様、クレジットカードで本人認証してもらっても構わないし、マイナンバーカードで、その場で暗証番号を打って認証する方法でも構わない。過去のすべての検査結果や電子カルテ情報を、クラウド上から、医師や薬剤師らに自由に見てもらって診療に役立ててほしいし、医療の発展のため匿名化したうえでビッグデータ分析にも自由に使ってもらいたい。国はいったい何をしているのか、国民を殺す気か、と毎回、病院に行くたびに頭に来る。

何が障害になっているかというと、無駄な検査（過剰診療）で労せず儲けたい病院やクリニック、そして誤診がバレることを恐れる医師会だ。病院内で患者の情報を囲い込んでおけば、都合の悪いこともバレずに済む。日本は医療業界に限らず、受益者（患者）の声を聴く体制が存在せず、病院や医師といった「提供者」中心に仕組みが設計されている。「高齢の患者はＩＴに馴染まない」も嘘で、みんなスマホを持っている。持っていない一部の人にだけ、紙を出してやればよい。行政窓口の方向性と同じく、現在の「原則」と「例外」を逆転させ、デジタルのほうを原則とするのだ。

薬剤師の既得権

処方箋がＩＴ化されると、アップル社の領収証やドイツ鉄道のチケットのように、マイナンバーに登録済みの電子メール（ＬＩＮＥでもメッセンジャーでもデジタルお薬手帳アプリでも、何でもよい）宛にＰＤＦの処方箋が送られ、ＱＲコードがつく。スマホ画面上のＱＲを、薬局側が読み取れば正確な情報が伝わる（第三章「ＡＩ・ブロックチェーン失業」エリアの職業群参照）。

薬局は、自販機のように自動化し、必要時のみコールセンターにいるベテラン薬剤師に尋ねる体制となる。各分野の専門家が揃ったシェアードサービスセンターからＴＶ電話で説明してもらえるほうが、患者も安心だ。現場には薬剤師が1人いれば十分である。

自動化によって生産性が上がり、保険財政に投入されている税金も減らせる。薬剤師はトータルで半減できるポテンシャルがあり、1人あたりの役割は重くなるため、浮いたコストで賃金アップが可能となる。薬学部で6年も学ぶのだから、高い専門性を発揮し、高い賃金を得る職業とするのが望ましく、ドラッグストアや保険薬局のレジ打ちからは解放すべきだ。

雇用を奪われる薬剤師は「対面指導でなければ安全性を確保できない」といった大義を掲げ、脊髄反射で反対するだろう。ルーティンワークでラクをしたい薬剤師以外は、給料が上がって全員ハッピーなのだから、反対する理由はない。リーダーがいないと分厚い既得権者の壁は乗り越えられず、〝高学歴ローリターン〟の職場が放置されてしまう。

税理士と上場企業の既得権

経理まわりの士業では、税理士と公認会計士で立場が異なる。第三章「AI・ブロックチェーン失業」で述べたとおり、経理・財務のルーティン業務は、フォーマットの規定やデジタル形式提供の義務化によって情報のデジタル取得が可能になれば、理論上も実務上も、大半が自動化できる。

さらに、財務関連の企業内情報システムが、外部とのインターフェイス規格統一やAP

Ｉの公開[注]によって監査法人側から会計データをすべて吸い上げられるようになれば、会計士による全件突合によるＡＩ監査が容易となり、飛躍的に監査の精度と効率が上がる。

つまり、規格統一という政府の立法措置次第、ということだ。２０１７年の法改正（電子帳簿保存法※）によって、スマホ等で撮影しておけば、紙の領収書原本は破棄してよいことになった。こうした、既得権者がいない（企業がラクになるだけの）法改正は進む。だが、その紙の領収書をＯＣＲでミスなく読み込めるようフォーマット化したり（西暦か元号かすら決まっていない）、そもそも紙が不要になるよう電子レシートや電子領収書を義務化したりといった、事業者側の負担になる法改正は全く進まない。

紙レシートの束を見て記帳代行する仕事で食べている税理士としても、デジタル化したら仕事を失うので抵抗勢力となる。既に有資格者の平均年齢が60代と高齢化した税理士にとって、ｅ-Ｔａｘ（税の電子申告）システムに慣れるだけで一苦労だ。ただでさえ、記帳業務は会計ソフトに仕事を奪われつつある。このまま紙社会が続けばいいのに――と考えている高齢税理士は多いだろう。

一方で、監査で１００％の仕事を求められる会計士は、電子化に反対する理由がない。では、監査をされる側の上場企業はどうかというと、デジタル化したらカネの流れに匿名性がなくなるため、透明化を歓迎する企業経営者は、大企業から零細企業まで少数派である。

電子帳簿保存法

所轄の税務署長に対して事前申請して指定の基準に沿ってデジタル保存することにより、紙の原本は保存の必要がなくなった。

注：181ページ参照。

個人事業主にとって、電子化は死活問題だ。大企業の社員に比べれば額面は少ないが、現金商売なら売上も経費も自由度が高いから実質手取りは多いしな――と自分を納得させている人は、私の知人でも多い。一方の正社員は正社員で、給与が100％捕捉されて天引きされるけど、雇用は守られるからな――と納得している。社会は、そういった微妙な心理バランスで成り立っており、透明化したらバランスが崩れる。

表向きは反対するのが難しいため、税理士も経営者も個人事業主も、総じて全員が静かな抵抗勢力となっている。つまり、支持率の高い政治リーダーにしかできない「総論賛成・各論反対」タイプの改革テーマ。その点は、日本に約3500万人もいる正社員既得権（解雇規制等）に似ている。裾野が広いだけに、消費者の利便性向上や税の公平負担といった大義を掲げ、進めてもらうしかない。

デジタル化する＝行政書士の仕事がなくなるとき

資格系では、純粋な代書業系（行政書士、司法書士、社労士……）は全員が抵抗勢力だ。それが飯のタネだからである。ただ、長期にわたって減っていくので、数十年かけて資格試験の合格者を絞っていけばよい。重要なことは、リーダーが長期プランを示すことだ。

現状は、行政書士の許認可申請なら、「申請書自体はＰＣで入力して事務所で作成していますので、そのままネットを通じて、証拠書類と一緒にデジタルファイルで出せればよいのですが、証拠書類（登記簿、住民票、納税証明書）のほうが、デジタル対応していないのがボトルネック」（建設業の許認可代行を中心業務とする30代行政書士）だという。

「この書類による申請が全面的になくなるときが『我々の仕事がなくなるとき』なので、痛しかゆしで、行政書士の団体としても、実は、電子化には消極的です。『役所での待ち時間を減らせ』という要望を出すくらいで、本音ではすべてデジタル化されたら困ると思っているんです」（同）

司法書士も社労士も公証役場の天下り役人も、すべて同じ構造である。この積み重ねで、労働生産性と賃金が上がらないのだ。電子化すると、顧客である企業は、士業者に支払わなくてよくなる分、労働生産性が上がり、賃金原資が生まれる。

3. 行政機関

インセンティブ設計が必須の行政手続き

行政機関については、私自身、20年ほど前に北九州市の市役所窓口を効率化するプロジェクトに関与していたが、途中で労働組合に潰される形で解散となった苦い経験がある。自治労（全日本自治団体労働組合）・官公労（日本官公庁労働組合協議会）としては、自分たちの雇用が第一であって、税金の効率的な使い方など二の次だ。労組とは、そういうものなのだ、とそのとき、思い知った。

最近では、IT立国として有名なエストニアの事例がよく報道されている。行政サービスの99％を電子化したことで、区役所の窓口職員が30人以上→3人に、総コストは4分の1以下になったという。[注]

エストニアでは、日本の「マイナポータル」に相当するネット上の「エスティー」から、住所変更、納税、投票、医療記録の閲覧など、あらゆる手続きができる。たとえば、日本のように、引っ越すたびに役所の窓口に足を運ぶ必要はないため、その分だけ行政窓口に職員を配置する必要がなくなるわけだ。

注：「エストニア『電子国家』で変わる生活」テレビ東京『ワールドビジネスサテライト』（2018年01月15日放送）。

実際、私が最近取材した感触からも、９割カットは可能と感じた。だから、労組が危機感を持つのも理解できる。２０１９年に取材で訪れた葛飾区役所は、東京23区ではＩＴ化への取り組みが進んでいる役所で、２０１９年度計画では、区立保育園の紙の入園申込書が例年３３００件ほど届くため、それを情報システムに転記する手作業を、ＯＣＲを導入することで効率化する。ＲＰＡの一種である。

だが、紙に記入された内容が正確にＯＣＲで読み取れたかを最終確認するチェック作業は結局、職員が行う。短縮はされるものの、確認して間違っていたら修正する作業が残る。さらにそこから、申請者の様々な事情を考慮して、限られた入所枠に公平に割り当てる作業に、多くの職員の人手と時間を要する。

そもそも申し込みの段階から、親が紙ではなくスマホやＰＣ上から入力すれば、転記作業がまるごと発生しない。ＯＣＲも不要だ。区民とて、好きで紙に書いているわけではなく、若い〝スマホ世代〟は直接、スマホから、あらゆる手続きを申し込みたいが、役所が対応していないだけだ。行政手続き改革のポイントは「紙に手書き禁止」「デジタルファースト」にある。

保育園の割り当て作業も、さいたま市の実証実験（２０１７年）では、ＡＩの活用によって、50時間かかっていた８０００人の選考作業が、数秒で終わることがわかっている。つまり、申し込みから割り当てまでの一連の役所の作業を、まるごと自動化できる。一事が万事で、あらゆる行政手続きに、職員が手を動かす必要はほとんどない。外国人やスマホを持たない人向けのイレギュラー対応や、最終確認だけをすればよいから、9割カットも可能である。

ＯＣＲやＲＰＡまでは「転記がラクになって助かる」と言っていた職員も、まるごと仕事がなくなると、「あれ？　私の仕事は？」と不安になり、自治労が出てきて、いろいろ理由をつけて抵抗に転じる可能性が高い。だから、デジタルファースト法案だけでは何も進まない。

公務員は身分が守られておりリストラできないため、長期計画が必須となる。行政組織は、民間とは異なり、コストカットのインセンティブが全くない。したがって、ＩＴ化を前提として「10年後に人員3割カット」などとキャップ（上限）をはめ、それをやらなければ職員自身が困るようなインセンティブ付けをしなければ何も進まない。エストニア方式を参考に、採用減＆凍結とＩＴ投資予算計上を始めなければいけない。各地でバラバラにやると非効率であるため、総務大臣のリーダーシップが必須となる。

④ リーダーシップの壁

競争激しいアパレル・小売り

既得権の壁がない分野では、リーダーの決断次第で、どんどん技術は実装され、生産性が上がっていく。ユニクロは、世界に先駆けて日本で自動レジを導入し、労働生産性を向上させつつある（第三章参照）。オーナー企業では、強いリーダーシップを持つ社長が、どんどん新技術を導入し、雇用のあり方も変えていく。このレジまわりのイノベーション実現のために、ユニクロは全商品にＩＣタグをつけた。これはＺＡＲＡやＨ＆Ｍといった競合他社でも実現していない。日本のアパレル業界で、ユニクロの従業員給与がトップ水準※なのも当然である。

インターネットは全く新しいインフラであったため、ＥＣ（電子商取引）の分野には、妨害する既得権者がいなかった。禁止されていなければ、消費者は純粋に便利で楽しいほうを選ぶので、アマゾンの急成長とネットショッピングの拡大も、ベゾスＣＥＯらのリー

ユニクロの従業員給与がトップ水準

株式会社ファーストリテイリングの平均賃金は900万4,000円（2019年8月現在、平均38歳4か月、1,389人の平均）。その子会社であるユニクロは賃金が非開示であるが、「通常店舗の店長はS2ランクで630万～S3ランクで710万円くらいのレンジ」（現役社員）。筆者は10人超のユニクロ社員・元社員を取材しているが、病に倒れるケースも多くブラックそのものであり、店長は“名ばかり管理職”で残業代がつかなかった。その後は労働環境が改善に向かい、現在は店長にも残業代がつくようになって、年収を押し上げた。

ダーシップで実現した。

自由競争の世界では、市場原理によって、先を争ってテクノロジーの導入が進む。生産性を上げないと競争に勝ち残れないから、積極的にIT投資するインセンティブが働く。既得権者がいない分野は、雇用や給与への影響も早い。ネットショッピングの拡大によって、宅配の荷物が右肩上がりで増加しているため、自動運転が実現するまでは、配送に関わるドライバー、その荷物を仕分ける倉庫作業員らの人手不足状態が続き、しばらくは時給も上昇傾向だろう。

一方、取引量を奪われる形のリアル店舗の店員は、リストラされていく。フォーエバー21は破産申請し、オンワードは600店規模の閉鎖を発表した。残る店舗も、レジの自動化などで、少人数オペレーションに移行していく。

労組既得権が賃金低下要因を自らつくる

既得権がない分野は、テクノロジーを導入しないと淘汰される厳しい競争世界なので、どんどん進む。逆に、既得権のぶ厚い壁がある分野（❸）は、変革が速い順に、規制業種（1）、士業（2）、行政機関（3）で、やはり役所が一番遅い。

それでも、国会で行政手続きの電子化を原則として進める「デジタルファースト法」が成立し、形式的なリーダーシップは見せた。仮に政権交代が起きて「連合」（日本労働組合総連合会、官公労を含む労組上部団体）が支持する政党に政権が移ると、雇用固定化原理主義によって、さらに10年単位で改革が遅れ、賃金がさらに下がっていく可能性が高い。労組政権なら、デジタルファースト法すらも実現していなかったはずだ。

これは、出入国審査がＮＥＣやパナソニックの画像認識技術で自動化した背景を考えれば、明らかだろう。本来、入国審査官は公務員なので、その仕事をＩＴに奪われることには、官公労が脊髄反射で全面的に反対する。ところが、突然のインバウンド需要爆発で外国人旅行者が空港に押し寄せ、業務量が増加した結果、このまま右肩上がりが続くと、現状の人員では処理が追い付かないことが明らかとなり、負担軽減策が求められた。

そこで、日本人の審査は機械に任せ、より慎重な審査が求められる外国人に人手を割くため、自動化が実施された。仕事を減らして「雇用を奪う」のではなく、「負担を軽減する」という目的ならば、労組も反対する理由がない。

既得権が全く脅かされない環境が偶然、予想外に発生した「幸運」によってＩＴ化が進んだだけで、もしインバウンド需要が伸びていなければ、未だ自動化せず、人間が機械の真似事をして目視で審査していただろう。労組の反対を押し切って改革を進めた事例は、「大阪維新の会」を率いる首長がリーダーシップを有していた大阪府（市）など例外的少数にとどまり、財政に余裕がある東京都は、行革専門家であるはずの猪瀬知事時代でも、何ら進まなかった。

「都庁内の決裁プロセスは、紙の稟議書にたくさんハンコを押していく昔ながらの〝ハンコリレー方式〟で、民間企業のようなイントラ上の電子決裁は、導入されているのに、実際には使われていないんです」（30代都庁職員）。労働生産性向上においては、やらざるをえないようキャップをはめるインセンティブ設計と、既得権に与しないトップのリーダーシップが必須となるのである。

第四章のまとめ

○ テクノロジーが仕事として社会で実現するには、❶技術、❷コスト、❸既得権、❹リーダーシップという、4つの壁を乗り越える必要がある。

○ 技術力に優れた日本では、〝ぶ厚い既得権（❸）を突破できるリーダー〟の不在（❹）によって足踏みしているケースが多い。

○ 既得権が強くテクノロジー導入が進まない労働生産性の低い業界は、生産性を上げるインセンティブが存在しない（市場原理が働かない）セクターで、第一に行政機関（役所）、第二に士業（資格職）、第三に民間の規制業種である。

Key Question

ITやAIの導入が日本社会に進んでいるとは言えない理由について、みなさんは何が原因だと思いますか？　身近な例をもとに、労働生産性や働き手の賃金、人手不足問題との関係、さらには消費者や納税者の立場から、考えてみましょう。

第五章

消える仕事、生まれる仕事

本章では、「消える仕事」と「生まれる仕事」について、「量」(=雇用者数の増減)の点から分析する。雇用へのインパクトを理解するうえで、失業エリアにどのくらいのボリュームがあるのか、ざっくり全体像をつかむことは重要だ。そこで、日本で最も網羅的に職業ごとの就業人口を把握している国勢調査結果を用いた。なお、雇用の質(賃金の高低や、正規・非正規といった雇用安定性)は、次の第六章で述べる。

1 消える仕事とそのスピード

ざっと3分の1の職業が消える

最新の国勢調査結果(2015年調査)では、日本国内の15歳以上就業者数5889万人の職業が、２３２個のいずれかに分類されている。それぞれの職業について、本書での定義に基づき、上下（知識↕技能）、左右（機械↕人間）の切り口を入れていくと、５つのエリアのどこで何人が働いているのか、がざっくりわかる。全体に占める比率を示したものが下の図で、次ページの図には、それぞれのエリアで多い順に10の職業を記した。

左側が、「現状の業務内容を前提とすると、中核業務がいずれテクノロジーに置き換わる」という意味での、〝失業エリア〟である。ロボティクス失業（１）が28・５％、ＡＩ・ブロックチェーン失業（４）が５・５％、計33・９％となった。別途、「分類不能の職業」が５つのエリアの外に５・１％あるので、これを

テクノロジー進化と職業の変化 —— 就業人数の分布

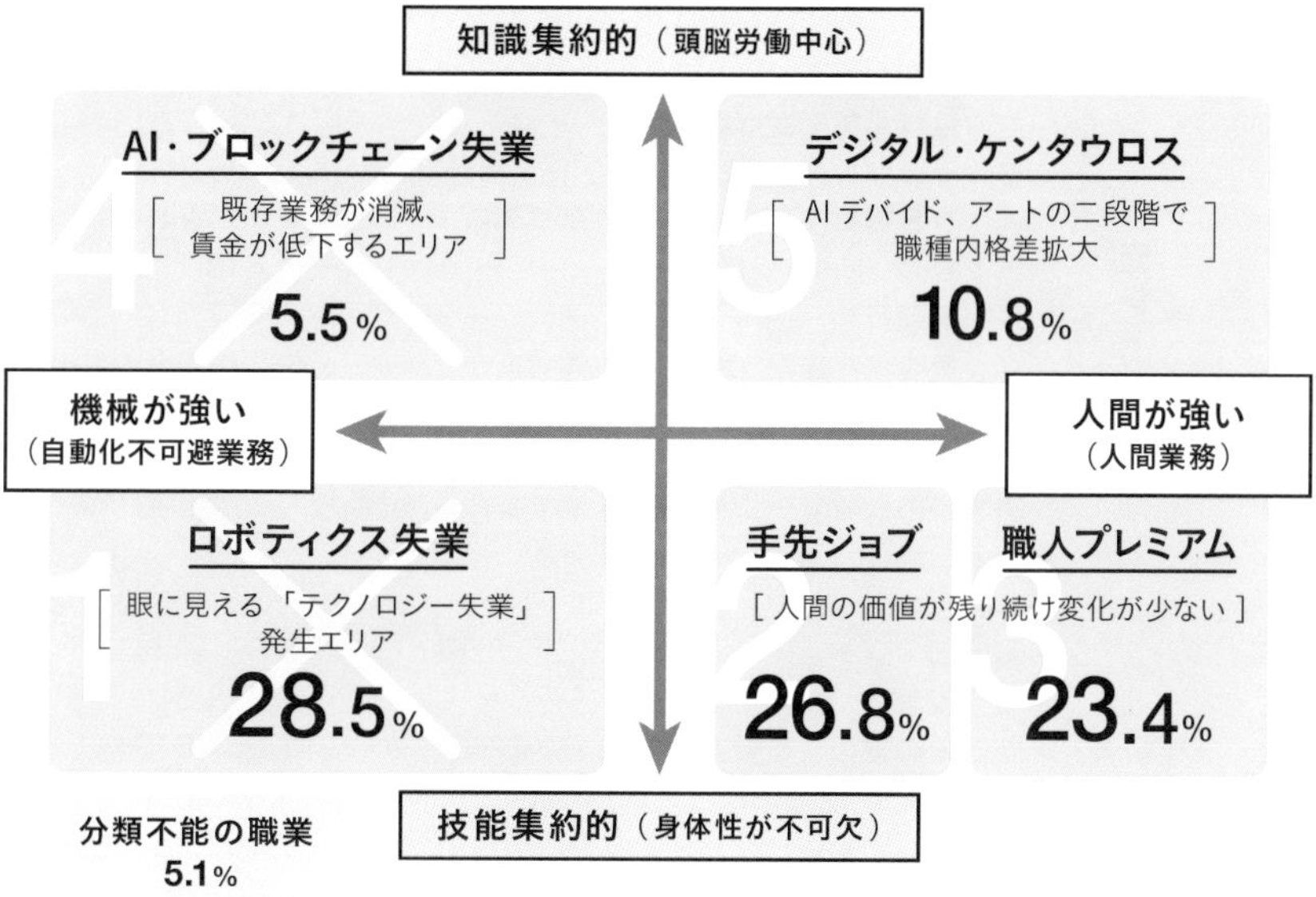

自動化の三条件

1. 必要な情報をデジタル取得できる
2. 指数的爆発が起きない範囲である
3. 執行可能な環境と身体性がある

人間の強み

1. 創造　2. 感情　3. 信用
4. 手先　5. ボディ

デジタル・ケンタウロス

1	会社役員	1,094,760
2	機械器具・通信・システム営業職業従事者	621,130
3	システムコンサルタント・設計者	564,610
4	小売店主・店長	378,060
5	医師	275,250
6	機械技術者	245,890
7	他に分類されない専門的職業従事者	243,990
8	デザイナー	193,830
9	個人教師（学習指導）	192,040
10	大学教員	179,830

人間が強い（人間業務）

手先ジョブ

1	農耕従事者	1,686,640
2	食料品製造従事者	1,236,720
3	その他の運搬・清掃・包装等従事者	1,006,200
4	飲食物給仕・身のまわり世話従事者	960,240
5	ビル・建物清掃員	818,170
6	配達員	717,010
7	その他の建設・土木作業従事者	598,750
8	土木従事者	514,770
9	電気機械器具組立従事者	500,490
10	その他の製品製造・加工処理従事者（金属製品）	477,990

職人プレミアム

1	調理人	1,838,610
2	その他の営業職業従事者	1,657,640
3	看護師（准看護師を含む）	1,300,060
4	介護職員（医療・福祉施設等）	1,262,250
5	保育士	542,600
6	金融・保険営業職業従事者	484,260
7	その他の社会福祉専門職業従事者	470,610
8	娯楽場等接客員	422,820
9	はん用・生産用・業務用機械器具整備・修理従事者	373,870
10	警備員	370,730

テクノロジー進化と職業の変化
―― 各エリアの具体的な職業の人数上位10

知識集約的

AI・ブロックチェーン失業

1	会計事務従事者	1,486,140
2	小学校教員	411,810
3	高等学校教員	274,540
4	中学校教員	236,740
5	建築技術者	235,190
6	薬剤師	218,740
7	その他の教員	110,280
8	その他の経営・金融・保険専門職業従事者	63,810
9	税理士	59,770
10	広告宣伝員	28,610

機械が強い（自動化不可避業務）

ロボティクス失業

1	販売店員	3,437,750
2	その他の一般事務従事者	3,407,430
3	総合事務員	2,769,550
4	自動車運転従事者	1,503,760
5	庶務・人事事務員	1,237,780
6	営業・販売事務従事者	695,070
7	生産関連事務従事者	525,370
8	受付・案内事務員	388,190
9	その他の販売類似職業従事者	271,090
10	電話応接事務員	256,850

自動化の３条件

1. 必要な情報をデジタル取得できる
2. 指数的爆発が起きない範囲である
3. 執行可能な環境と身体性がある

技能集約的

（注）職業名は「平成27年国勢調査に用いる職業分類」（総務省統計局）の小分類定義による。元の詳細データはエクセル形式でmynewsjapan.comよりダウンロード可

除外した94・9％を100として計算し直すと、全体の35・8％が図の左側に位置し、計2106万人が、現状のままだったら失業する計算になる。

とはいえ、変化のスピードには格差があり、なかでも知識集約型の職業は、工場のライン作業とは異なり仕事内容が時間に比例せず、アウトプットも定型ではないため、「既存の仕事は自動化するものの、より人間にしかできない新しい仕事がプラスされることで、仕事全体の質が変化する」と言ったほうが正確である。

左側（1+4）のなくなる仕事群について、前章で述べた「変化

変革スピードごとの「消える」職業分布

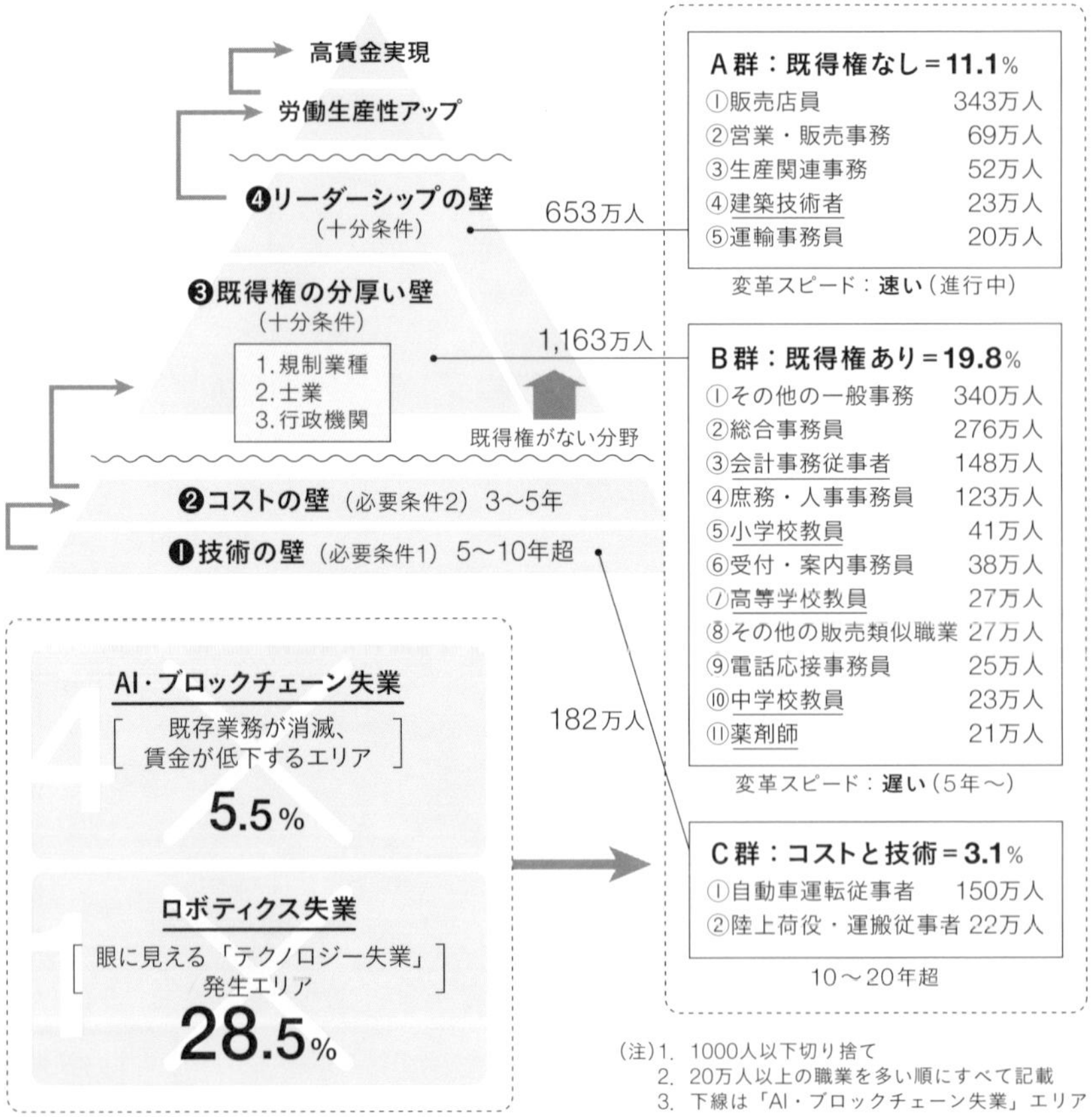

（注）1. 1000人以下切り捨て
2. 20万人以上の職業を多い順にすべて記載
3. 下線は「AI・ブロックチェーン失業」エリア

の障害」の段階ごとに3つに分類したものが、右の図である。A群、B群、C群と、上から順に、なくなるスピードは速い。既得権（法規制）がない分野の職業は、経営者のリーダーシップ次第でどんどんＩＴに置き換わってゆき、変化に対応できない者は撤退を余儀なくされる。

変化が速く人数が一番多い「販売店員」

具体的には、A群（既得権なし）が計653万人（全体の11・1％）おり、なかでも一番多いのが「販売店員」（343万人）となった。そのバックヤードとなる「営業・販売事務」（69万人）が2番目に続く。もちろん、すべてがテクノロジーに置き換わるわけではないが、既得権がない分野であるため、変化のスピードは速い。いわゆる〝アマゾン・エフェクト〟で影響を受ける仕事の代表選手といえる。

販売店員は、各業界に幅広く存在しているが、ようは、お店で「待ちの接客」をして販売するスタッフのことだ。ほとんどの場合、キャッシャー（レジ業務）も兼務している。実店舗のレジ業務に関しては、ユニクロの自動レジ、ローソンのスマホレジなど既に実装されているテクノロジーで、人手が減っていく。そこには、規制も抵抗勢力もない。

アパレルでいえば、「23区」「組曲」などのブランドを展開するオンワードが、国内外で

600店撤退を表明した。フォーエバー21は米国で破産申請し、日本から完全撤退。その販売店員は当然、正規社員もバイトも、職を失う。

「上野マルイ」等に2007年まで勤務していた丸井の元社員を取材したことがある。婦人靴売り場で、長らくカテゴリの全店1位だったという人物だ。「自分の番号でレジを打つと記録され、全店分が個人単位でバックヤードに貼り出され、3か月ごとに給与とボーナスに反映する仕組みでした。年収は700万円ほどで、20代としては高いと思います。ピークタイムは接客し、それ以外の日中に品出しや掃除などしますから、残業はなし。夏冬は12連休ずつとれました」

こうした伝統的な販売店員の仕事は、この10年余りで様変わりした。「接客」や「一等地での買い物」に余計な料金を払うよりも、その分、ネットで安く買って届けてもらうほうを消費者は選び始めた。土地代や接客人件費を、衣服と「抱き合わせ販売」されていた消費者が、ネットで機械にお勧めされたものを買うほうが、安くて便利で楽しい、と気づいたのである。

過去の購買記録からのビッグデータ分析で、個人の好みに合った商品を勧めるレコメンド機能は、AIでどんどん最適化されている。割引やポイント還元など各種プロモーション施策も、データサイエンティストが組んだAIが、顧客個人単位で、最も売れる可能性の高い効果的な一手を仕掛ける。ゲームの課金誘導と同じだ。

こうした新しいテクノロジーで、販売店員はどんどん従来の役割を失っていく。丸井グループは2019年9月の事業戦略発表会で、ついに「売らない店」を強化する方針を示した。丸井グループが出資するオーダースーツの店「FABRIC TOKYO」のリアル店舗では、顧客は生地を手触りで確認し、店は採寸だけするという。注文は、消費者が自分でネットから行う。店舗スタッフにはノルマもないというから、180度の転換である。販売しないので「販売店員」ではないが、代わりに「オーダーメードスーツコンサルタント」とでもいうような新しい職業が創り出されている。

とはいえ、大半の店はこうした業態転換をすることなく撤退するため、販売店員の総数は減っていく。逆に増えるのが、ネット注文をさばく物流センターのピッキングスタッフや、宅配の配達員だ。これらは「手先ジョブ」(2)に属し、非正規雇用者が多く、賃金は低い。どんなに頑張って働いても、丸井の店員のようなコミッション報酬がなく、年収700万円は不可能に近い。しかも、一時的にこれらの職が増えても、物流センターもマテハン※の自動化が進むため、中長期的には雇用が減っていく。

とにかく事務員だらけ、5人に1人が事務員

B群(既得権あり、計1163万人)の1位は、「その他の一般事務従事者」(340万

マテハン

Material Handling＝マテリアルハンドリングの略称。
生産拠点や物流拠点において、モノの移動を機械化し、
運搬作業を最少限の手間でこなすこと。

人）。販売店員（343万人）とほぼ同数にのぼり、両者は失業職種の代表だ。一覧を見てわかるとおり、2位「総合事務員」、4位「庶務・人事事務員」、6位「受付・案内事務員」、9位「電話応接事務員」……と、事務員系が実に多い。「運輸事務員」「郵便事務員」等も含めると計1118万人にもなり、実に日本の総労働者の5人に1人を占める。

失業予備軍とあって、「事務的職業」の有効求人倍率は0・49倍と、就活・転活者2人に対して1つのポジションしか求人が出ていない。逆に最も倍率が高いのは、人間にしかできない②手先ジョブに属する「建設躯体工事の職業」で、11・2倍[注]。つまり経営者は11人採用したいのに、働かんとする者は1人しかいないわけだ。

なぜこれほどまでに、日本人は事務作業ばかりしているのか。

第一は、これら職業群のなかに、役所や金融業の、生産性の低い事務職が紛れて含まれていることによる。国勢調査の職業カテゴリには公務員や行政職といった切り口が一切なく、全国1741もある地方自治体に所属する事務系公務員が、これら「○○事務員」に含まれている。規制業種という点では同様に、金融業も、営業職については別途切り分けられているが、事務職はこれらに分散して計上されている。銀行・信金・損保・生保の支店で働く事務員は、全国で膨大な数にのぼる。

この膨大な数の事務員、すなわち役所と金融業の間接部門スタッフたちは、紙とハンコの文化に骨の髄まで浸かっており、規制業種であるがゆえに昭和時代から業務プロセスを

注：2019年9月、厚労省「職業安定業務統計」より。

ほとんど変えていない。変えるのは労力がかかる行為なので、正直、面倒くさい。規制業種と行政機関は、変えなくても潰れないから、やる理由がない。インセンティブがないのである。

事務員が多い理由の第二は、中小企業が多いからだ。日本の労働生産性に関して、「中小企業基本法が諸悪の根源」とデービッド・アトキンソン氏（元ゴールドマン・サックス・アナリスト、小西美術工藝社社長）が述べているが、[注]確かに日本政府は、中小企業を過剰に保護してきた。例年、中小企業だけが応募できる「ものづくり補助金」という予算が1000億円超も計上され、審査に通ると、必要な設備投資等に最大1000万円も公金から貰える。融資ではなく、返済の必要がない供与だ。

その申請書づくりに成功報酬で関わる「中小企業診断士」という国家資格まであり、審査する側もその診断士。「診断士は、国の予算で食うのが王道。診断士の資格をとると、中小企業診断士協会に所属できて、国が中小企業政策を実行する際に、この診断士協会から補助金政策の情報が来て、仕事を貰って食っていきます」（30代診断士）。半ば、利権化している。

建設会社、不動産会社、タクシー会社など、誰もが街中を歩いていれば気づくと思うが、とにかく中小企業は多く、それぞれの企業が細切れで事務員を雇用しているため、間接部門にスケールメリットが働かない。たとえば0・5人分の作業量しかなくても人間は分割

注：『日本人の勝算　人口減少×高齢化×資本主義』（東洋経済新報社、2019）参照。

できないから1人が雇用され、労働生産性は低く、その結果、その人の賃金は低く抑えられる。規模が拡大すればシェアードサービス化で事務員を減らせる。本来の競争原理のもとでは淘汰されるはずの〝ゾンビ中小企業〟が、税制面や金融面で優遇され、なかなか潰れない。

「中小企業が多い＝草の根の張った地力と多様性のある強くて民主的な経済」であって、韓国のように一部の財閥が支配する国とどちらがよいのか、と問われれば、中小企業が多いほうがよいに決まっている。

だがそれは、国が税金で潰れそうな会社を保護するのではなく、下請法をはじめとした独占禁止法の強化など公正な競争政策によって実現することが可能で、中小企業の数が適正規模を超えた結果、国全体の労働生産性を落としている可能性が十分にある。大企業の労働生産性は、中小企業の2倍以上と高いため、極論を言えば、中小企業をすべて潰して大企業に統合してしまえば労働生産性は上がる。

企業規模別の従業員1人あたり労働生産性推移

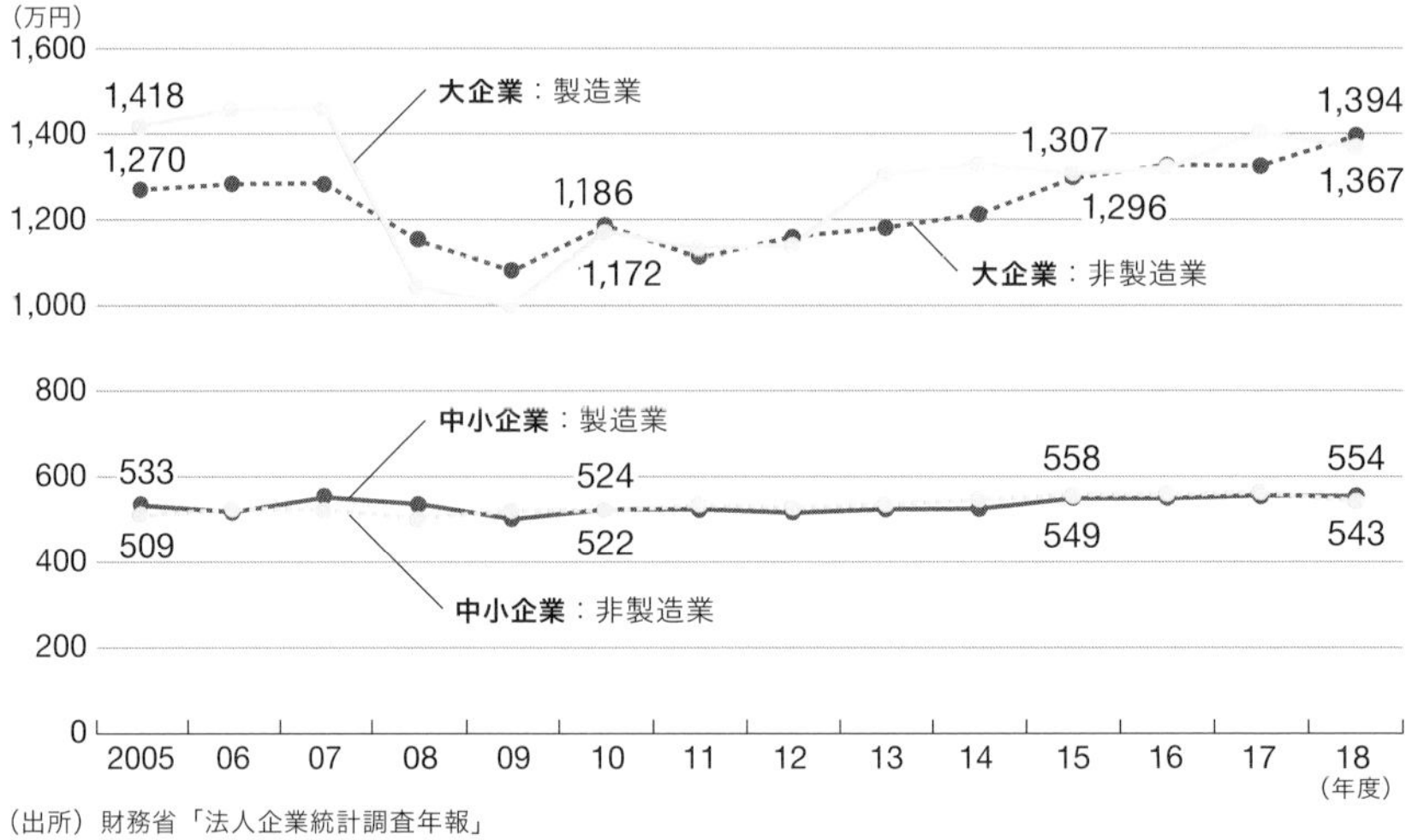

(出所) 財務省「法人企業統計調査年報」
(注) 1.ここでいう大企業とは資本金10億円以上、中小企業とは資本金1億円未満の企業とする
2.2006年度調査以前は付加価値額＝営業純益（営業利益－支払利息等）＋役員給与＋従業員給与＋福利厚生費＋支払利息等＋動産・不動産賃借料＋租税公課とし、平成19年度調査以降はこれに役員賞与、および従業員賞与を加えたものとする

中小企業の適正規模に関しては、経済学者が第三者的に導き出したデータに基づく議論が行われることもなく、なし崩し的に政治力によって予算が支出されているのが問題だ。既得権でいうと、士業（中小企業診断士）に加え、商店街の零細商店や中小工場街（東大阪市、大田区……）の町工場といった、中小企業全般が政治力を持っている。

不要な仕事の併存がスキルアップを阻害

こうした過剰な事務員問題は規制業種で顕著であるが、銀行についていては日銀のマイナス金利政策という全く別の原因によって融資の利ザヤがとれなくなったことでコスト削減圧力が強まり、メガバンク3行で計3万2500人分の業務量を削減する計画（支店の事務員が中心）が、遅ればせながら2019年までに公表された。

役所業務のほうは、2021年春からマイナンバーカードが健康保険証を兼務するようになり、その分の従来の事務（書留で郵送）は消滅するが、一方で従来型の保険証も発行し続ける。マイナンバーカードの普及に手間取っているからだ。国民健康保険証というのは市区町村単位で、デザインもバラバラ、素材も紙だったりプラスチックだったり、有効期限も1年だったり2年だったりと、税金であることをよいことに、非効率の限りを尽くして無駄遣いされている。双方が重複業務として継続するため、事務作業も結局、減らない。マイナンバーカードに統一するリーダーシップは政府に全くみられない。

役所窓口のほとんどの業務は、こうした、本来ならば「紙と郵送で人間がやる必要がない業務」ばかりである。たとえば住民税のお知らせ、保険料のお知らせなど、役所からの「お知らせモノ」が毎年、郵送されてくるが、マイナポータルで自分で見られるようにすればいいだけ。そもそも口座引落で金額は確認できる。紙を送られても使い道が何もない。私は何度も「ゴミ箱直行だし、郵便箱荒らしで個人情報を盗られるから送らないでくれ」と役所に言っているが、法律で決まっていて止められないそうだ。

これを全国津々浦々で、全住民に対してやっている。これは政府傘下の日本郵政（財務大臣が6割強の株を保有）経営陣にとっては、安定収入の利権でもある。不要な事務作業を役所が作りだし、不要な雇用を税金で残す。すべてペーパーレスになったら仕事がなくなるので、労組も変革に積極的ではない。事務員が多く労働生産性が低い背景には、こうした既得権と、政治リーダーシップの欠如がある。

自販機、ATM、ウェブ（マイナポータル）といった、機械のほうが正確に迅速に情報漏えいもなく処理できる業務を、社員や公務員が担当している。本人にとっても日本国にとっても、貴重な労働者がスキルアップのチャンスを失っており、関係者全員にとって損失でしかない。

このB群（既得権あり）で、事務と並んで目立つのが、教員である。小中高で91万人にのぼり、大半は公務員だから、変わるインセンティブはない。ただ、第三章「ＡＩ・ブロックチェーン失業」エリアの職業群）で述べたとおり、慢性的な長時間過重労働で疲弊しているため、負担を軽減したいと、現場は皆が思っている。

偏差値教育部分（学科）の自動化による構造改革は、雇用を脅かすものでは決してないため、リーダーシップ次第で、障害はない。あるのは、変化に対する単純な恐れだけで、ＡＩ時代にあった再訓練が必要なだけだ。すなわち、マスプロ授業から、答えのない課題を自分の頭で考えさせるマイケル・サンデル的な授業※と、落ちこぼれ生徒への個別徹底サポートへの仕事内容の転換である。

会計事務従事者

このＢ群で、１４８万人と、依然人数が多いのが、「会計事務従事者」だ。会計というのは本質的に付加価値を生み出す仕事ではなく、企業にとってはコストに過ぎないため、なるべく全自動化したい。ＥＲＰやクラウド会計ソフト、外部とのデジタル接続が進むことで、情報を自動的に取り入れ、最適な勘定科目に振り分け、帳簿が作成され、決算書の形になる。一定のルールに則って会計処理を行う「主計」業務は、どんどん自動化が進む。

この分野は、税理士と会計士といった士業の既得権が深く関係し、かつ透明化を嫌う企

マイケル・サンデル的な授業

ハーバード大学教授で哲学者。大学での公開講義を著書にした『これからの「正義」の話をしよう』が世界的ベストセラーとなり、NHKが『ハーバード白熱教室』（2010年）を放送。倫理・哲学・宗教といった、答えが1つではない、明確な答えがないテーマについて生徒たちに議論させ、教師は答えを押し付けず考え方やヒントを与え、進行役となるスタイルに特徴がある。日本の偏差値教育の対極にある授業。

業経営者も抵抗勢力となるため、第四章（❸既得権のぶ厚い壁　2．士業）で述べたとおり、「既得権の分厚い壁」が複雑に絡み、各種会計情報のフォーマット化やデジタル化（ペーパーレス化）が進まない。よって、少しずつ雇用者が減っていくなかで、「簿記2級を持っているだけ」の人材は価値が下がり、逆にニーズが減ることはない財務コンサルティングや戦略に近い仕事（管理会計、財務）へと、仕事内容がシフトしていくことになる。

過去30年間で半減した「会計事務従事者」であるが、このくらいのペースだと、需要が減って賃金は下がるものの、「失業者が続出」という事態にはならない。20代で就職して30～40年ほど働いて引退するので、自然減で調整できる範囲内だ。

自動運転化と「自動車運転従事者」—150万人の行方

C群（コストと技術）はまだ時間がかかる分野だ。自動運転技術の影響を受ける自動車運転従事者（150万人）については第三章で述べたとおりで、多重な段階を踏んで変わっていく。運ぶ対象（モノ／人間）と走る場所（高速道路／地方／郊外／都心）によって、実現する時期が異なる。人間の運転に比べ、同等以上の安全性が求められるため、時間がかかり、雇用へのインパクトは小さい。すなわち、10～30年かかる変化であるため、ドライバー職は、高齢者の引退による自然減によって調整され、消化できる範囲と考えられる。

自動運転が実現すると、ＭａａＳが進み、自動車を所有する人が減って、必要なときに必要な時間だけスマホで呼んで、共有の車をサービスとして使うようになる、よって車の販売台数は落ち込み、自動車産業の雇用が重大な打撃を受ける――といった深刻な未来も語られる。だが、鉄道駅中心に設計された日本の都市においては、密集した中心街に自動運転車は入れないため不便で、実現するとしても地方の過疎地に近いような限られたエリアのみ、それも20〜30年後からだ。ほとんど雇用インパクトはないとみてよい。

ＥＣ化の影響が大きいため便宜的にA群に入れた「販売店員」であるが、２０２５年までにコンビニに並ぶ全商品にＩＣタグをつけてレジを自動化するという「コンビニ電子タグ１０００億枚宣言」が、この「コストと技術」の典型例である。

経産省主導で目標だけ決まったものの、全く実現のめどは立っていない。実現すればコンビニの販売店員は仕事がラクになり雇用数も多少は減らせるため、むしろ経営側のＦＣオーナーにとってコスト削減メリットが大きいが、１本１００円未満の缶ジュース１つ１つにＩＣタグをつけるコストに対して、レジ業務は全体の３割だけ。そもそも費用対効果が悪く、魅力に乏しい。

2　生まれる仕事、増える仕事

身体性なきＡＩを人間が補う

ＡＩを導入する側の専門職（ＡＩに詳しいＥＣコンサルタント、ＳＥ、プログラマー、データサイエンティスト……）のニーズが高まるのは当然だが、大多数の人はエンジニアでもなく、その筋の専門家でもない。では、ＩＴ職以外では、どのような職業のニーズが増え、新しい職業が生まれるのか。

私も技術者ではないが、ウェブが登場したことで、ネット新聞社を経営しつつ、そこに記事を書いて生計を立てている。私の職業は、20世紀には存在しておらず、新しく生まれたものだ。ツールとしてネットを使う、ツールとしてＡＩを使う、という発想が重要だ。

職業は、「業務の束」によって成立する。ＡＩが職業に活かせるのは、①デジタルデータ取得、②分析、③執行、の３つがセットで可能になったときだ（第二章）。ＡＩは身体性がないため、この③の執行に人間が関わるパターンが確実に増える。そして、新しい事業が生まれれば、営業や機器メンテナンスや人事・教育・経理といった一連の人手が必要となり、新しい人間の仕事が生まれたり、増えたりする。

たとえば実用化しつつある、ＣＴやＭＲＩ画像のＡＩ診断による癌細胞や認知症の超早期発見は、確定診断のための２次検査以降の人間医師による診療業務を増やす。ＡＩは、人間の眼では判別できない精度で見抜くが、病状が初期であるほど病名の最終確定には手術などによる生検が必要となるため、放射線科医と外科医の仕事はともに増えるだろう。

ビジネスとしては、「最新のＡＩ機器を備えた専門検査施設」という新しい業態が現れ、早期発見率の高さで人気を博すかもしれない。大陸からの医療ツーリズム需要も期待できる。

現状の検査施設は、医師視点の「上から目線」で設計されており、患者視点・顧客視点はほぼ考慮されていない。たとえば検査結果は、最も紛失しやすく劣化もしやすい紙でしか貰えない。スマホやＰＣにメールで送ってくれないし、患者の医療データ開示要求に対して露骨に嫌な顔をする勘違い病院ばかりだ。やっと貰えても、毎回、わざわざコンビニ端末でスキャンして自分にメールを送るといった無駄な作業が患者側に発生し、ストレスで病気になりそうである。

AIが活かせる3つの条件

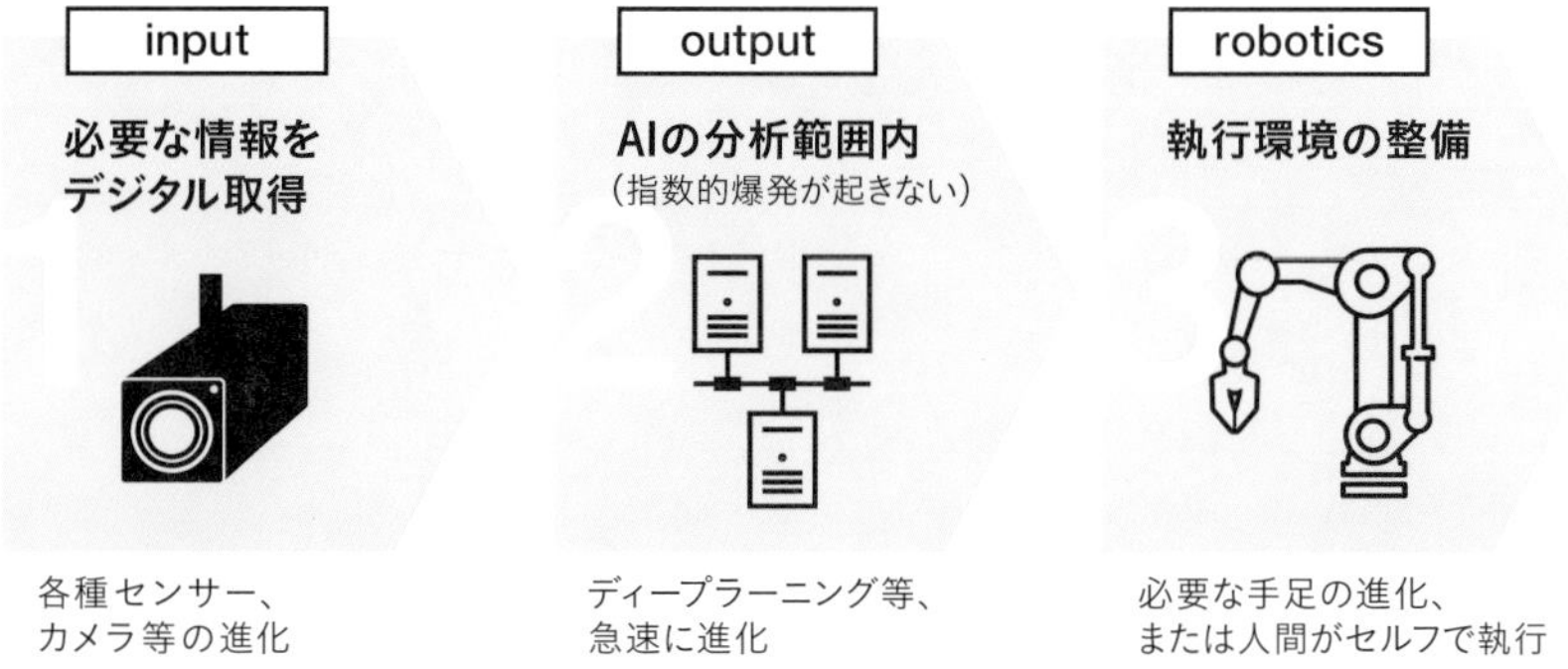

スマホ世代が高齢化するにつれ、民間の顧客視点でサービスを考え、オペレーション設計できるマネージャー職が必要となるのは時間の問題で、ここは人間の出番となる。

レコメンドまわりで発生する新しい職業

レコメンデーション※機能は、AIが得意とする「推論」（これらの商品を買ったあなたは、ビッグデータ分析によると、これも欲しがるはずだ、図星だろう……）で、この機能が利用されるネットショッピングは拡大を続けている。レコメンドという点では「執行」まで完了するが、ビジネスとしてはその商品を購入してもらわないと売上が立たない。

そこで人間の出番となる。デジタルだけでは人間味がなく、味気ない。もう一押しで気持ちよく購入してもらう、ネット上の通販番組のような「ウェブダイレクト販売員」（ライブコマース販売員、インフルエンサー）といった職業は増えそうだ。既に中国で一般化しているように、スマホ画面上のライブやオンデマンドで、商品の利点を説明しつつ販売する、いわば「渋谷109」カリスマ店員のネット版である。

今後は、ZOZOやアマゾンのような中間業者を挟まず、ブランドが直接、ファンである消費者にネット販売していく、いわゆる「D2C」（ダイレクト・トゥ・コンシューマー）の流れは強まる。既に好きなブランドが決まっている消費者と、ファンの購買傾向情

レコメンデーション

recommendation＝推薦、推奨、おススメ。対象者にとって価値や興味があると思われるコンテンツを、より個人単位に最適化して提示すること。

報が欲しいブランドメーカーにとって、売上の3割超を抜く中間業者は余計なコストでしかないからだ。

ネット販売を含むブランディング全体を取り仕切れるECプロデューサー、販売サイト構築からレコメンデーション、ダイナミック・プライシング、決済、物流まで一連のECを設計できるAIエンジニアといった職業も、どんどん価値が上がっていく。

このネットショッピングに関連して増えている仕事が、ネット注文をさばく物流センターのピッキングスタッフや、それを自宅に届ける配達員である。宅配個数は2018年までの20年間で、年間の配達個数が2・3倍に増え、43億個超にもなっている。高齢者にとっては買い物もキツい労働だから、日々の「宅食」配達も増えている。こ

宅配便の取り扱い個数推移

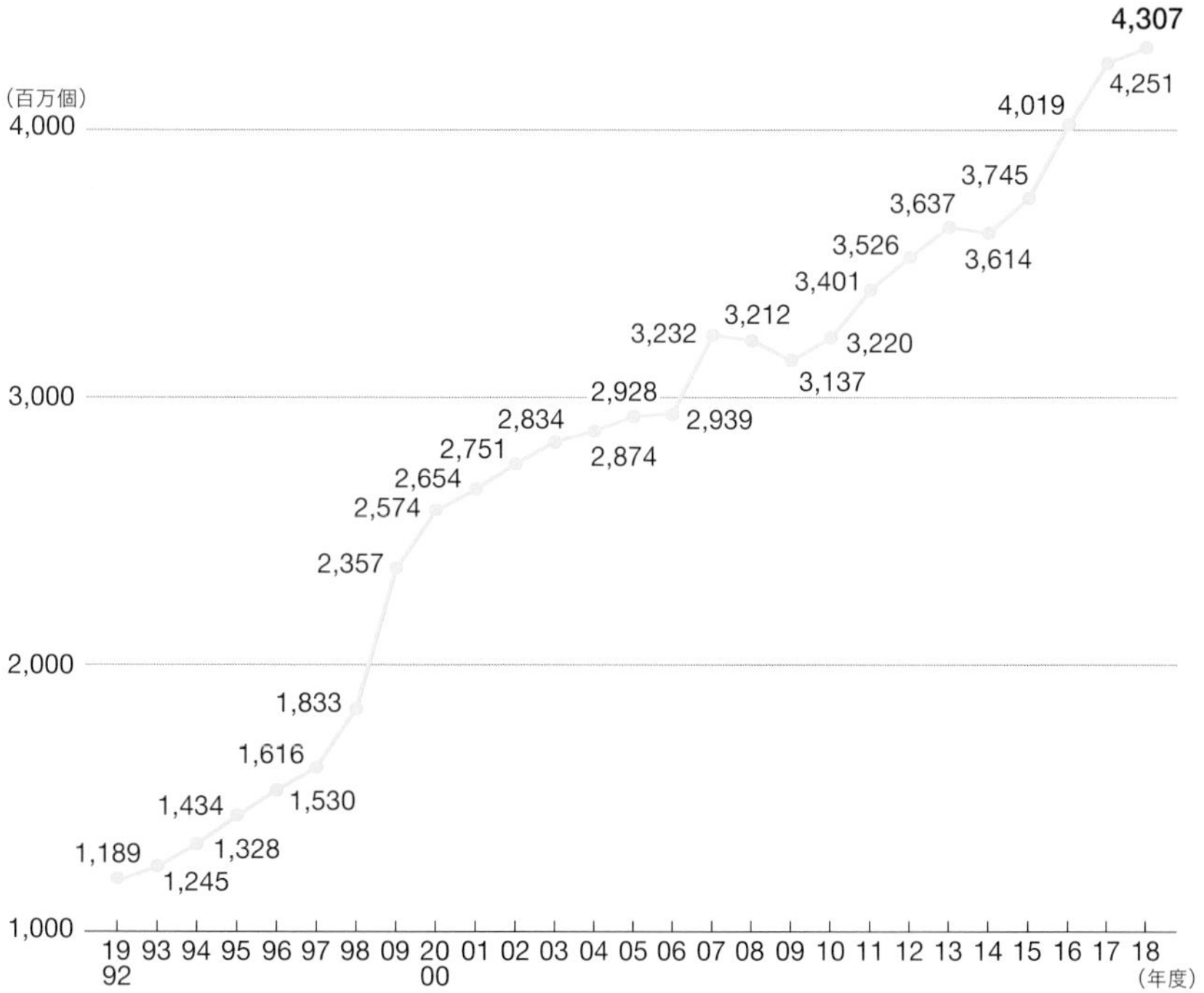

(出所)国土交通省

うした、いわゆる消費者宅への「ラストワンマイル」は、不滅の人間職種である。昨今では個人事業主として独立し、1個あたり数百円という成果報酬で配達を請け負う業態も増えている。

この同じレコメンド関連で市場拡大中なのが、YouTuberという職業である。グーグルの広告配信技術では、個別の視聴者ごとに最も興味がありそうな広告を、アクセス履歴等から分析して動画再生中に挟み、かつ、次にどの動画を自動再生すれば視聴者が見続けるかもレコメンド機能で最適化され、自動で表示順が決まっていく。こうして、グーグルがAIによる最適な広告配信を「執行」する過程において、YouTuberという、人間が動画コンテンツを制作し広告スペースを提供する職業が生まれている。関連して、YouTubeの動画編集者、という編集を専門とする職業もニーズが高まっていく一方である。

あらゆる業界が「現場→集約化センター」に

AIによって生産性が高まるコールセンターやシェアードサービスセンターのマネジメント（運営、採用、教育）という職業は、AIが浸透するにつれ、あらゆる業界で増加が見込まれる。

たとえば防犯業界では、現地に人間を巡回させずとも、高度なセンサーやカメラなどを張り巡らせて大量の情報を取得し、その動きをＡＩ分析することで、怪しい人物を自動で見つけられる確率が高まっている。

「従来の『何かが発生してから動く』から、『発生を未然に防ぐ』へのシフトが、ＡＩ活用のメリット。なかでも、日本はホームセキュリティーの普及率が３％ですが、欧米は25％ほどなので成長が見込めます」（ＡＬＳＯＫ開発企画部）

既に、強盗が家屋を下見していると疑われる段階で、センサーが情報取得してビッグデータ分析。監視センターから不審者に対し、遠隔で「何か御用ですか」などとスタッフが声をかけることで犯罪を未然に防ぐ機能が、実装済みだ。

２０２０年サービス開始の５Ｇ（第５世代移動通信システム）になると、情報が３Ｄ化し、遠隔地にいる警備員が、ホログラムで眼の前に出現することも可能になるかもしれない。人間の働く場が、現場から監視センターに移る、ということである。

人間を現場に配置し続けるより、集約化センターに配置したほうが圧倒的に少数で済み、生産性が高い。ホームセキュリティーだけでなく、鉄道のホームや空港などでも、バーチャル案内員は活躍できる。鉄道利用者がボタン１つでシェアードサービスセンターに質問できれば、少人数で効率的な運営が可能だ。ボタンを押すとホログラムで駅員が現れ、身振り手振りで質疑応答する情報システムは、１つのパッケージとして各業界の現場に適用範囲が広がるだろう。

ホテルのフロントサービスや、薬剤師による薬の説明も、コールセンター化することでノウハウが溜まり、ＡＩ分析で正確な答えが瞬時に表示されて人間をアシストする。コミュニケーション内容は自動記録され、ビッグデータ分析で研修にフィードバック。スキルアップした人間が効率的に答えられるようになる。

物理的にすべてのスタッフが顧客の眼の前にいる必要はないが、顧客対応自体は、人間にしかできない感情ワークとして残り、遠隔対応員は増える。通勤不要の居宅型、出社型、海外のオフショア型（人件費が安い外国人が日本語で対応）と、様々なタイプに拡大していく。

以上のように、ＡＩの活用から生まれる職業はすべて、人間を超える「推論」力が執行される過程で、ＡＩの弱み（感情がない、信用がない、ボディがない……）を人間が補う形で生まれてくる。

人間を超える腫瘍発見力、人間を超えるレコメンド力、人間を超える不審者検知力、そして、人間を超える「質問に対して正確な答えを即座に表示する力」。情報をデジタル取得してＡＩ分析した先に、人間にしかできない役割として何が求められるのか——を考えることで、人間の新しい活躍の場が見えてくるわけである。

ワークショップ：「AI化で生まれる仕事」を考える

より具体的に、AIの進化によって生まれるであろう仕事を考えてみよう。ここまで読み進んできた人は、自分の仕事、自分が所属する会社の業務のなかで、「ここはAI化できる」「AIに付随してこういう人間のポジションが増え、新規事業として成長しそうだ」という見当がつくはずだ。社内コンサルタントとしてブレーンストーミングしてみてほしい。

考え方としては、第二章の図でいうところの、人間社会にニーズがあることを大前提とした「エリアD」（AIが圧倒的に得意）と「エリアA」（人間とAIの相乗効果あり）だ。このAIの執行過程において、身体性がないAIを操作したり、マネジメントすることで、人間が関わり、付加価値が生み出される。

キークエスチョンとして有効なのは、「100％正確であることが求められる業務は何か？」である。今までは、AIがなかったので人間が無理やり担当していて実はミスも多かったが、AIならば100％に近い精度で実現できる――という業務である。

●人間にもAIにも不得意な分野とは（絶対評価）

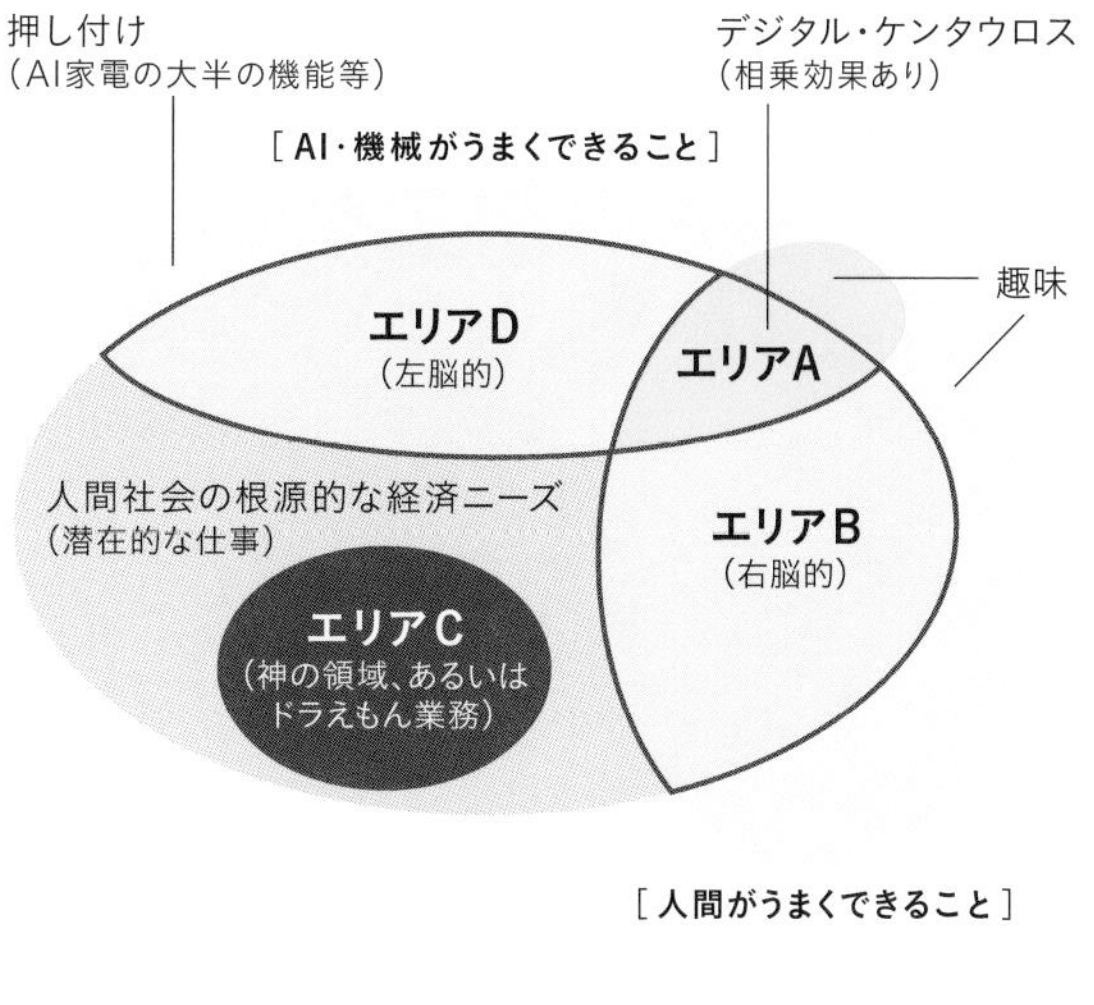

既に出てきた例では、スポーツの審判、会計士の監査などがそうだ。その周辺でどのような仕事が生まれるか考えればよい。たとえば野球の球審という機能は、全国の少年野球や草野球ではＡＩ判定で自動化したほうが納得性が高まり、保護者は人間にしかできない安全配慮や指導に、より時間を充てられるようになる。

野球のルールでは、ボールが、ベースの上をかすり、かつバッターの膝から肩までの間を通れば、ストライク。それ以外はボール。これはＡＩに何十万という映像（教師データ）を読み込ませれば、あらゆる身長・体形の打者のものでも、正確に判定するようになる。自動運転の技術では、リアルタイムで自動車のまわり３６０度の３Ｄ映像を分析する。それに比べればピッチャーの投げるボールのベース上での判定など容易い。

「ＡＩ球審システム」を開発し、メンテナンス付きで全国津々浦々の野球チームや学校向けに売る。部活の審判として朝練から放課後、休日まで拘束される中学校の先生は負担軽減になる。ミズノなどの、これまでバットとグローブを作っていたメーカーが、新規事業として参入してもシナジーがありそうだ。

マグロの判定

私の身近な話でいうと、たとえば実家はマグロの仲卸業（豊洲市場）で親父もこの道50

年の現役仲買人であるが、いかに安い価格で高品質なマグロをセリ落とすか、が勝負である。1本あたり数十万円〜といった価格帯なので、失敗すると痛い。まさに「100％に近い正確さ」が求められる熟練の仕事だ。

セリに出され、並んでいる大量のマグロを見て、どれをいくらで入札するか決めていく。築地時代に同行したことがあるが、素人が見ても、ぜんぶ同じにしか見えない。

何を見て値付けするかというと、尻尾の断面図や、頭部から見た全体のフォルム（これが一番重要だという）、ライトを当てて見える肉質や色合い、手カギで冷凍マグロをコツ叩いて感じ取った脂の厚みなどだという。もちろんベースとして、重量・季節・産地（シアトル、アイルランド、大間……）といった客観的な情報が頭に入っている。音（聴覚）や臭い（嗅覚）は関係ないが、尻尾の断面から触ったり手カギで叩くことは可能なので、手先の触覚は一部使う。この段階で味見はできないから味覚は関係ない。ほとんどが視覚情報である。これはＡＩの最も得意とする機能だ。

触れなければ、セリ場にカメラは持ち込み自由だという。尻尾の断面図はＣＴのようなものだし、フォルムも画像化できる。結果的に、相場より良質だったマグロと、そうでなかったマグロを、教師データとしてＡＩに何万枚も読み込ませれば、ＡＩ判定で、熟練の技を超える可能性が十分ある、と考えられる。

このように、あらゆる判定業務に、ＡＩが活かせる可能性がある。メーカーの工業製品や農産品における品質チェック、検品のような作業は、人間が熟練の技でやっていたところに、ＡＩが導入され、ツールとして利用されつつある。この場合、総体としては人間の仕事は減るが、新しい仕事として、ツールを開発してメンテナンスして普及させるという、開発・営業・メンテナンスの仕事が生まれたことになる。

医療と交通

「１００％正確であることが求められる業務は何か？」で真っ先に思いつくのは、人命に関わる「医療」と「交通」の分野である。どちらも限りなく１００％に近い精度で命を守りたいが、実際には至らぬ人間のミスで日々、人が病気になったり事故で亡くなったりしている。

どちらも他の業界とは重さが段違いで、人命は人間にとって価値が高いがゆえにカネも優先的に動き、ビジネスになりやすい。ただ、人間よりも安全な運転となる自動運転技術は、実現までに10年単位の時間がかかるうえ、日本の中心街では実現しない（第三章参照）。

医療のほうが変化は速い。早期発見が重要な病気は、癌だけではない。治す方法が存在しない眼の病気「緑内障」は、とにかく早期発見して眼圧を下げて進行を止める必要があるが、眼底写真を何十万枚も読み込ませてＡＩ分析することで、視神経の形状や色から、

「10年以内に発病する確率が95％」などと、人間にはおよそわからないわずかな兆候を正確に見抜くようになるはずだ。緑内障は失明原因トップなので、このＡＩ活用診断はバリューが高い。

同様に、脳のＭＲ画像からはアルツハイマーや脳溢血のリスクが正確に予見されるようになる。椎間板ヘルニアなども、レントゲン画像から、10年以内発症率〇％……といった正確なリスク予測がわかるようになるだろう。病気は基本的に治らないものなので（生涯にわたり診察代や薬代がかかり続ける）、いかに未然に発症を防ぐか、がポイントとなる。医療費削減策として国が取り組むリターンも大きい。

その究極が、遺伝子データから将来の病気リスクを予見するビジネスで、保険会社は個人単位の検査結果に基づいてリスクに応じて治療費を賄う、カスタマイズされた保険商品を出してビジネス化できる。癌抑制遺伝子に異常が発見され「予防的乳房切除術」を受けた女優アンジェリーナ・ジョリー氏のように、どんどん先手を打って予防する時代になっていく。検査して予防を促し、リスクに応じた医療保険をかけるビジネスは、ＡＩで拡大する可能性が高い。検査技師は足りなくなるかもしれない。

ただ、人間は、もちろん自分で自分の遺伝子を選べない。優生主義にもつながりモラルが問われる。従来の保険商品は「生まれつきの個体差はないものとする」という価値観のもと、「40代女性」「50代男性」といった括りで将来の疾病リスクを計算して保険料を徴収し、病気になってから給付する。では、本人の責任とは一切関係なく、ＡＩ診断によって保険料が高い人と安い人が出てきてよいのか。情報がクリアになって、負担＆給付のグループが細分化されていくと、「入れる保険がない人」が出てくることも容易に想像できる。

たとえば、「ＡＸＡグループはグローバルで倫理基準を設け、ゲノム解析が進んでも、遺伝子データに連動した保険商品は作らないと明言しています」――とアクサ生命保険の日本法人に取材で訪れた際に聞いた。だが私は、純粋に倫理基準というよりも、ビジネス上の理由も大きい、と勘ぐっている。商品の対象グループを細分化してゆくことは、いわばパンドラの箱であり、保険会社の経営を圧迫しかねないからだ。

銀行の融資

同様に「１００％が求められる業務」として、銀行の融資業務がある。１００％返済されるなら（貸し倒れゼロ）、どんなに低利で貸しても儲かる。ＡＩのデータ分析に基づく審査で、「この人はまず大丈夫、99・5％返済される」等と推論できたら、銀行経営は実にラクになる。

私は会社の一時的な資金繰りで個人向けのカードローンを利用する（法人に貸し付ける）ことがあるが、金利はマイナス金利時代なのに7％と、いつも損した気分であり、明らかにぼったくられていると思っている。これは、完全無借金経営にしている法人が融資を受けるとなったら、都度の事務手続きに途方もなく膨大な時間（繰り返しの訪問や各種書類の提出にかかる私の時間＝つまり人件費）がかかるため損失が大きすぎ、やむをえず個人で借りる（こちらは枠内までゼロ秒で借りられる）わけだ。

だが、会社設立以来15年、個人としても法人としても1度も滞納したことがなく定期的な売上が毎月、口座に入り続けていることもすべてわかっているくせに、その経営者の金利がどうして1年目と15年目で同じなのか。日本の銀行は信用を審査する能力がゼロなのだな――といつも疑問に思っている。

現状では、「信用がある人・健康な人・ラッキーな人」が、「信用の低い人・健康リスクの高い人・不運な人」の分まで、必要以上に余計に保険料や金利を負担することで、銀行と保険会社が労せず儲かっているから顧客視点の努力も競争もない。これは、最終的な金融商品の認可権限を持つ金融庁の問題でもある。

損保業界でいえば、私のように「月に1～2回しか車に乗らない人」向けの自動車保険で走行距離全比例型の商品があれば入りたいが、そういう極端にリスクが低い人向けの保険商品がない。世の中には、コレクター的に所有するだけで普段は所有者が忙しくてほとんど運転されない車が大量にある。そういった、ほとんどノーリスクの人から過剰に保険料をとらないと、リスクが高い人の保険料が高くなってしまい、保険が売れず保険会社が儲からない。

銀行・保険の業界は、健全で低リスクの消費者が過剰に損をするという、実に納得性が低い仕組みになっているのだ。こうした不満に応える商品を、ＡＩの活用によって開発し、運用する仕組みを作る――ここに、新しく生まれる仕事のポテンシャルが確実にある。これは、外食やメーカーといった競争が厳しい業界に比べ、規制に守られてぬくぬくと利益を出してきた既存の金融・保険業界にとっては、できれば開けたくない「パンドラの箱」であったが、既にＡＩの進化によって賽は投げられたのである。

テレマティクスな保険と融資

より詳細な情報を取得し、細分化されたリスクに応じた相応の給付を行う保険商品は「テレマティクス保険」※と呼ばれ、欧州で普及が始まっている。主に、運転中（移動中）の安全運転度に応じて保険料が決まるものだ。情報の取得源は、車に設置するカーナビやドライブレコーダーなど。

急ブレーキをかけたり、速度オーバーがあれば（位置情報からその道の最高速度も自動でわかる）、保険料が上がる。個人情報を追跡されるようで、気持ちのよいものではないし、日本の道路は速度制限が低く、全員を違反者にしておいて警察の気に入らない人をい

テレマティクス
テレコミュニケーション（電気通信）と、インフォマティクス（情報処理）の造語。

つでも捕まえられる仕組みにしているため、40キロ制限の道路を60キロで走ったからといって危険とはいえない。不透明な安全評価ロジックで保険料を決められるのも、実に不愉快だ。

この銀行版、テレマティクス審査ともいうべきものが、中国のアリペイが日々の買い物履歴や資金の出入り等から信用スコアをはじき出す「芝麻《ジーマ》信用」であり、その点数によって低い金利でローンが組めるなどの優遇が受けられるという。

日本の銀行員は、世の中で最もリスクをとらない職種で、新規事業には全く向いていない。１００％返済されることを前提にお金を貸す仕事がメインだからだ。よって、外部のフィンテック企業が推進母体にならなければ新しい仕事は生まれない。ところが、自分はやらないくせに、公共性があり顧客のものでもある口座内の情報だけは銀行内に囲い込んで手放さないという、〝一等地の困った地主さん〟的な状況だった。

そこで、銀行が外部事業者との安全なデータ連携のためにＡＰＩを公開する、「オープンＡＰＩ※」が法律上、「努力義務」となった（２０１７年銀行法改正）。マネーフォワードやfreeeといった外部企業が、顧客の依頼で銀行口座に接続し、情報を取得できることで、会計の自動化が進んでいる。

同様に、あらゆる購入履歴や口座履歴がＡＰＩで取得されることで、従来は消費者金融において「30代・男性・既婚・持ち家・公務員」といった、ざっくりとしたグループで貸

オープンAPI

Application Programming Interface = API。外部からの接続窓口を開くこと。APIが公開されることで、外部からソフトウェアで内部の必要なデジタル情報へと安全にアクセスできるようになる。

し倒れリスクを審査していたわけだが、保険と同様、日々のカネの流れに応じたＡＩ分析によって、詳細な「テレマティクス融資」も可能となる。

その場合、全く仕事をしないくせに情報だけ囲い込んでいる（私の例でいえば過去15年分すべての口座明細）既存のメガバンクに、過去の取引情報も含めて、真正性がある形で吐き出させるデジタルフォーマットを金融庁なり公取が課すべきであるが、そこまでは至っていない。

ＡＰＩの開放は、努力ではなく強制義務にしなければ意味がない。ベンチャー企業がＡＩを活用した新事業を始め、消費者が利用を希望しても、銀行に「努力してるふり」だけして逃げられては、世の中が前進しない。

銀行、病院、役所のＡＰＩ次第

保険と銀行の例から、ＡＩデジタル社会において新しい仕事を作るうえでは、個人情報が円滑に、安全に接続できることの重要さがわかるだろう。情報は、ＡＩにおける最大の資源なのである。

新しい仕事、新しい事業は、ＡＰＩから始まるといってもよい。現在、この点で特にひどいのは医療業界で、病院やクリニックが、患者の個人情報をあたかも自分のものであるかのように勘違いして囲い込んでいる弊害については、第三章（薬剤師の項）や第四章（病院と医師の既得権）でも述べたとおりだ。

医療機関にも銀行同様、オープンＡＰＩを義務付け、電子カルテ等の病歴や薬歴、検査データが、一定のフォーマットで個人の許諾のもとデジタル方式で流通するようにすべきであって、そこからマネーフォワードのような会社が生まれ、新しい仕事と雇用が生まれるわけである。活力ある社会を維持するために、こうした企業や医療機関に対する個人情報アクセス権のような概念については、政府は基本法を定めてフォーマットを決めたほうがよい。

マイナポータルでは、行政機関が保有するもののうち、現在はごく一部の自己情報を確認できるだけだが、利用者の同意に基づいて個人情報を提供する「自己情報取得ＡＰＩ」の提供がやっと始まった（ｉＰｈｏｎｅ版が２０１９年11月から）。

今後は、賃貸物件の審査や自動車購入時、銀行のローン審査など、あらゆる場面で必要とされる紙の証明書類（納税証明書、住民票、印鑑証明書、戸籍証明書……）が、マイナポータルＡＰＩによって接続され、マイナンバーをスマホにかざして暗証番号を打つことですべて終わる時代になり、そのサービスを提供する外部事業者で新しい仕事が生まれる。

たとえば私は、医療系の口コミサイト「イシャログ」※も経営しているが、特にネガティブな口コミについては嘘だった場合に名誉毀損となるリスクがあるため、その口コミ者の

イシャログ
現在は歯医者のみを対象としているが、いずれ拡大する。https://ishalog.mynewsjapan.com/

信用を担保するためにわざわざ運転免許証などの実在証明書を提出してもらうことで、信用ある健全なサイトを保っている。このオペレーションが、マイナポータルとの接続で安全な状態で自動化されたら業務効率が上がるため、是非そういう機能を提供してくれる業者を利用したい。

○○ペイで生まれる「気持ち悪い」仕事

銀行、医療、行政といった公共性の高い規制業種は、とにもかくにも、オープンAPI強制義務化で、その周辺から新しい仕事が生み出されることは間違いない。では純粋な民間ではどうかというと、せっせと各社が○○ペイで個人の日々の消費行動情報を集めているのが現状だ。〝テレマティクス・マーケティング〟である。

どのような属性の人が何をいつ買っているかわかれば、当然、商品開発にも活かせるし、個人単位のプロモーションを打つこともできる。AI分析で推論が行われ、気持ち悪いことに、「この商品をリアル店舗で買った人向けに、サイバー上で関連商品の広告を表示させよう」ということもできるようになる。どんどん新しい手法、新しいマーケティングの仕事が生まれていく。

一方で、Tカード運営のCCCで問題になったように、個人情報は捜査機関にそのまま提供され（２０１９年1月）、当局から個人情報を守る法律は存在しない。捜査令状がなかったことが炎上要因となったが、実は日本において、警察が請求した捜査令状は、ほぼ自動的に裁判所が出しているので、個人情報を企業に提供した瞬間、当局にも筒抜けとなるのが実情だ。このあたりが普及の障害となっている。

とはいえ、情報を得たい企業と、眼の前のカネが欲しい消費者の利害は、一致する場合が多い。「個人情報をカネに替える」というと、まるでネット上のインフルエンサーや芸能人みたいだが、芝麻信用では実際に金利が安くなったり、レンタサイクルの保証金が不要だったり、割引でモノを買えたりといったことが行われている。既に○○ペイは、購買行動履歴提供の代わりにポイント還元という形で、そうなっている。今後は、プライバシー重視の人と、日々の行動を特定企業に開示する人に、消費者の行動も分かれていきそうだ。

第五章のまとめ

○ 理論上、今ある仕事は、就業人口ベースで全体の3分の1（2000万人強）が消え、一番多いのは「販売店員」。

○ 消えるスピードが速いのは「既得権なし」分野で、全体の11％を占め、次が「既得権あり」分野で同20％、一番遅いのは「コストと技術」分野で同3％。

○ AI化で増える仕事は、「身体性がないAIの業務執行段階で人間が関わるパターン」のものであると予想される。

○ AI化で生まれる仕事は、レコメンデーションや集約化センターなど、いくつかのパターンがあり、いずれもAIの推論力から派生する。

Key Question

大量のデジタル情報をインプットし、AI分析で特徴量を自動抽出した先に、人間の仕事としては何が生まれ、増えるでしょうか？　あなたが担当する仕事や所属する業界のなかで、考えてみましょう。

第八章

仕事をどう選び、シフトするべきか

本章では、これから仕事選びを行う10代の学生、迷っている20代30代の社会人に対して、AIやITの視点からアドバイスしたい。人間の強みが積極的に活きる仕事を理解すれば、より高い賃金を得て、安定した職に就けるようになる。具体的には、デジタル・ケンタウロスか、職人プレミアムの分野で、手に職をつけることだ。この2つの分野には、現状ベースで計34・2%の人しか就いていないが、中核的な業務においてAIに仕事を奪われる心配はなく、むしろAIをツールとして活用することで、より高い報酬と安定雇用を得られる可能性が高まる。

左側エリアは賃金「漸減」か「下降」

まだ自由に選べる20代以下の若者なら、迷わず図の右側の職業を考えてほしい。

各エリアの賃金推移見通しをイメージ図で示したのが、左の図である。左側半分はテクノロジーに代替されていくため、賃金水準が上がる見込みはない。ソフトウェアや機械に代替され、人間の需要が減るのだから当然だ。

「AI・ブロックチェーン失業」エリアは、まだましだ。資格保有者（税理士、教員、薬剤師……）が多く、もともと賃金が中流以上であり、日本は既得権が異常に守られる社会なので、急に変革されることがない。「中高位漸減」といえる。

「ロボティクス失業」エリアは、現在、最大規模の働き手を擁し、いわゆる日本の中間層を形成している。これまでは中位の報酬水準で安定していたが、既得権に守られない職業が多く、下落スピードは速い。賃金は「中位下降＆失業」である。

このエリアで一番人数が多い

テクノロジー進化と職業の変化 ――賃金推移見通し

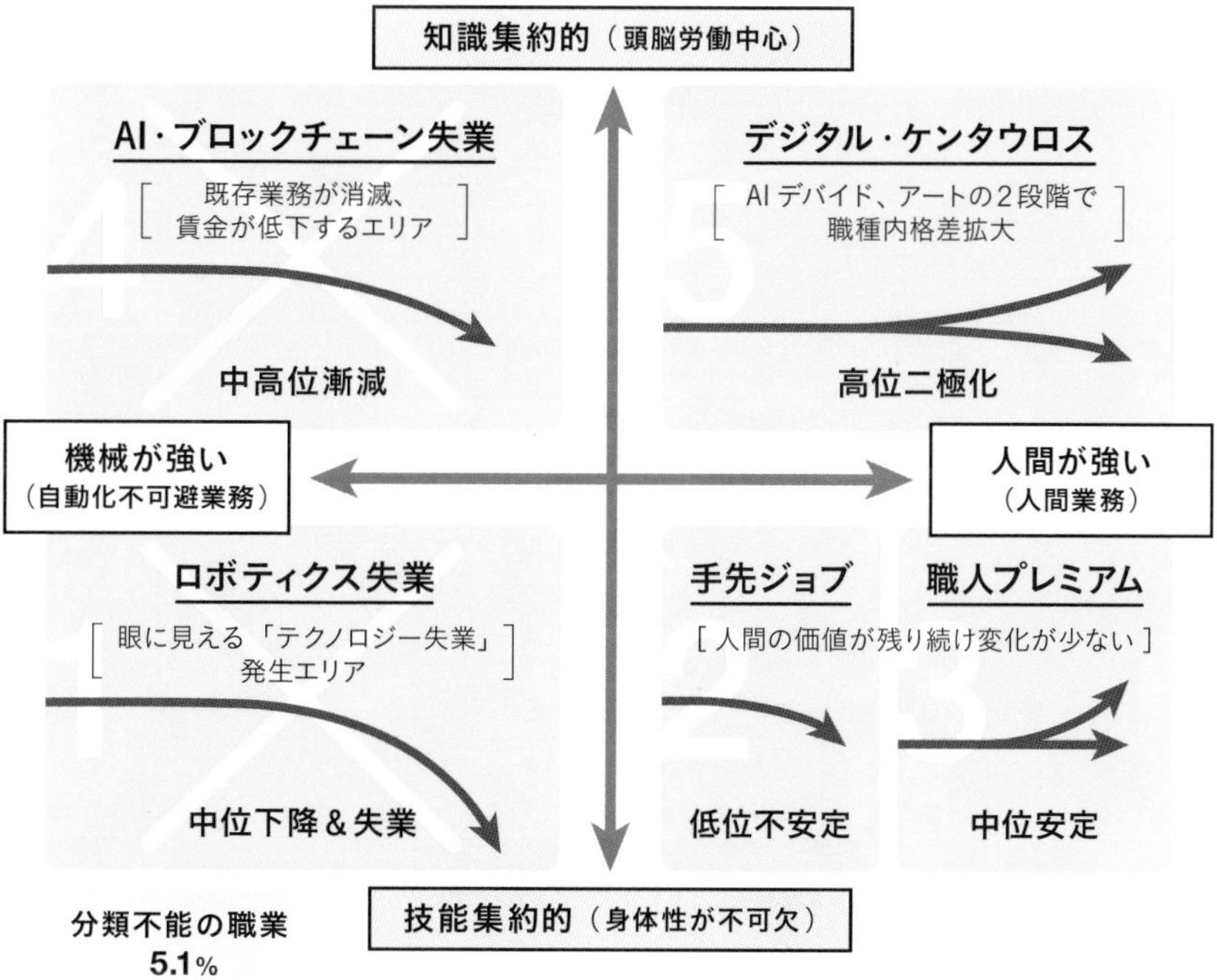

自動化の3条件

1. 必要な情報をデジタル取得できる
2. 指数的爆発が起きない範囲である
3. 執行可能な環境と身体性がある

人間の強み

1. 創造　2. 感情　3. 信用
4. 手先　5. ボディ

「販売店員」は、国勢調査では以下の定義だ。「使用人として、店舗で商品の販売の仕事に従事するもの」。そして具体例として、販売員（販売店）、百貨店販売員、菓子販売人、呉服販売員、ガソリン給油人、コンビニ販売員、販売店レジスター係、カウンターパーソン等が挙げられている。

典型例は、いわゆるデパガと呼ばれてきた百貨店の販売店員（ロボティクス失業）が、ＥＣ化のあおりでリストラされていく。一方で、ＥＣでニーズが増える配送センターのピッキングスタッフや宅配の配達員（手先ジョブ）が増える傾向が続く。ＥＣに加え、セルフ化も進む。かつて人間が担当していたガソリン店も、セルフ給油が拡大し、今後は電気自動車の普及によって自宅で充電するようになるため、ガソリン給油所の店員は不要になっていく。スーパー等でも、レジ決済の自動化が進むに連れ、販売店員は削減されていく。

最も危機感を持つべきなのは、学歴が平均より少し高めの女性たちだ。ロボティクス失業のエリアは、サポート的な事務職が、販売店員と並んで多い。銀行・証券・生保・損保といった日本の金融業界は、外回り営業＝「総合職」で男性、内勤事務＝「一般職」で女性、という、コース別の性別採用を実態として行っており、呼び名は変えても、実態は変わらなかった。金融の一般職は、親ウケもよく、女子大学生の就職先として人気が高かった。商社とメーカー事務職も、それに近い存在だ。

ところが現在、ネットバンク推進に伴って銀行でリストラ対象となっているのは、旧一般職コースで入社し、支店や事務センターで内勤の仕事をしている女性たち（「特定職」などと呼ばれ、転勤はない）である。今後は損保・生保・証券でも事務職は減る。明確に手に職がつく仕事で経験を積むべきである。

手先ジョブは〝アリ地獄〟

一方、右側の「人間に残る職業」であるが、ＥＣ拡大で需要が増えるのならば、市場原理に基づいて、「手先ジョブ」エリアの職業の賃金が上がってもよさそうなもの。ところが、ここには企業の経営側（与党の支持母体）を支援する政策によって、低賃金の外国人単純労働者による穴埋めが行われ、賃金上昇が抑制される。手先ジョブで最大の就業者数を擁する職業は「農耕従事者」（１６８万人）であり、もちろん外国人労働者の受け入れ対象職種に指定されている。

２０１８年度末にかけ政府が慌てて成立させた改正出入国管理法によって、２０１９年度以降の外国人労働者の受け入れ拡大が決まり、農業・建設・外食など14業種について、新たな在留資格「特定技能」が導入され、５年間（～２０２４年）で最大約34万５０００人を受け入れる。高齢化と人口減は続くため、２０３０年、２０４０年と、受け入れは拡大の一途をたどるだろう。

このエリアは、「Uber Eats」配達員のような個人事業主、または不安定な非正規雇用が多く、将来的には一部機械化の実現で人員削減も行われるため、「低位不安定」といえる。10年単位で見ると、特段のブレークスルーはないものの、着実に精密農業化（野菜工場）や配送センター倉庫の自動操業化（マテハン機器の進化）が進むことによって、少しずつ雇用が減り、賃金も上がらない。

物流センターの最終形は、やはりアマゾンだ。日本ではまだ2つの拠点（大阪の茨木、川崎）だけに導入されているが、最新の「キバ・システムズ」（2012年買収）の機器が導入された拠点では、最新のロボット搬送機が、ピッキングする棚を、人間の目の前まで自動で運んでくるため、人間はもはや歩き回らない。

アマゾン潜入取材で有名な横田増生氏が、ロンドン近郊のアマゾン物流センターに潜入したジャーナリストの経験談を紹介した記事[注]は、実に未来を暗示するものだった。「僕は、棚の上から下まで、何度もジャンプしたり、屈んだりする屈伸を続けることになる。確かに、これだと歩く距離は減るけれど、仕事の密度という意味では、こちらのほうがはるかに濃くなる。つまり、大変疲れるんだ。狭い場所に閉じ込められ、そこで休む間もなく屈伸運動を続ける。ロボットが入ってきたことで、働く人間にはより窮屈になった」

足を使った平行移動はなくなり、上下の屈伸運動だけ。スクワット+手先の運動が延々と続く。人間に残る、人間にしかできない、最後の単純労働の形態である。現在20か所あ

注：『潜入ルポ　amazon 帝国』（小学館）に収録。

るアマゾンの国内拠点に、このロボットが導入されていけば、労働密度は上がり、労働生産性が上がり、人間は削減されていく。

これら手先ジョブは、私の当初予想以上に就業人口が多かったが（26・8％、1577万人）、ここがさらにいったん増えたあとでニーズが減っていくとなると、時給もほとんど底辺にへばりつく。外国人単純労働者と競合する職業をあえて日本人がやるメリットはない。学生のアルバイトや、一時的なつなぎ仕事としてはよいが、何年もどっぷり浸かってしまうと、スキルの蓄積が一切ない（人間なら誰でもできる）ため、アリ地獄のように抜けられなくなる。他のエリアの仕事へと、早期にシフトするべきだ。

フランチャイザーや巨大プラットフォーマー※に店子として組み込まれると、実質的にこのエリアに固定される。セブン－イレブンのＦＣオーナーが、契約で縛られた24時間営業を続けるため週１の休みもとれず※自ら店頭に出てバイト同様に働く様は、ほとんど思考停止状態で手先だけ動かしているのと変わらない。ＦＣオーナーのような「名ばかり個人事業主」は、手先ジョブエリアの仕事であり、お勧めできない。

同様に、一方的な規約の変更を押し付けられる楽天の出店者、契約で報酬額の定めが存在しない（グーグルが一方的に報酬ロジックを決め随時変更できるアンフェアな契約）YouTuber、一方的な規約の変更で報酬額を同意なく変えてくるUber Eatsの運び屋なども、実質的には「労働者」であるが、日本の法律下では「個人事業主」または「零細企業

週1の休みもとれず

経済産業省が2019年8月に実施した全国のコンビニオーナーを対象とする調査結果によると、休日は「週1日未満」と答えたオーナーが66%と一番多かった。次いで多かったのが「週1日」で19%。計85%ものオーナーが、週休1日以下で働いていることがわかった。

巨大プラットフォーマー

platform（土台、基盤＝サービスの場）を提供するネット企業。オンラインモール、予約サービス、検索サービス、アプリストア、オンラインのフリマやオークションなど多岐にわたる。ヤフー、楽天、メルカリ、アマゾン、グーグル、フェイスブック、アップルなど。

経営者」とされてしまうため、すべて自己責任となり、一握りの成功者を除いて、GAFA勢の手先ワーカーとして「食うや食わず」の生活を送る人が激増していく。労働基準監督署のような相談先すら存在しない、実質無法地帯である。

職人プレミアムが「逃げ場」になる

「職人プレミアム」の職業は、人間にしかできない仕事内容なので、雇用の安定度だけは高い。最も人数が多いのは調理人(183万人)である。もちろん、調理人といっても幅広く、たとえば「ギョーザ」や「たこ焼き」の自動製造機は、リンガーハットのようなチェーン店で導入が進み、人間の手を離れている。

一方で、人工調味料を使わず、手間をかけて出汁から工程を重ねる古来の料理人の仕事は、特に食材が四季で大きく変わる日本では人間にしかできない作業であり、客がそこにプレミアム(付加価値)を感じて、カネを払い続ける。和食の特徴は、調理を客から見えるところで潔く行うオープンキッチンにあるが、エンターテインメントの要素もあり、多くの客はそれを楽しみ、望んでいる。国内は人口が減るため海外市場も見据える必要はあるが、テクノロジーの影響で仕事がなくなることはない。

ほかに、看護師・介護福祉士・保育士といった、人間にしかできない〝対人感情ボディワーク〟に手堅いニーズがある医療福祉系や、〝対人ラストワンマイルワーク〟である外勤営業職がこのエリアである。警察・消防・自衛隊といった現業系の公務員も一定の数がおり、これは国家が存在する間は必要不可欠だ。このエリアの職種はAIが入り込む余地がほとんどないため報酬水準は「中位安定」となり、コミッション制の営業職（車・家・保険）など、成果に応じて高収入が期待できる仕事も残る。

ITに極度のアレルギーがあり、なるべくテクノロジーに関わらないで生きていきたい人は、このエリアこそ、「逃げ場」としてお勧めである。その場合、日本国内市場全体は確実に縮小していく一方なので、民間で生き抜く場合は、グローバル化、すなわち外国人マーケットを考慮しない限り、少しずつ食えなくなっていく。10代20代の若者なら、日本人市場のみをターゲットにしたら苦

テクノロジー進化と職業の変化 ——ITの影響度合い

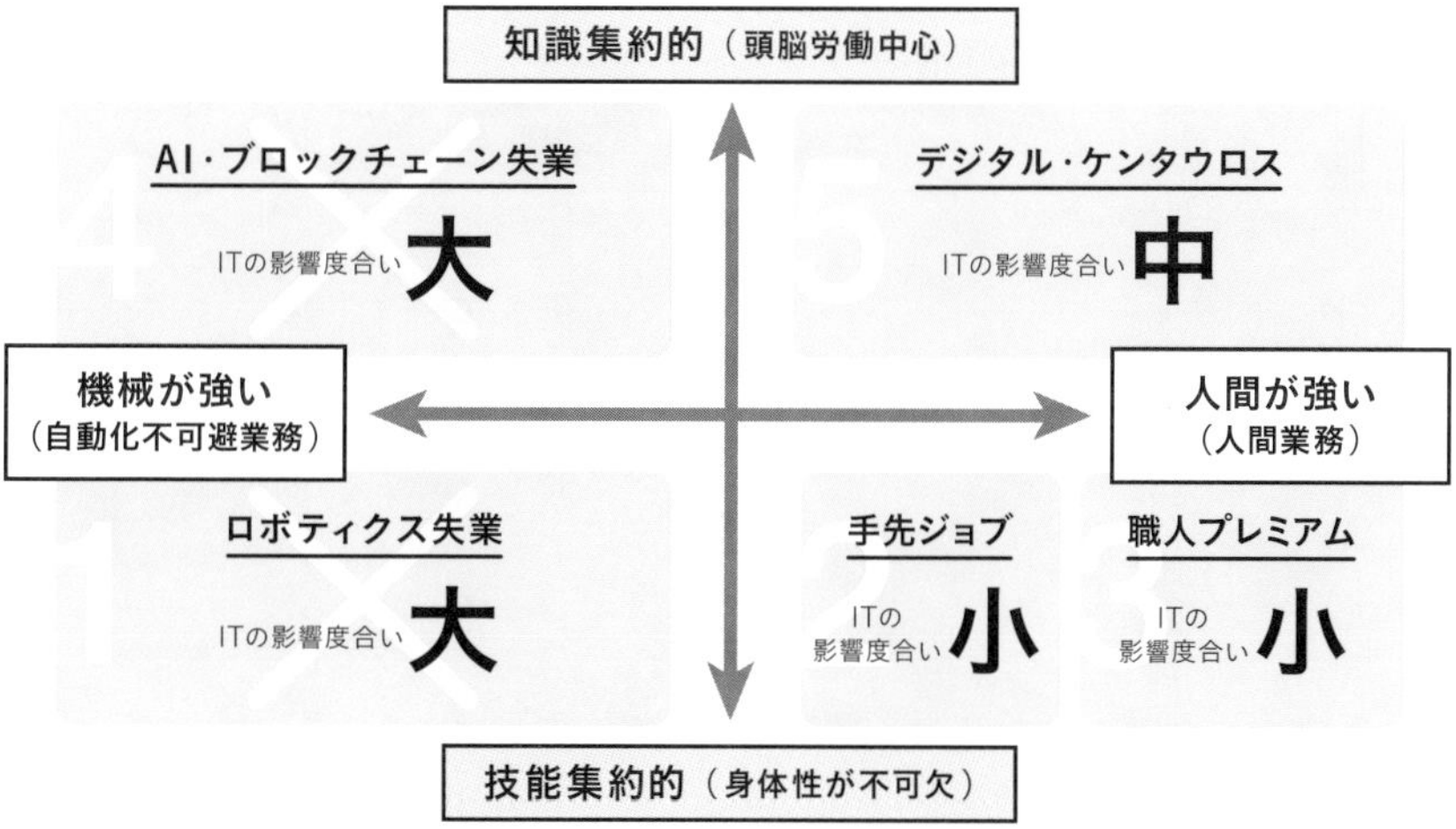

自動化の三条件

1. 必要な情報をデジタル取得できる
2. 指数的爆発が起きない範囲である
3. 執行可能な環境と身体性がある

人間の強み

1. 創造　2. 感情　3. 信用
4. 手先　5. ボディ

しい。

成長市場は、2042年まで人数の増加が見込まれる「国内の高齢者（65歳以上人口）」と、「外国人（国内ならインバウンド需要）」の2つだけなので、それらをターゲットにすれば追い風がある。たとえば、外国人旅行者向けの旅館や和食店で、スタッフや料理人として中国語や英語の日常会話ができれば、伸びしろは大きい。私は2018～19年とオランダ・ドイツの和食店を取材したが、和食店は欧州でも成長市場で経営環境が緩く、まだまだこれからという状況だ。「味は日本のレベルの10分の1でも2倍の価格で売れて、しかも客が入らない心配はしなくてよい」――予約が取りにくいラーメンの繁盛店をオランダで経営する店主からそう聞いたが、実際に現地を見ると、確かに客で溢れていた。日本人は、国外市場での仕事をもっと考えるべきである。

上を目指すなら「デジタル・ケンタウロス化」

「デジタル・ケンタウロス」の職業は、もともとスキル難易度が高い分、平均的な報酬水準も高めだ。だが、デジタル（下半身の馬）を活用しないと徐々に下振れし、アート（上半身の人間頭脳）の部分で大きく稼ぎが上振れする。早い段階で、才能や向き不向きの見極めを行い、その分野で食べていくという覚悟が必要となる。

このエリアには、グローバル化によって「無国籍ジャングル」（国籍が関係ない成果主義世界）の厳しい競争となる「攻め」の職業（建築家、研究者、デザイナー、アーティスト、ファンドマネージャー……）と、日本語障壁や日本文化によって高いハードルがあり外国人との競争から守られる、国内向け「守り」の職業「グローカル」（記者、編集者、弁護士、医師、人事……）の、両方がある。向き不向きもあるため、前著『10年後に食える仕事　食えない仕事』を参照されたい。

全くの白紙で何がやりたいかわからないという学生は、とりあえずＩＴエンジニアを目指して勉強するのが賢明だ。そこから軌道修正してゆけばよい。プログラマーから営業や経営方面へのキャリアチェンジは容易だが、その逆は難しいからだ。プログラミングと語学を20代までに鍛えておけば、ＡＩ化とグローバル化が進むなか、30代のキャリアは一気に明るく開けるだろう。

なかでも、左側のエリアを駆逐して生産性を高めていくＡＩに詳しいエンジニア職は、今後数十年にわたってグローバルで売り手市場を維持する、〝最強の勝ち組職業〟となる。そこそこの動機（やりたいこと）と能力（できること、向き不向き）の合致は必要であるが、ほぼ全業界において応用範囲が広い、やりがいある仕事といえる。

駆逐される側の仕事が消えて賃金が下がり、逆に、駆逐する側の仕事が増えて賃金が上がるのは、世の常だ。序章で述べたとおり、日本は超高齢化と低成長&低賃金で追い詰められており、産業構造を高付加価値なものにモデルチェンジしていくしか選択肢がない状況に置かれている。ならば、まだ20代以下でＩＴに興味があり、ＡＩ関連の技術者を目指せるのなら、そのモデルチェンジの推進役となるのが最も近道だ。ＩＴエンジニアは世界中に転職先がある。そこからキャリアを、より興味分野へと振っていくのが王道である。

動機と能力と職業のマッチングは重要なので、『35歳までに読むキャリア（しごとえらび）の教科書――就・転職の絶対原則を知る』（ちくま新書、２０１０）を、具体的な会社選びの軸については『若者はなぜ「会社選び」に失敗するのか』（東洋経済新報社、２００７）を参考にしていただきたい。

「販売店員」のキャリアチェンジ

ここからは、既に職歴を積んで30代以上となり、転職活動を考える場合について考えてみたい。現在、既に左側のエリアの職業に就いている人は、動機（何をやりたいのか）の部分をいったん無視するなら、現在までのキャリアを活かしつつ、右側の「人間の強み」を活かせる職種、すなわち「職人プレミアム」か「デジタル・ケンタウロス」への移動を、早期に目指すべきだ。

手先が器用か体を動かすのが好きなら職人プレミアム、頭脳派ならデジタル・ケンタウロスだ。キーワードは繰り返しになるが、創造、感情、信用、手先、ボディの5つである。

まずは、最も就業者数が多い職種である「販売店員」で考えてみよう。アパレルのショップ店員は、女性にとって人気が高い職業であるが、リアル店舗で雇用される販売員はEC化で削減され、給料は減り、リストラされやすい。百貨店は店舗自体をどんどん閉鎖し、テナントに貸し出して賃料を得る不動産業の比率を高めている。

職人プレミアムへの移行を考えたら、どうすべきか。この分野では「百貨店の外商」という職種は有望だ。ようは、小金持ちの家庭を回り、趣味嗜好を把握し、テーラーメイドのコンサルティング的な提案&御用聞きで継続的に百貨店が扱う商品を販売する仕事である。自宅の応接室に安心して通される「信用」は、人間ならではの強みでITとは無縁だ。資産は主に90歳前後から60代の子

キャリアチェンジの方向性

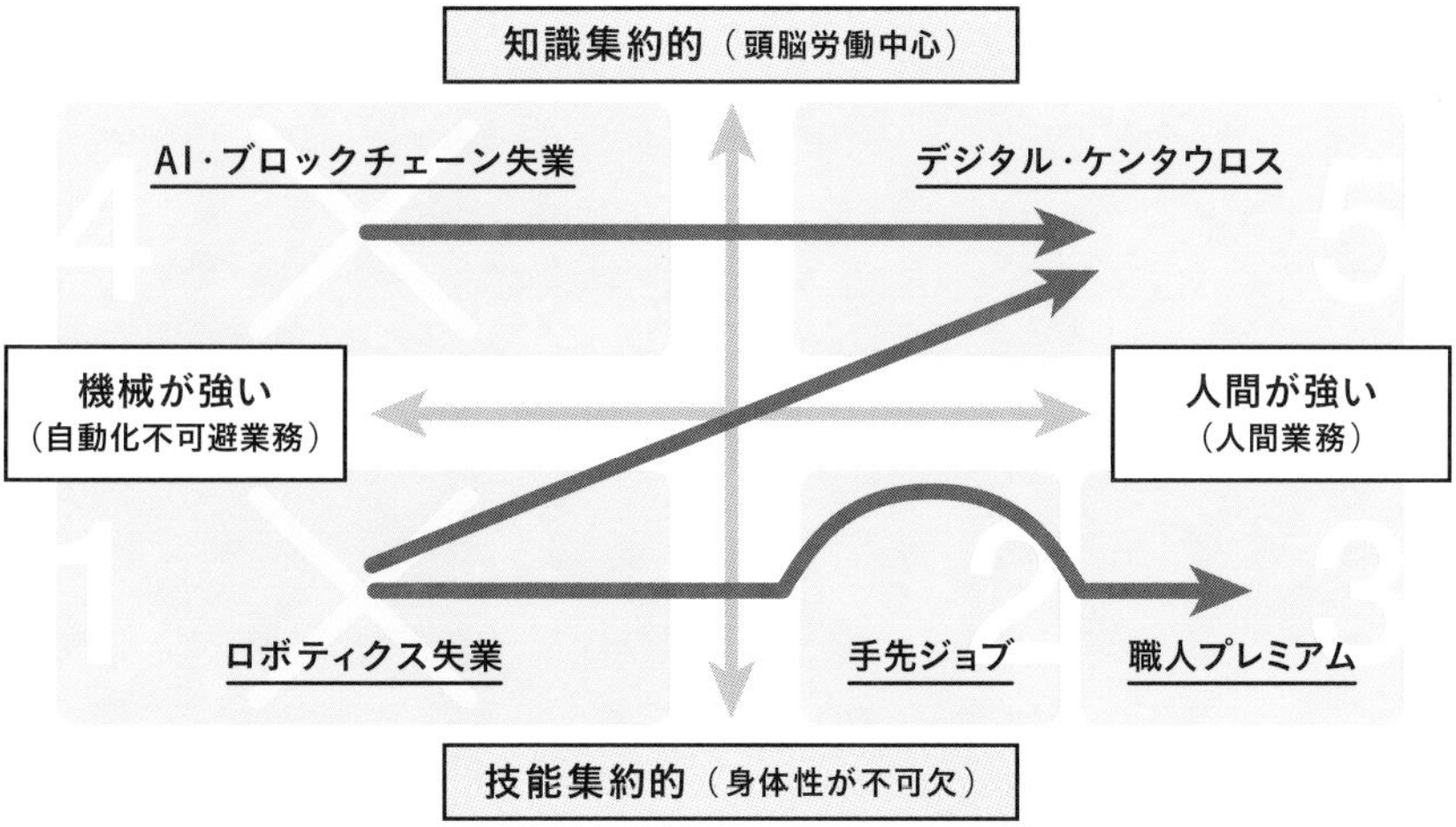

自動化の3条件

1. 必要な情報をデジタル取得できる
2. 指数的爆発が起きない範囲である
3. 執行可能な環境と身体性がある

人間の強み

1. 創造　2. 感情　3. 信用
4. 手先　5. ボディ

へと相続されるが、65歳以上人口は2042年まで増え続ける見通しで、顧客層は成長市場である。

百貨店不況のなかでも、高島屋は継続的に「外商」職で中途採用の募集をかけている。社内の他職種からの異動ならば、もっと容易だろう。

「デジタル・ケンタウロス」エリアへの移行は、自分が好きな特定ブランドの企業に入社してネットショップ部門でキャリアを積むのが王道だ。レコメンデーション機能やダイナミック・プライシングなど、ビッグデータ分析に基づくAI分析ツールを使いこなせる必要があり、スキルの難易度は上がるが、自身がエンジニアである必要はない。ツールを理解して使いこなす。必要なら急がば回れで、専門学校などに通い、必要スキルを身につける。

ここでは、ZOZOや楽天をはじめとしたネットモールではなく、メーカー直販サイトでディープなファン層を取り込む。〝GAFA勢の小作人〟になったら、永遠に高い手数料を抜かれ続け、理不尽な規約を押し付けられるだけだ。GAFAに払うカネがあったらロイヤルカスタマーに還元して関係を強めていく。

さらに一歩進んで、リアル店舗のような顧客とのコミュニケーションにやりがいを求めるなら、ネット上にセレクトショップを立ち上げ、独立する。特定分野の専門知識を極め、一般には知られていないレアなブランドも揃え、サイト上で紹介動画を流し、中国で当たり前になっているライブコマースのように、自身でＰＲしつつ顧客とネット上で質疑応答を繰り返し、リアルタイム販売していく。

経験を重ね、仕入れルートに明るい目利きとなり、その分野のプロとしてインフルエンサーを目指す。楽天やヤフーショッピングなどネットモールの店子に収まるのではなく、インスタやツイッターを駆使して、顧客とダイレクトにつながる。これが　デジタル・ケンタウロス職種のネットショップ経営者である。

「旅行代理店社員」のキャリアチェンジ

次に、就職人気先の上位として不動の位置にある旅行代理店業界で、考えてみる。この業界は、いわゆるＧＡＦＡ勢、すなわちエクスペディアやブッキングドットコム、トリバゴといったグローバルＯＴＡ（Online Travel Agent＝ネット旅行代理店）の攻勢で、最大手のＪＴＢといえども、個人向け事業は２０１９年３月期まで４年連続で売上を減少中。急成長のインバウンド市場もＯＴＡにやられっぱなしで取り込めず、グローバル事業が２年連続で営業赤字である。

ロボティクス失業のエリアでは、格安旅行の販売会社「てるみくらぶ」が２０１７年に倒産。人力で個人向け旅行商品を作り新聞広告で客を募るような昭和のビジネスモデルは、

ＡＩ時代に通用しない。飲食店での注文受けと同様、人間が関与して付加価値が出るのは高価格帯のみ。価格の安さが勝負の分かれ目となる個人向け市場は、巨大資本のＧＡＦＡ勢（「楽天トラベル」や、ヤフーが買収した「一休」、ＯＴＡ）に侵食され、代理店の数も減少傾向だ。

ＡＩのビッグデータ分析に基づくレコメンド機能や資本力では、ＧＡＦＡ勢と戦っても勝ち目はない。個人向け旅行の分野で、職人プレミアムの職業に就くなら、どのような道を選ぶべきか。星野リゾートが２０１８年から始めた「ＯＭＯ」ホテル※は好例である。宿泊客に対して、ホテル周辺の、一見さんでは入りにくい地場密着店などディープな街中を、ガイドが有料で案内する。これは、ＡＩがスマホで案内したところで代替できない人間ならではの付加価値である。

こうした人的サービスは、海外に口コミで知れ渡れば、約15％にのぼる手数料をＯＴＡに抜かれなくとも、直販で予約は埋まる。代わりに、ＯＭＯホテルでのチェックインは、顧客がＱＲコードをかざしてセルフ化・自動化されており、フロントの人間は関与しない（「ロボティクス失業」エリア業務）。人間の付加価値が出せる業務にのみ特化していく経営は、ＡＩ時代には特に正しい。

単価の高い法人向けの営業職も、ＡＩやロボットの影響をほとんど受けない「職人プレ

「OMO」ホテル

「OMO てなし」から OMO と命名。ホテルのスタッフも兼ねる「OMO レンジャー」が案内役となる。

ミアム」エリアの、職人的なアナログ仕事だ。ＪＴＢの法人営業社員（30代）は、自身が企画し、添乗した褒賞旅行※について、こう解説していた。「東南アジアのある国で、通常は一般に貸し出さない歴史的建造物を交渉して借り切り、オーケストラ生演奏を手配し、現地の特産物でもてなす等のサプライズをゼロから演出しましたが、参加者は『これまでの旅で一番よかった』と喜んでくれました。何をすれば感動するかは、感動したことがない機械には判断できませんから、これは人間にしかできない仕事です」

顧客の感情を慮り、顧客の信用を得て巨額の旅行予算を任せてもらい、創造力を駆使してサプライズを演出し、感動的な旅を企画する。いわば、旅を通じた感動プロデュース職。人間ならではの「職人プレミアム」である。似たような職種に、ホテルだったらウェディングプランナー、レストランだったらサプライズ演出の企画職、エンタメ業ならディズニーランド運営のオリエンタルランド企画職などがある。

「事務員」のキャリアチェンジ

もう１つ、最大の人材供給源（リストラ職種）となることが見込まれている、事務職で考えてみよう。「その他の一般事務従事者」（３４０万人）を筆頭に、営業事務員、受付・案内事務員など、実に日本の総労働者の５人に１人は事務員である。これらの仕事はロボ

褒賞旅行

社内の高業績者に対するボーナスやインセンティブの一種。たとえば保険会社が、営業成績の高い上位１割の社員に家族連れのハワイ旅行をプレゼントする。

ティクス失業エリアで、ソフトウェアやアプリによって大半が自動化され、人間は不要になっていく。給料が下がってリストラされる前に、早めにキャリアをシフトしたほうがよい。

たとえば今、銀行・生保・損保の支店等で内勤事務部門にいるなら、社内公募制度に手を挙げて、人間対応を求める高齢の顧客に対して、相続や遺言手続き、税金対策、不動産活用といった、各種資産運用系の相談窓口に座るべく、ファイナンシャルプランナーなどの資格の勉強を始める。信用を得て、家庭の事情を聞き、コミュニケーションをとってコンサルティングする作業は、感情ワーク・信用ワークであり、職人プレミアムの仕事である。

みずほフィナンシャルグループと三井住友銀行が、2020年以降に、いわゆる総合職（営業）と一般職（事務）を統合するというニュースに象徴されるように、デジタル化・自動化で事務職は不要となりつつあり、今後は、出世競争から降りた総合職と、補佐的なアルバイト社員がいれば事足りるようになっていく。

事務作業は、1対1でソフトウェアと置き換わって消滅するケースも多く、潰しが利きにくい。たとえば銀行のミドル&バックオフィスで事務員が行っている作業は、ネットバンクとATMでほぼ100%代替可能だ。銀行窓口で番号札を手に待たされて嬉しい人はいないから、確実にネットバンクに移行していく。となると、ゼロ・リセットでキャリアチェンジに着手する道も考えるべきだ。

ある程度の年齢がいっている場合（30代後半以降）、長く働けるほうがよい。つまり、70歳くらいまでニーズが途切れない専門職が望ましい。もちろんデジタル化社会でもビクともしない「職人プレミアム」から選ぶことになる。看護師、保育士、介護福祉士&ケアマネージャー、理髪師、美容師、保険営業……といった、医療福祉系や美容系、ラストワンマイル営業系の職種は、細々とでも食べていける盤石さが見込め、ニーズはなくならない。

資格職のキャリアチェンジ

既にAI・ブロックチェーン失業のエリアにいる人たちは、どうすればよいのか。このエリアの職業は、中心業務がソフトウェアに置き換わるが、変化のスピードは5年10年という単位で遅い。また、「業務の束」のうち、残る業務も一部ある。よって、残る業務に特化してデジタル・ケンタウロス型へと、モデルチェンジしてゆく。たとえば建築士ならば、よりアートの要素が加わる建築家を目指す。

税理士なら、若い段階から、毎月のルーティン記帳業務は会計ソフトを導入して自身の手からは離し、より複雑でグローバルな節税策にも精通した税務コンサルタントを目指す。

そのために、大規模な会社の担当としてキャリアを積みつつ、語学を身につけ、Ｂｉｇ４税理士法人を目指す。

「ＡＩ・ブロックチェーン失業」のエリアは既に知識において専門性を有している職業であるため、そこに得意分野を追加して「〇〇コンサルタント」「〇〇カウンセラー」を目指して差別化していくのがセオリーだ。薬剤師なら、私が取材したケースでいえば、効能が不確かなサプリメントが日本市場で氾濫するなか、米国で実績のある医療用サプリを用いた栄養療法のカウンセラーとして独立した例（「薬剤師カフェ ｖｉｔａ」平井陽子店長）などは参考になる。

教員は、大半が公務員であるため雇用の心配はないが、恒常的な長時間労働で疲弊したまま今の仕事を定年まで続けるのか、という問題がある。ＯＥＣＤ調査（２０１９年6月発表）によると、日本の中学校教師の週あたり勤務時間は56・0時間で、世界48の国と地域のなかで最長だった（平均は38・3時間）。時間に応じた成果が出ていればやりがいもあろうが、たとえば英語の成績は、各種調査で日本人は非英語圏で最下位圏[注]が定位置で、成果が出ていない。最長の労働で最低の成果。これを「仕事の生産性が低い」という。

10年20年後の教育は、グローバルで見ればデジタル化が進む一方で、日本は取り残されている可能性が高い。偏差値的な教育コンテンツは「追加コストゼロ経済」なので、各分野で一番パフォーマンスの高い人間教師が1人いればよい。たとえば東大の国語受験なら

注：TOEFL ほか様々な指標で、香港、韓国、中国、台湾よりも低くアジア主要国最下位。

「今でしょ！」の林修氏が1人いればよくて、2番手以下の人間教師の価値は失われる。学びの分野は国や教科で細分化されるため、各々で1番を目指すか、もしくは家庭教師的なサポート役、落ちこぼれの生徒向けモチベーションアップ役（感情労働）という別の役割へと変換が求められる。

従来型の教室40人に対する一斉授業は、日本では（市場原理が働かない）公教育のため惰性で残る可能性が高いが、グローバルで見れば、ディスカッションやディベートといった「答えのないテーマ」に関する授業のみとなっていくだろう。答えに創造力が試されるため人間教師にしかできない。現在の偏差値教育のように、決まった答えが必ずある問題を解答に導くのはＡＩの得意技であり、それを教えるのもＡＩで事足りる。

全体主義的な中国は、数学や英語の力を底上げし、国民を一気にサイボーグ化していくはずだ。日本の10倍の人口を擁する13億人の国で、一番わかりやすく教えるのがうまい教師の映像授業が、デジタルで全国に行き渡る。林修氏の10倍スゴい天才教師の面白い授業が、公教育として始まったらどうなるか、考えてみてほしい。勉強は楽しくなり、教育大国となる一方で、中間以下の教師は不要となって実質的に失業する。

日本の公務員は既得権者なので雇用は守られるが、教育水準が劣る国は衰えていく。教師としては日教組（日本教職員組合）に加盟して組合活動に精を出すのが現実的な生き残り策だろうが、あなたの人生はそれでよいのか。能力の高い教育者は民間に出て、むしろ

ＡＩを活用した教育システムを作る側（デジタル・ケンタウロス）に回ってほしい。人間に残る仕事は、信用ある「トップのスター教師」と、生徒の感情に配慮できる「モチベーションアップの進捗管理役」、そして創造力豊かな「新しい仕組みを作る人」、の3種類だけになる。

ＧＡＦＡの軍門に下ってはならない

以上のように、創造・感情・信用ワークへのシフトが肝となるわけだが、その範囲のなかであっても構造的に忘れてはならない注意点が1つある。プラットフォーマーに取り込まれないことだ。

デジタルＡＩ経済は、「追加コストゼロ」（限界費用ゼロ社会＝終章参照）に特徴があり、サイバースペース上の店は、10店だろうが１００店だろうが、追加コストはほとんどかからず、貸す側のコストがほぼ一定。規模を拡大した分だけどんどん利益が増えるため、市場独占や数社による寡占が生まれやすい。

よって検索や動画再生はグーグル、ネット販売はアマゾン、カスタマイズ広告はフェイスブック、スマホアプリはアップル……というように、いわゆるＧＡＦＡが圧倒的な強さを持ち、取引先は交渉力を持ちえない。

小売業ではアマゾンが、書店をはじめ小売店全般を駆逐しつつあり、プラットフォーム内に出店させてその軍門に下らせ、圧倒的な支配力を武器に手数料を徴収する。アパレルではＺＯＺＯが、タクシーや外食配達ではＵｂｅｒやUber Eatsが、世界中でドライバーを軍門に下らせ、フェイスブックやグーグルは中小広告代理店の仕事を奪って潰していく。

アマゾンや楽天といったプラットフォーマーに出店する「店子」が儲かり出すと、一方的に契約内容を変更して重い送料負担を課してくるなど、不利な変更を仕掛けてくる。公取の調査では、楽天と取引する事業者の93・２％が一方的に規約を変更され、実に93・５％が規約変更に「不利益な内容があった」と答えている（２０１９年4月17日公表）。

店子は雇用関係にある「労働者」ではないので労組も作れず、団体交渉もできない。いわば、サイバースペースにおける地主と小作人の関係で、圧倒的に弱い立場だ。ＧＡＦＡの軍門に下ったら最後、立場が対等でない〝ＧＡＦＡ小作人〟は不利益を押し付けられ、不当な上納金をとられ続ける宿命を背負うわけである。

よって、巨大プラットフォーマーに取り込まれないことが重要だ。コンビニの24時間営業強制によるオーナーのブラック労働が問題化したように、サイバー・リアルともに、巨大資本が作った土俵に取り込まれたら終わり。対等に交渉するための法的な基盤が全く存在しないため、労働法制に守られない「新型の社畜」、あるいは「サイバー奴隷」になる。

ＧＡＦＡとの取引は、せいぜい副業程度にとどめておくのがよい。

創造・感情・信用ワークへシフトし、アナログを競争力の源泉とせよ

さて、20代以下の新卒・第二新卒の就活の場合、30代以上の転職活動の場合を見てきた。ようは、繰り返し述べてきたとおり、人間ならではの「創造・感情・信用ワーク」へシフトせよ、言い換えるなら、最後までデジタル化できないアナログ作業に活路を見出せ、ということだ。

では、既にアラフィフ以上の年齢ならば、どうすべきだろうか。新しい知識やスキルに投資したいと思っても、自身の健康問題や、子供の教育費の予想外の拡大、親の介護など、様々な障害も降りかかり、なかなか自由が利かない年代に入ってくる。

となると、組合活動に精を出してリストラ防御しつつ、せめて子供にはデジタルＡＩ時代に適した仕事選びを促し、自身は副業で次の職を模索する、くらいが現実的だろう。

子供がＡＩ時代に即したキャリアから外れ、ひきこもりぎみになったら、「80」代の親が「50」代の子どもの生活を年金収入で支えるという「８０５０問題」に直面し、限界生活に陥るリスクが高まる。

子供さえ自立していれば、自身としては、特別なスキルが不要な仕事、たとえばボディ

ワークとして現場に人間が出るニーズがなくならない「警備員」や、国内では二種免許規制によってUberやDiDiといった配車アプリ勢から守られている「タクシー運転手」など、「手先ジョブ」エリアの職業に就いて、年金プラスアルファの収入を得ながら安らかな老後を送ることは、働き手不足が半世紀超にわたって続く見通しの日本では、十分に可能である。

第六章のまとめ

○ 10年20年後を見据えた職選びをゼロからするなら、リスクが最も低い「逃げ場」となるのは「職人プレミアム」エリアで、手に職がつく職人系のほか、外回り営業職、警察・消防・自衛隊といった公務員になる。

○ より高い報酬を目指すなら、ツールとしてAIを使う「デジタル・ケンタウロス」エリアになるが、上を目指すにはアート系の才能も求められる。

○ 既に中年に差し掛かっている場合、これまでのキャリアを活かせる範囲で、職種か業界を変え、図の右側の2つにシフトする。

○ 独立したつもりでも、寡占プラットフォーマー（GAFA）の軍門に下ると、法的に圧倒的に立場の弱い「新型の小作人」として上納金を巻き上げられる宿命を背負うため、副業の範囲内にとどめておくことが重要である。

Key Question

あなたのやりたい仕事が、いまは図の左側にあるとして、具体的に、どのようにＡＩを組み込んでモデルチェンジすれば、その仕事をデジタル・ケンタウロス化することができるでしょうか？　さらに、成長市場（高齢者、外国人市場……）を取り込むにはどうすれば成功できそうでしょうか？

終章

10年後、20年後の日本人の雇用

エピローグ（終章）は、今後10～20年で進むＡＩ＆デジタル化社会の雇用において必要不可欠となる、規制政策と再配分政策について、である。働き手個人としては、実際の為政者は、政権交代が起きない限り、過去の延長で「何もしない」可能性が高い前提で、前章の防衛策をとっていただきたい。実際に過去20年間、何もしなかったから「日本だけ」が20年前より働き手の賃金が下がったのである。

労働者に還元されないデジタルＡＩ経済

今後10年20年で進行する、典型的な雇用の変化を具体的に説明する。事務員や販売店員といった「ロボティクス失業」エリアを構成する主要な働き手たちは、〝アマゾン・エフェクト〟等によってデジタル失業し、ニーズが一時的に高まる宅配員や配送センターアルバイトなどの「手先ジョブ」に雇用が吸収されるケースが増える。すると、賃金が低く雇用が不安定な人たちが相対的に増えることになる。

デジタル破壊を起こす側の、いわゆるＧＡＦＡやＺＯＺＯ・楽天などプラットフォーム企業とその社員たちは、もちろん「デジタル・ケンタウロス」の人たちだ。こうして、ロボティクス失業と手先ジョブから吸い上げる形で、デジタル・ケンタウロスは潤い、格差がどんどん広がっていくのが、AI&デジタル社会の行く末である。中間層は低位に落ちて〝GAFAの手先ワーカー〟または〝サイバー小作人〟となり、一部の独占的なパワーを持つGAFA系ワーカーとその株主ばかりが潤っていく。

人間が担当する仕事の絶対量は、一時的に増える仕事（配達業など「手先ジョブ」）もあるが、全体としては自動化が進むことで、緩やかに減少していく。これが欧州のように失業率が高い国だと雇用問題になるわけだが、日本は世界一の少子高齢化大国（高齢化率が2060年まで世界1位の見通し）で、急速な人口減が今後半世紀超にわたって続くため、自動化が進んでも、働き手不足の解消には及ばない。働き手不足が進むスピードのほうが速いからだ。

よって、AI化で失業率は上昇しないので、深刻な社会問題として顕在化しない。緩やかに、真綿で首を絞めるように格差社会がじわじわと進み、中間層が下層に落ち、生活保護スレスレの生活を送る〝生かさず、殺さず〟の扱いを国家から受ける人たちが増えていく。これは統計上、マクロ経済の動きなので、個人の自己責任では決してない。既に2019年時点で、ネットでは「勤続12年で手取り月14万円※」が話題になり、多くの共感を集めている。

「勤続12年で手取り月14万円」

「アラフォーの会社員です。主は手取り14万円です…都内のメーカー勤続12年で役職も付いていますが、この給料です…何も贅沢出来ない生活　日本終わってますよね？」（『ガールズちゃんねる』2019年9月29日に立てられたスレッド）

◎ 世界各国の高齢化率推移 ── 実績と推計

1. 欧米

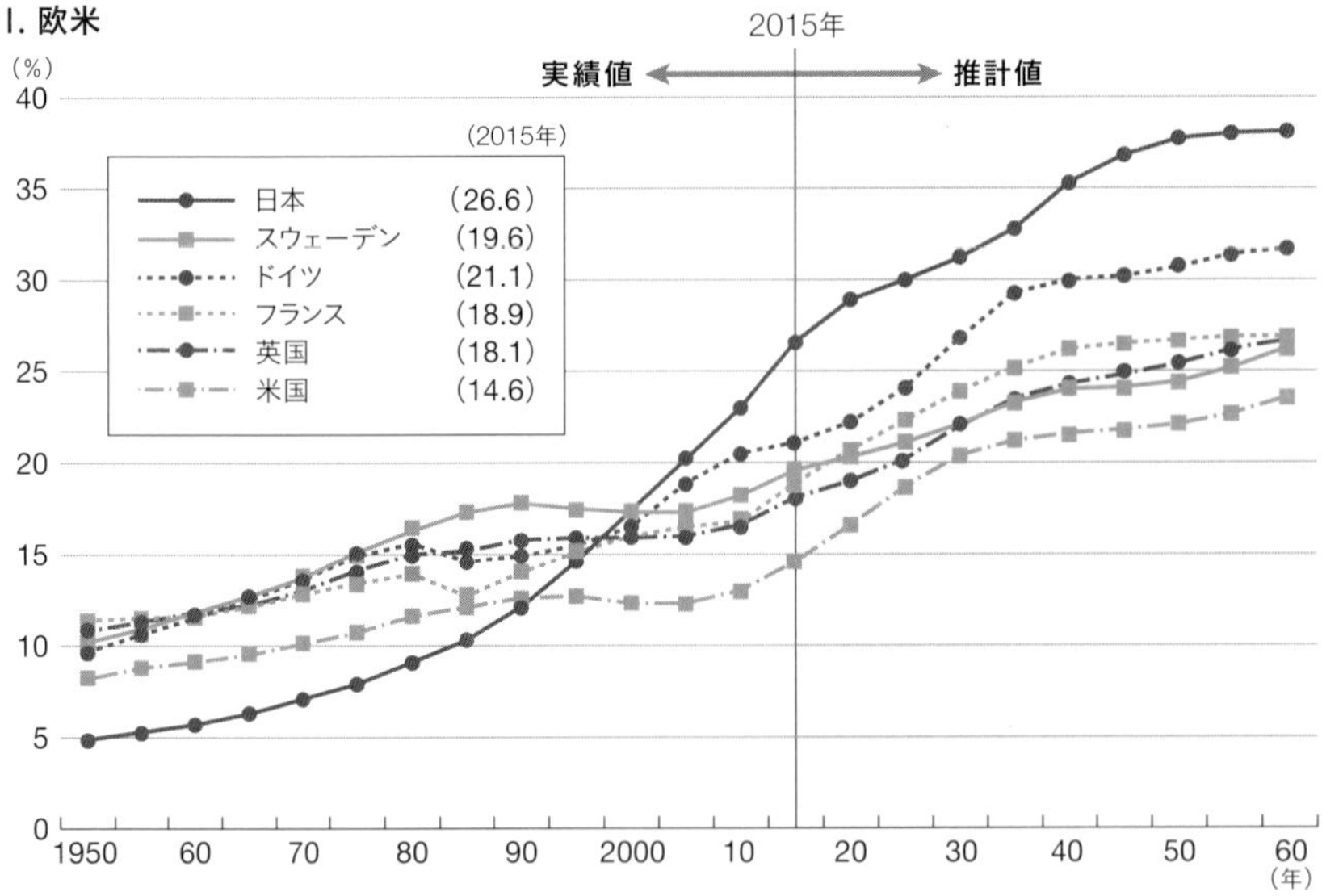

2. アジア

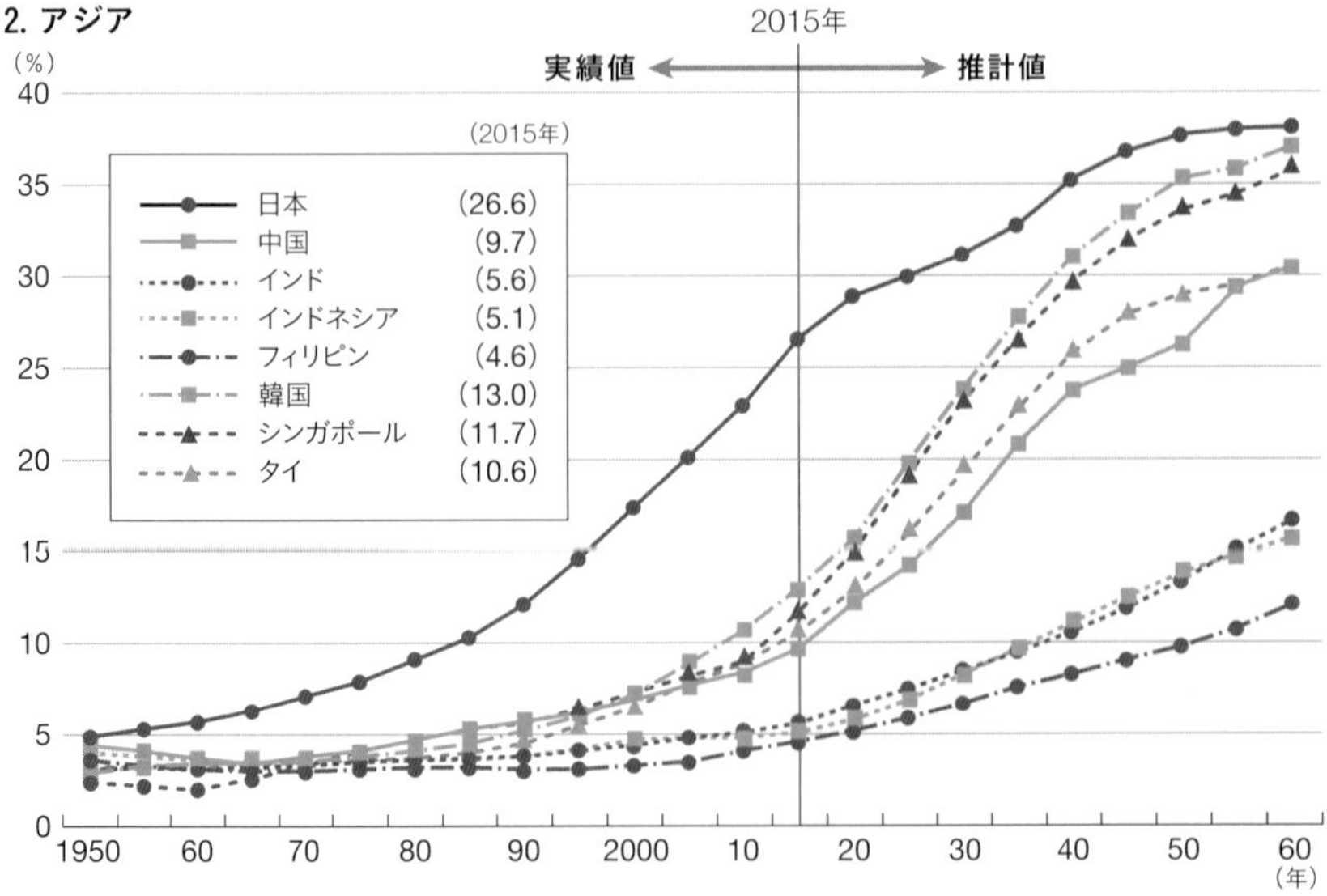

(出所) 内閣府「令和元年版高齢社会白書」
(資料) UN「World Population Prospects: The 2017 Revision」、ただし日本は、2015年までは総務省「国勢諦査」2020年以降は国立社会保障・人口問題研究所「日本の将来推計人口(平成29年推計)」の出生中位・死亡中位仮定による推計結果による

これが、一番可能性の高い10年、20年後の日本の雇用だ。前章までの私の分析では、この下層が55・3％（ロボティクス失業＋手先ジョブ）と過半数を占め、上層が16・3％（AI・ブロックチェーン失業＋デジタル・ケンタウロス）という分布になる。注

これまで銀行の支店窓口で人間が受け付けていた事務作業が、ATMやネットバンクに移って自動化すれば、当然、人間は不要となる。ロボティクス失業の仕事は「機械との代替型」なので、機械が一連の業務プロセスをすべて完遂してしまう。自動化で企業に粗利が生み出されることで、労働生産性は確実に上がる。問題は、その人件費削減分の利益が、残った労働者の給与に還元されるのか――である。

労働者への適正な配分を国が義務付けることはできないため、放っておけば、そのほとんどが、役員報酬・企業の内部留保・株主配当へと化けていく（序章の図「ステークホルダーそれぞれの取り分」参照）。人手が足りないのは、主に賃金が安い「手先ジョブ」が中心だから、それほど給料を引き上げなくても雇えるのだ。

こうして、投資家・経営者をはじめとするデジタル・ケンタウロスの人たちに利益がもたらされやすい一方で、現場のワーカーに還元される仕組みは、存在していない。

注：「AI・ブロックチェーン失業」の職業群は、規制改革に時間を要する職業が多く、また、仕事内容が知識集約型であるため、時間をかけて仕事の質をモデルチェンジすることで生き残っている可能性が高い。

「労組のパラドックス」と「限界費用ゼロ社会」

全体として人手不足が続くのならば、「売り手市場」で、いずれ給料が上がるのでは？と思うかもしれない。ところが実際には、売り手市場が続く今も、そうなっていない。統計上、労働分配率は下がっており（２０１７年度66・2％）、企業の内部留保（２０１８年度で４６３兆円、７年連続過去最高を更新）や株主配当（２０１７年度13兆５０００億円、過去最高）は上昇傾向だ。一方で、働き手の給与は長期下落傾向（２０１８年度４４１万円、ピークは１９９７年度４６７万円）のなかで、格差が広がりつつある。下層の貧困化が進んでいるのはあらゆるデータから明らかで、これはファクトなので、議論の余地がない。

原因は２つある。第一に、労働組合の機能不全。かつては労組が、給料底上げの役割を一部果たしていたが、労組組織率は17％（２０１８年）と過去最低を更新中。今や、全く機能しない歴史の遺物となり、その復権を望む若者も、私が取材した限りほとんど聞かない。

旧来型の労組は、「組合員の雇用第一優先・賃金は第二優先」であるため、労組が頑張れば頑張るほど、自分らの雇用を脅かすＩＴ＆ＡＩ投資には絶対反対→労働生産性上がらず↓賃金アップの原資生まれず↓賃金上がらず、という負のスパイラルに陥る。これは若手社員から見ると、自分の成長余力（人間にしかできない仕事におけるスキルアップ＆給料アップ）を摘み取られる行為なので、労組に対して好意的ではないのだ。だから組織率も上がらない。

このように、労組が頑張れば頑張るほど給料が上がらなくなる——これを、「労組のパラドックス」と呼ぶ。現在の労組は、マクロ経済が右肩上がりで給料も右肩上がりだった高度成長期（つまり、雇用さえ守れば給料は自動的に上がっていった時代）の遺物なのである。

第二の原因が、プラットフォーマーが「勝者総取り」となるデジタル＆グローバル経済の浸透だ。限界費用ゼロ※、すなわち追加コストゼロ経済、である。アマゾンのキンドル本はデジタルデータなので、何冊売っても追加コストはゼロ、売れば売るほど、まるごとアマゾンの利益が増えるから、値引き販売で路面店から客を奪うことによって、定価販売を義務付けられている書店を、廃業に追い込めてしまう（全国の書店数は２０１８年までの20年間で約半数に減った）。独占的な地位を背景に「1冊１００円でも10円でも、いくらで売ってもアマゾンの自由」とする、再販制度の理念に反する理不尽な契約を押し付けられている出版社や著者に対し、公取は仕事をせず、相談先すらない。

寡占＆独占を果たした楽天・アマゾン・ソフトバンク（ヤフー）といったＧＡＦＡ勢に

限界費用ゼロ

ジェレミー・リフキン著『限界費用ゼロ社会——〈モノのインターネット〉と共有型経済の台頭』（NHK出版、2015）参照。独メルケル首相のブレーンとして“インダストリー4.0”を理論的に牽引。デジタル商品のみならず、IoTの進展によってモノも追加コストゼロに近づく社会を予測。

よって支配される店子（ネットモールの出店者）たち、巨大フランチャイザーによって支配されるFCオーナーも同様だ。楽天が「楽天市場」というサイバースペースに出店させる追加コストは、ほとんどかからない。限界費用ゼロだ。コンビニも、5店や10店ではなく、セブン-イレブンのように2万店規模になると、1店新しく出す限界費用は、全体から見たらどんどんゼロに近づいていく。そして、失敗するリスクだけを、出店者やオーナーが負う。

出店者やFCオーナーは、契約で縛られ営業時間すら自由に決められない一方でリスクばかり負わされるが、労働基準法では守られない。コンビニでは、「地主様」たるフランチャイザーから土地と建物を借りて営業するプランもあり、上納金を納める。まさに「現代の小作人」だ。大企業勤務の労働者以上に契約によって強く支配され、リスクだけ個人が負うという、実に理不尽な立場に置かれている。強大なシェアを背景とした押し付けを取り締まるはずの公取は、やはり黙認するばかりで、独禁法は全く機能していない。

たとえば「東進衛星予備校」という学習塾のフランチャイズビジネス※は、人気講師のデジタル映像授業が〝追加コストゼロ〟で配信される、デジタル経済を象徴するような事業であるが、フランチャイザー企業であるナガセによってFC企業の現場社員やアルバイトが違法なブラック労働を強いられる構造にあり、その実態を弊社ニュースサイトで10本以上連載した。セブン-イレブンFC企業のオーナーやスタッフがほとんど休みなしで働か

学習塾のフランチャイズビジネス

全国に1,023の契約校がある（2019年3月末）。

動いてくれる役所はない

本来は公正取引委員会であるが、労基署が都内だけで18カ所もあるのに対し、公取は「全国で」拠点が9カ所しかなく、下請け側からの対面相談を受け付ける体制が実質的に存在しない。

ざるをえなくなっている問題も、大手メディアで報道されたのでご存じだろう。

この場合、セブンのFCオーナーが労働基準監督署に駆け込んだら、労基署は対応するかというと、管轄外となって対応できない。楽天やアマゾンの店子が、一方的な規約変更を通告され、利益を減らされても、個別の相談先や、それをもとに動いてくれる役所はない。※ FCオーナーや個人事業主は、法的には「労働者」ではないからだ。法制度が追い付いていないのである。

中間層が減り、二極分化が進む

こうした現状は、米国のような超格差社会をよしとするか、分厚い中間層がいる社会をよしとするか、という国家のあり方をめぐる超重要テーマであるが、日本ではなぜか、為政者も有権者も、答えは後者（ぶ厚い中間層）だと必ず答える一方で、現実のファクトとしては前者に向かってお

働き手の二極分化が進むAIデジタル社会

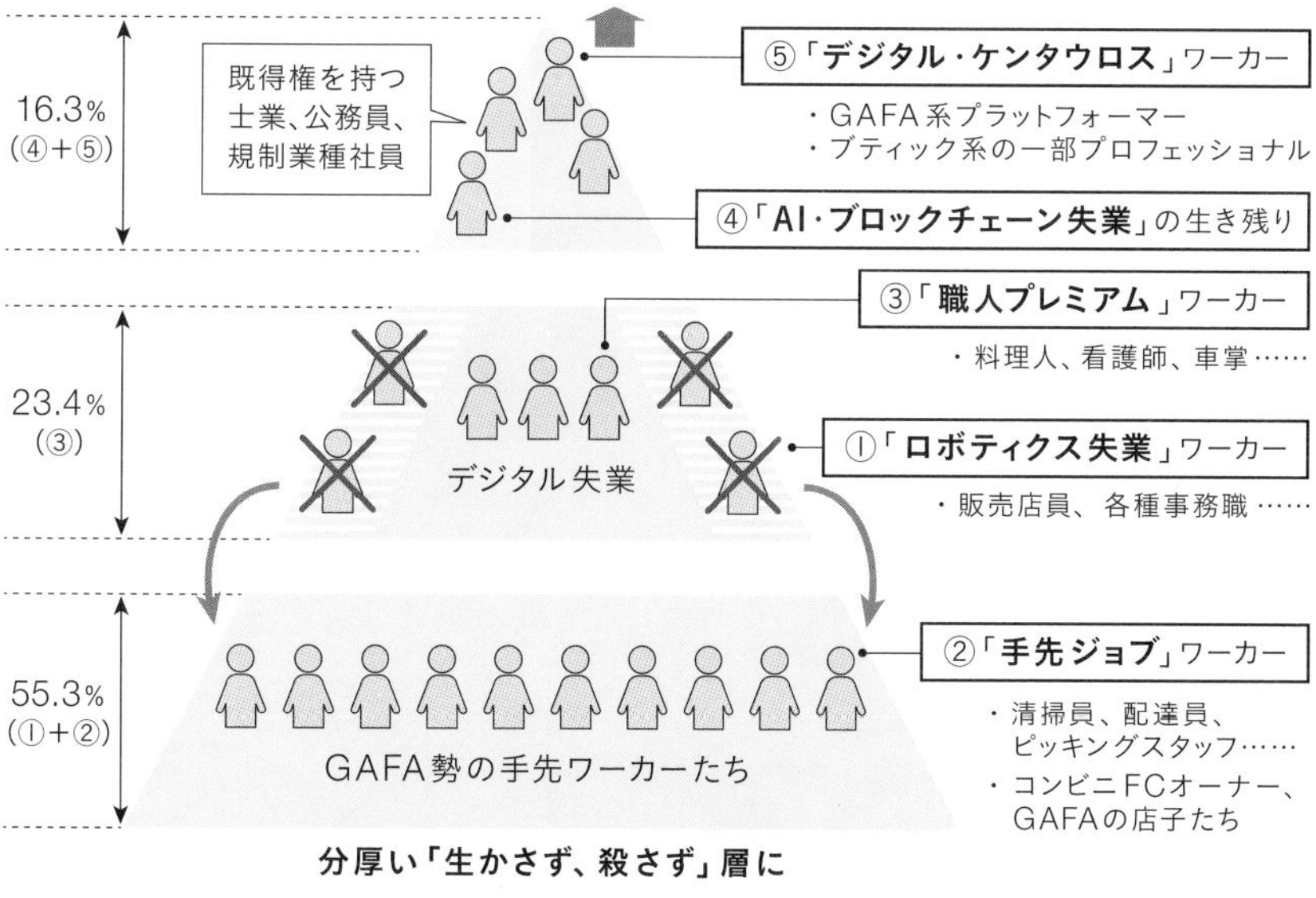

り、すなわちそれは政治・政策の失敗なのであるが、それが選挙で是正されることはない。

その主な原因は、自民党の支持母体が経団連という経営者側の団体で、もちろんフランチャイザー規制強化や再配分に反対であり、その結果、与党は格差是正政策を実行できないわけだが、有権者側としては、各種世論調査によると「ほかに適当な人がいない」「野党はもっと失敗しそう」という消去法的な理由から、自民党政権が選ばれ続けている。つまりポイントは「普通程度に合理的な政策を打ち出せる野党と、そのリーダーの登場」という1点に集約される。ここがボトルネックとなったまま、中間層が下層に落ち、二極分化が歯止めなく進む。そして、残念ながらその可能性が最も高い。

AI化が進んだ社会は、ユートピア（理想郷）かディストピア（絶望郷）か——といった議論が世界で盛んに行われているが、何もしなければ、GAFAに象徴される一部のプラットフォーマーが利益を独占し、食うや食わずの「新型小作人」たちが上納金を納め続けるという、ディストピアが待っているだけだ。

働かずともAIが代わりにやってくれる、人間の仕事はほとんどなくなるからベーシックインカムを支給せよ、遊んで暮らすのもOKという価値観を持て——といった甘い言説は、ファクトの裏付けが皆無な妄想で、日本においては大前提として間違っている。

日本は生産年齢人口（15〜64歳）が年平均68万人のペースで確実に減り続けるなかで、働き手としては期待できない高齢者人口（65歳以上）のほうは逆に2042年まで確実に

2042年まで確実に増え続ける見通しで
その頃、頭数の多い「団塊ジュニア世代」のコブが65歳以上を迎える。

増え続ける見通しで※、その後もほとんど減らない。少なくとも健康で働ける人は全員が働いたうえで、なおかつＡＩによる自動化や、外国人労働者で補わない限り、20年、30年後の日本社会が成り立たないのは明白である。

　ＡＩによる自動化で代替され、働き手が捻出される人数は、実現への障害が低く変化のスピードが速い「既得権なし」（Ａ群＝第五章参照）の職業で、最大653万人（全体の11・1％）に過ぎない。この職業群は、市場原理によって着々と自動化が進むわけだが、うち半数が20年かけて置き換わるとしても、年間16万人ペースにとどまる。年68万人ペースで生産年齢人口が減るインパクトを考えると、全く力不足である。

　道路、橋、電柱、堤防、水道・ガス管、ＩＴインフラ……と日本全国に造り終えたもの（レガシー）は、維持管理に人間の労力が不可欠だ。人口が減ったから橋の数を減らします、道路も短くします、この村はまるごと原野に戻します、とはできない。警察・消防・自衛隊も最低限の治

AIデジタル社会の解決施策

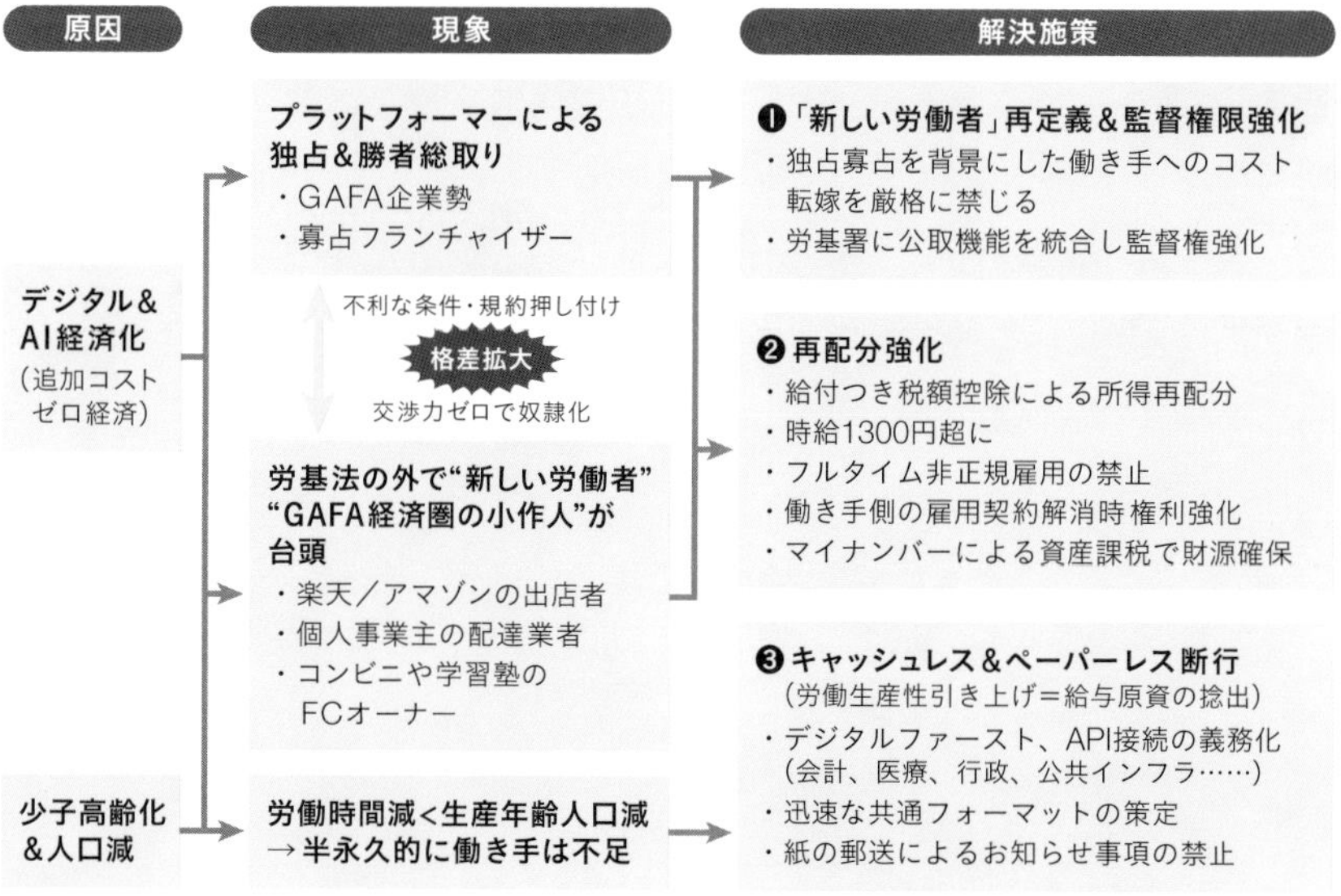
原因
現象
解決施策
デジタル&AI経済化
（追加コストゼロ経済）
少子高齢化&人口減
プラットフォーマーによる独占&勝者総取り
・GAFA企業勢
・寡占フランチャイザー
不利な条件・規約押し付け
格差拡大
交渉力ゼロで奴隷化
労基法の外で“新しい労働者”“GAFA経済圏の小作人”が台頭
・楽天／アマゾンの出店者
・個人事業主の配達業者
・コンビニや学習塾のFCオーナー
労働時間減＜生産年齢人口減
→半永久的に働き手は不足
❶「新しい労働者」再定義&監督権限強化
・独占寡占を背景にした働き手へのコスト転嫁を厳格に禁じる
・労基署に公取機能を統合し監督権強化
❷再配分強化
・給付つき税額控除による所得再配分
・時給1300円超に
・フルタイム非正規雇用の禁止
・働き手側の雇用契約解消時権利強化
・マイナンバーによる資産課税で財源確保
❸キャッシュレス&ペーパーレス断行
（労働生産性引き上げ＝給与原資の捻出）
・デジタルファースト、API接続の義務化
（会計、医療、行政、公共インフラ……）
・迅速な共通フォーマットの策定
・紙の郵送によるお知らせ事項の禁止

安と国家維持のために減らせない。高度成長期には人口が増えるなかでスケール・メリットがあったが、人口減社会では、逆に効率が悪くなり、スケール・「デメリット」が働く。単に人口が減るだけではなく、ケアしなければならないお荷物（劣化するインフラ、支えねばならない高齢者）のほうは増えるのだ。

皆が働かなければ、国は維持できない。そんななかで、米英のような超格差社会を容認したら、日本はどうなるのか。米英は２０２０年以降も人口が増加を続け、非白人を中心に若年人口も増える予想なので、社会の活力は維持される。だが日本は、引退した老人ばかりが大量に住み、中年以下の大半は、安い給料と不安定な非正規雇用で、江戸時代の百姓のように「生かさず、殺さず」の状態に留め置かれる。何も対策を打たなければ、夢も希望もない、絶望の国になってしまう。

「新しい労働者」再定義と監督権限強化

政府の仕事は、３つに分かれる。

第一に、「労働者」の再定義と監督権限の強化。既存の企業別労組は、「個別最適＆全体不合理」という〝合成の誤謬〟を生み出す装置となっている。つまり、１つの企業内で正社員の雇用だけが守られても、〝労組のパラドックス〟（雇用を失う可能性があるテクノロジー投資への拒否反応）で労働生産性が上がらないために、賃金は上がらず、誰にも守られない不安定な非正規労働者が低賃金雇用で犠牲となり、企業にとっても国益にとっても、有害性ばかりが目立つ。

一方で、デジタル＆ＡＩ経済において、「新しい労働者」たちが増えている。楽天・アマゾンといったプラットフォーマーの店子や個人事業主の配送員たち、巨大フランチャイザーのＦＣ企業オーナーたちだ。法的には労働者ではないが、独占的シェアを背景にガチガチに契約で縛られて不利益を押し付けられ、寡占であるがゆえに、逃げ場もない。ＧＡＦＡ企業の健康保険や厚生年金には加入できず、労働者ではないため、最低賃金法も適用されない。労災保険、失業保険もない。一寸先は闇だ。

いわば、〝ＧＡＦＡ経済圏の小作人〟である。子供に人気のYouTuberにしても、グーグルという一企業にすべての命運を握られており、どのような不利な条件でも飲まざるをえない。嫌ならやめる、ができない。独占であるがゆえに他社（競合は存在しない）に移ることができず、交渉力はゼロだ。YouTuberが受け取る１００万円の収入の裏では、グーグルはその何十倍もの収入を広告主から得ているかもしれず、取り分を一方的に減らされても文句は言えず、情報開示義務すらない。交渉主体となる労組のような組織すらないのだ。

現状では、これら、ＧＡＦＡから土地（サイバースペースやブランド）を借りて田畑を耕す（店を出したりコンテンツをアップしたりする）ニュータイプの小作人たちは、「お釈迦様のてのひらの上で飛び回る悟空」のような職業人生になる運命で、突然、「規約に抵触した」として一方的にＢＡＮ（アカウント停止）されたら収入が途絶え、職業人生が終了する。そういう弱みを握られているため、足元を見られ、ほぼ無権利状態となっている。マスコミが「ギグワーカー※」などとカッコいい名前をつけているが、実態はむしろ奴隷といってよい。

よって、これら新型の労働者、新しい小作人たちが、巨大プラットフォーマーやフランチャイザーと対等な交渉ができるような法整備が必須となる。業界横断的なワーカーズユニオンによる団体交渉権を広く認めるほか、ＧＡＦＡ勢への監督権は、下請法や独禁法を管轄する公正取引委員会が全く機能していない実態があるため、全国各地にある労基署と合併させて権限を強化し、個人事業主・零細企業・フランチャイジー企業オーナーも含め、一括して「働き手」の権利を守る体制としたほうがよい。相談先もなく、団体交渉権もない現状は、新型の奴隷を生み出すばかりで、賃金が上がるはずもなく、救いがない。

この施策で救われる人たちは、Uber Eatsの配達員、YouTuber、グーグルの広告やアフィリエイトで生活するブロガー、楽天・アマゾン出店者、アマゾン・ヤマト運輸・佐川急便の非正規配達員（個人事業主）、コンビニや学習塾のＦＣオーナー……など、多岐にわたる。これらの人たちが、ＧＡＦＡ勢によって、下方に転落していくのを食い止めるの

ギグワーカー

gig（単発の仕事）＋worker（働く人）。Uber Eatsの配達員のように、空いている隙間時間に、スマホアプリでマッチングして、請負可能な仕事を担う人たち。

である。

給付つき税額控除等による再配分強化

政府の仕事の第二は、再配分による格差是正である。民間を中心に否応なく進むＡＩデジタル化によって労働生産性は向上するが、それが労働分配率の上昇（労働者の取り分の増加）につながらなければ、単に仕事の密度が上がって労働強化になるだけで終わってしまう。「働き損社会」になる。

たとえば、①役所の裁量によらない給付つき税額控除（負の所得税）導入による低所得者への自動的な給与補填（所得税を徴収されるのではなく、逆に給付される仕組み）、②未だ安い最低賃金を英国・フランス・ドイツ・オランダ並みの時給１３００円超へ引き上げる。これらで下層に落ちていく人たちの底上げを図ることは、最低限、必要だ。

そのうえで、③フルタイム勤務の非正規雇用禁止（フルタイムなのに半年でクビにできるような使い捨て契約社員は制度として認めない）、④経営サイドの意向による雇用契約解消（リストラ）の際の労働者の権利保証（たとえば年収３００万円で3年働いたら総額の2割にあたる１８０万円を支払う義務が生じるなど）等の規制強化によって、企業が人間を雇う際のコストを引き上げていく。こうした負担に耐えられない生産性の低い零細企業では、健全な淘汰と再編が起きるが、経営破たんを容認する姿勢が重要だ。高い給料を払えない会社は、人手不足時代に存在しなくてよい。

中長期的には、マイナンバーによる⑤資産課税（金融資産、不動産）でストックのほうへの課税を強化し、再配分強化の財源としていく。フランスの経済学者・ピケティが明らかにしたように、フロー（労働所得）よりもストック（資産運用）のほうが増えるスピードが速いため、ストックに課税しない限り、格差は是正されない。これは、重い罰則とセットで実施しないと海外に資産を逃す者が続出するため、政治的に、かなり高いレベルのリーダーシップが必要となる。

人を雇うコストを上げる＝自動化投資が進む

②〜④は経営側にとって人的コストが上がる政策だ。人を雇うコストが上がれば、企業は自動化投資に迫られ、労働生産性は確実に上がっていく。欧米のマクドナルドのように、なるべく人間に注文をとらせなくなり、セルフオーダー・キオスク（自動注文&決済機）が日本でも設置されるだろう。過去最高の内部留保を持つ日本企業は、投資余力が存分にある。働き手不足の日本では、マクロで見たら失業問題の心配もない。全員がハッピーだ。

これは「鶏（自動化）が先か、卵（時給アップ＝人件費増）が先か」という種類の議論では全くない。人のコストを上げるのが先、なのだ。企業が自動化投資をして付加価値（粗利）が増えた結果、その分け前が労働者の給料に配分されるか否かは、現状、経営者に何らの義務も課されていない。自由市場経済でそれを課すのは不可能なのである。

人を雇うコストが低いうちは、企業は人を使い続け、自動化投資を先送りすることが合理的判断となる。今の日本は、非正規雇用が雇用者全体の4割にも達し、最低時給も欧州上位に比べ3〜4割も安い。テクノロジーに投資して生産性を高めるインセンティブが弱すぎる環境といえる。

企業は慈善団体でもないし政府でもないので、率先して人件費に配分する理由はなく、単に最も安い時給で雇うだけだ。人間の給与や雇用に関する安全保障は、政府の役割である。人間の価値が高い社会がよいのか、低いままの社会でよいか。答えは決まっている。

キャッシュレス&ペーパーレス断行で労働生産性向上

第三に、働き手不足解消と労働生産性向上、そして時給アップの原資を生み出すために、積極的にテクノロジー導入を促す政策を断行し、人材を捻出すること。働き手側の交渉力が強まり（第一）、再配分が円滑に進む（第二）ためには、原資が必要だ。それは労働生産性の向上によって生み出される。既得権がなくリーダーシップのみで自動化されうる職業は最大653万人（A群）にとどまる。ポテンシャルが一番高いのは、計1163万人が従事するB群（第五章参照）のほうで、ここはすなわち「自動化可能だが既得権があって放置したら何も変わらない職業群」。具体的には、規制業種・士業・行政機関に勤務する人たちである。

どこにどのくらいのポテンシャルがあるのか、そして実際の削減率としてはどのくらいが可能なのかを、マッピングしたものが左の図だ。縦軸の削減可能性の比率は取材に基づく私の試算で、就業人数は国勢調査の分類および、国勢調査にない分類については業界団体のデータ等から作成した（よって一部に重複はある）。横軸の「技術／コスト的難易度」は、第四章の障壁分析に基づく。よってC群（コストと技術の壁＝第四章参照）の職業が一番右側に配置される。

図の通り、ポテンシャルが大きい業界で、中長期的に激変が予想されるのは自動車業界で、「EV化※」「自動運転」という2つのテクノロジー要素がある。産業の裾野が広く、EV化による部品点数の激減で、部品メーカーの雇用は確実に減る。こちらは技術的問題がクリアされ、国内でも普及が始まっている（2017年シェア＝0・55％、2・4万台）。英仏は環境問題への対応から、ガソリン車とディーゼル車の国内販売を2040年までに禁止する方針を打ち出しており、EV化のほうは確実に進む見通しだ。

次に、難易度が高い自動運転が実現すると、自分で運転するリスクが高い高齢者が多く

EV

Electric Vehicle＝電気自動車。

住み、かつ自動運転に適している地方都市から順に、「所有からシェアへ」が進み、販売台数が減る。20年後（2040年）には実現するとみてキャリア設計を考えるべきだ。いずれにせよ、自動車業界のダウンサイジングは不可避である。

だが、日本の働き手不足問題に、20年もの猶予はない。優先順位としては、「技術障壁がなく削減可能性も高い分野から」というのが合理的な判断だ。すなわち図の左上から右下方向へ、という順番になる。幸運にも、左上のエリアでは、たくさんの働き手が、昭和から時間を止めたかのように、アナログ業務を続けている。

働き手不足時代の人員捻出ポテンシャル ——～2040年

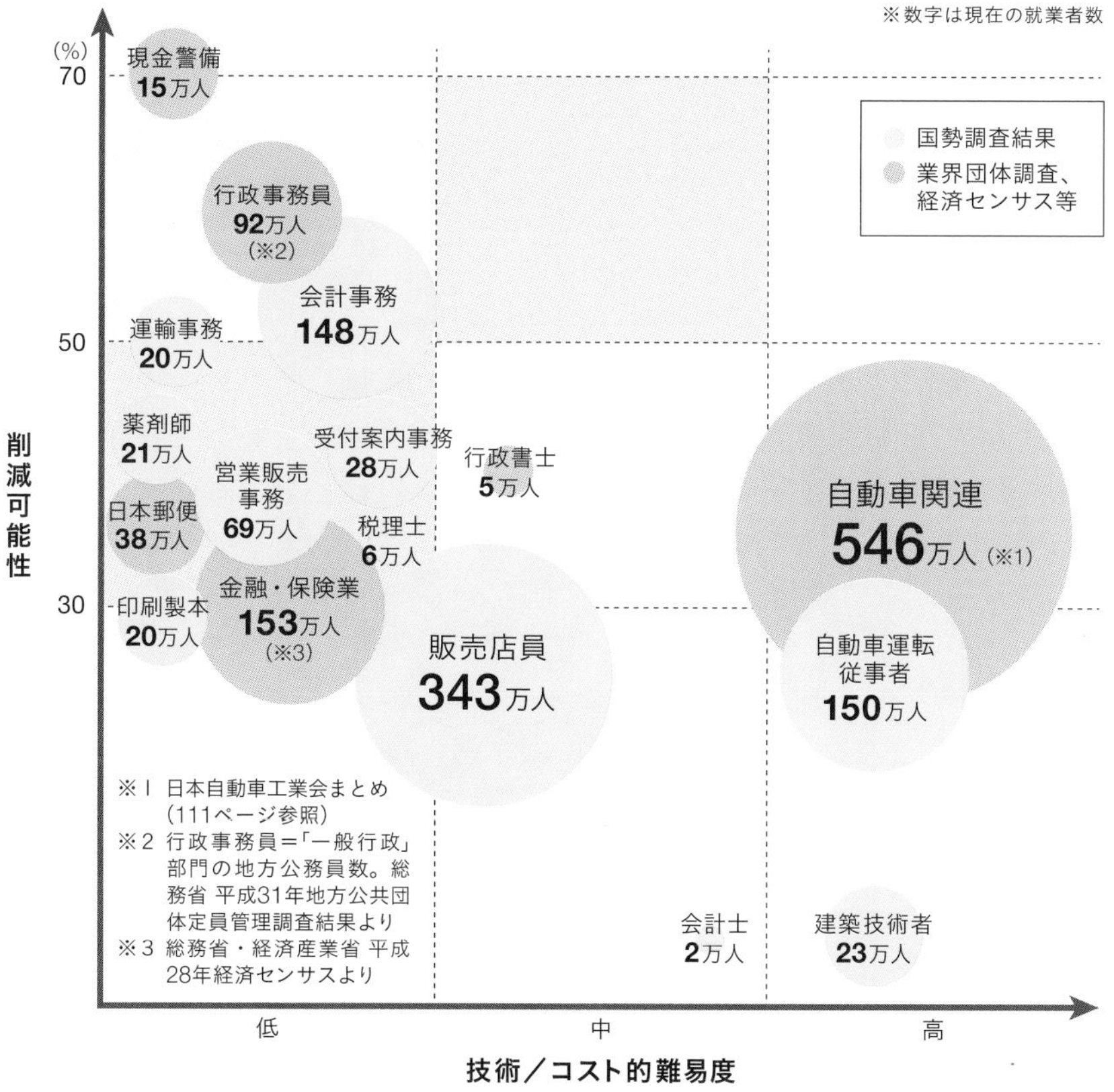

その原因は第四章で説明したとおり、ほとんどが「ぶ厚い既得権の壁」に阻まれ、旧態依然の業務プロセスが放置されている点に共通項があり、デジタル化で飛躍的に自動化できる。より具体的には「ペーパー（ハンコ）レス」「キャッシュレス」という2つに集約され、これが人材捻出・労働生産性向上・時給アップのセンターピンである。そのために政治リーダーは、規制政策によるインセンティブを与えることで、働き手を捻出できる。

規制強化は、主にペーパーレス実現のための「デジタル手続き提供の義務化」に尽きる。現在、最も非効率な方法である「紙とハンコ&郵送または出頭」しか選択肢がないため、社会全体で莫大な人員が浪費されている。これをデジタル「ファースト」ではなく「義務」とし、デジタルチョイス必須とする。役所に出頭して紙に書けと言われたら、「マイナンバーでスマホからやります、できないのは義務違反で違法です」と拒否できるようにしなければいけない。既にマイナポータルで自己情報API も公開されているので、接続も容易だ。紙は、スマホを持たない人向けの例外手続き、と定義する。

不動産賃貸の契約も、ネットでの完結を義務化しなければいけない。自動車保険の手続きも同様だ。ソニー損保が、1年の満期が近づく2か月前から毎年、分厚い封書を3通もしつこく送ってくるので、「自分でネットのカレンダーで管理してるから紙は要らない」「こちらが申し出るまで1年ではなく自動更新で引落して」と要望しても「1年単位の契約のみで自動更新はできません、郵送物も止められません」と言い張るので、解約した。

保険・銀行は、金融庁の規制でがんじがらめなので、紙だらけだ。行政からの通知も同様。郵便局員は日々、デジタル社会では送る必要のない郵便物を届ける業務に、貴重な労働力を浪費している。官民問わず紙の郵送によるお知らせを原則禁止と定めれば、社会全体の労働生産性は確実に上がる。

様々な領収書や請求書類のデジタル提供を義務化すると、会計事務まわりが自動化し、税理士の業務が減り、会計士の監査業務がラクになって人手を減らせる。当然、金融機関が持つ利用者の個人情報をフィンテック企業と接続するＡＰＩは「強制義務」化しなければいけない（現在は努力義務）。同様に、病院やクリニックにも、ＡＰＩ※の公開を義務化し、患者同意のもとで医療情報が病院間にて共有されるインフラを整備するのが政府の仕事だ。

キャッシュレスのほうは、販売店員のレジまわりの業務がラクになり、現金輸送業務が減り、取引履歴は自動的にデジタル情報として記録されるから、会計業務の効率化にもつながって相乗効果がある。キャッシュレス実現のための課題は、お店側が負担する手数料率にあるため、規制強化（現金取引には課税、手数料率は上限１％など）と補助金（決済端末導入補助金など）の双方で断行するしかない。

API

Application Programming Interface。外部からの接続窓口。ＡＰＩが公開されることで、外部からソフトウェアで内部の必要なデジタル情報へと安全にアクセスできるようになる。

終章のまとめ

○デジタル&AI化する経済は限界費用ゼロ（追加コストゼロ）で独占となりやすく、寡占を果たしたGAFA等の巨大プラットフォーマーが利益を総取りし、働き手に賃金として還元される仕組みがほとんどない。

○公正取引委員会は機能しておらず、このままGAFAの寡占を放置すると、従来の中間層が「デジタル失業」することで下層に落ち、不安定で低賃金な個人事業主などの仕事に就くしかないため、社会全体の二極化が進む。

○政府は、デジタルAI経済において増加する新しい働き手（ギグワーカー、FCオーナー、ECモール出店者……）を「労働者」認定し、団体交渉権をはじめ各種権利を付与して、労基署などの監督組織を決めなければならない。

○政府は、20年間上がらない賃金を引き上げるため、「労働生産性の向上」（キャッシュレス、ペーパーレス）と「再配分強化」（給付付き税額控除、時給1300円超、フルタイム非正規雇用の禁止……）を、同時に進めなければならない。

Key Question

なぜ世界のなかで日本人の賃金だけが20年間も上がらず、格差が拡大しているのでしょうか？　デジタル＆AI化経済との関係について、その理由を、当事者意識をもって考えてみましょう。民主主義国家では、国民が動かなければ、少子高齢化で生産性が低下するなか、賃金の停滞＆下降が、半永久的に続くことになります。

あとがき

街の書店が消え、身近な生活範囲で本に触れにくくなった。私が育った街（東京・下町）には、かつて最寄り駅周辺に３軒の書店があり、予備校通いをしていた19歳までは、日常的に本や雑誌を立ち読み、買うことができた。それが当たり前だと思っていた。

だが、２００９年に一番大きかった中型店が潰れて食品スーパーになり、２０１６年にもう一軒が潰れて居酒屋になってしまった。今では一番小さな書店が高架下に１軒残るのみ。母方の実家も商店街にある老舗の書店（長野県）なのだが、小売りは厳しく、小中学校向け教科書販売で何とか生き残っている。全国では年５００店ペースで書店が減り続けており、過去20年間で半数近くに減少した。

高校一年生を調査対象としたＯＥＣＤの「生徒の国際学習到達度調査（ＰＩＳＡ）」で、日本人の日本語文章の「読解力」は15位（２０１８年）と、前々回の４位（２０１２年＝対象は１９９６年生まれ）、前回の８位から下がり続けている。街の書店数と子供の読解力は相関がある――というのが私の実体験からの仮説であり、国策で日本人を劣化させているのは許せないことだと思っている。

本書で繰り返し述べたとおり、独占が進むデジタル化社会の進展に、公正取引委員会の仕事ぶりは、全く追いついていない。書店を潰している主要な原因は、全く同じ内容の本を、アマゾンのデジタル版で安売りすることが、なぜか許されているからだ。中身が同じなら、より安いところで買うのは、消費行動として当たり前である。

書店では、再販規制によって定価販売が義務付けられ、値引きが禁じられている。一方のAmazon Kindleは、出版社との「販売価格はアマゾンの自由」という契約により、新刊本からいきなり値引き販売される。独占・寡占を背景に「1冊100円で売られても50円で売られてもアマゾンの自由裁量で、それ以外の契約には応じない」というのがアマゾンのやり方。それが合法だと聞いて、この国に独禁法は実質ないのだな、と思った。

国の法律で、片方は定価販売が義務、片方は値引き販売可。中身は同じ。これほどあからさまにアンフェアな競争環境では、確実に書店が負けて、消えていく運命だ。そこには、いかなる公正な取引環境も存在していない。双方を定価販売とするか、双方を自由価格とするか。いずれかに競争条件を揃えない限り、このまま書店は消滅に向かい、「日本語を読めない日本人」を自ら量産する、およそ文化的とはいえない不幸な国になっていく。

そういうわけで、私は本書でデジタル化の推進を唱えつつも、アンフェアなやり方で書店を潰すことに絶対反対の立場であるため、本書の電子版はぜひ出したいが、難しいようだ。現在の法律では、競争条件を揃えるにはデジタル版のほうを定価で販売して貰うほかないので、この場を借りて、そのような契約に応じていただけるフェアなデジタルブックスタンドを募集したい。

御礼と協力のお願い

本書は、ジャーナリズムに特化した会員制ニュースサイト『MyNewsJapan』で連載中の企画『企業ミシュラン』の記事を書籍化したものである。最新の企業や職業に関する記事はサイトのほうに随時アップしているので、ご覧いただきたい(mynewsjapan.com)。

また、就職・転職活動者を主な対象とする様々な職業の現場実態を報道するため、取材先を常に募集している。現役社員・元社員のかたは、ご一報いただければ幸いである(info@mynewsjapan.com)。

私は、企業の広報を通さない良質な取材（広報経由だと、会社への様々な「忖度」によって、社員は本当のことを話せない）を最重視しており、そのため、インタビュイーを紹介してくれる協力者も重視している。幅広いネットワークをお持ちのヘッドハンターや人材紹介会社のかたも含め、協業していきたいと思っているので、ご連絡をお待ちしている。

本書の業務分析においては、ＩＢＭのコンサル部門に在籍し、泥臭い地味な仕事を5年間やった知識と経験が、実に役立った。具体的にはＡＢＣ（Activity Based Costing ＝活動基準原価計算）に基づくコンサルティングで、ある部署のすべての仕事を係長以下にヒアリングし、エクセルで数千行に及ぶ業務（活動）に分類して、その業務時間や単価（人件費）を分析、圧倒的なファクトに基づき課題と解決策を導き出す。チャンスを与えてくれた先輩や同僚たちに感謝したい。

今回の取材では、大学の同期で、あらゆる職種の取材先を希望どおり紹介してくれたヘッドハンターの浅野健太郎・ライフ・ストラテジー（lifestrategy.co.jp）代表には、前作同様、最も世話になった。単なる紹介にとどまらず、一歩踏み込んで主旨をかみ砕いて説明したうえでインタビュイーとの各種交渉まで遅滞なくこなしてくれる点で付加価値が高く、人間にしかできない強み（創造・感情・信用ワーク）をフルに発揮してくれた。

あなたの仕事は、機械に置き換わる可能性があるか――という質問を、この5年ほど、第一線のビジネスパーソンにぶつけ続けてきた。長時間に及ぶ私のしつこい取材に答えていただいたインタビューのかたがたには感謝している。企業に在籍中のため名前を出せないかたがほとんど全員と言ってもよい状況なのが心苦しいが、取材先紹介や原案執筆でも協力いただいた三菱商事出身のベンチャー起業家・田野宏一（Ｏｆｆｉｓｉｓ代表）氏には御礼を申し上げておきたい。

２０２０年１月

渡邉正裕

【著者紹介】
渡邉正裕（わたなべ　まさひろ）
ニュースサイト『MyNewsJapan』(mynewsjapan.com)のオーナー、編集長、ジャーナリスト。
1972年東京生まれ。慶應義塾大学総合政策学部卒業後、日本経済新聞の記者、日本IBM（旧PwCコンサルティング）のコンサルタントを経て、インターネット新聞社を創業。一貫して「働く日本の生活者」の視点から、雇用・労働問題を取材、分析、提言。著書に『企業ミシュラン』シリーズのほか、『10年後に食える仕事　食えない仕事』『35歳までに読むキャリアの教科書』『若者はなぜ「会社選び」に失敗するのか』『トヨタの闇』など多数。
Twitter : @masa_mynews
Blog : mynewsjapan.com/blog/masa
連絡先：masa@mynewsjapan.com

10年後に食える仕事　食えない仕事
AI、ロボット化で変わる職のカタチ

2020 年 3 月 12 日　第 1 刷発行
2020 年 4 月 9 日　第 2 刷発行

著　者――渡邉正裕
発行者――駒橋憲一
発行所――東洋経済新報社
〒103-8345　東京都中央区日本橋本石町 1-2-1
電話＝東洋経済コールセンター　03(6386)1040
https://toyokeizai.net/

装丁・ブックデザイン……鈴木聡子
ＤＴＰ……………………キャップス
イラスト……………………加納徳博
印刷・製本………………丸井工文社
編集担当…………………髙橋由里

ISBN 978-4-492-26114-9